경호사격학 개론

김황호 저

Guard
fire
Introduction
Theory

도서출판
진영사

경호사격학 개론

저자 김황호

2017년 4월 26일 초판인쇄
2017년 4월 31일 초판발행
발행인 박 진 영
발행처 도서출판 진영사
인천광역시 부평구 부평동 134-16 태승빌딩 4층
전화 : 032)505-4207
팩스 : 032)505-4206
E-mail : 0183734207@hanmail.net
등록 : 122-91-77317

ISBN 978-89-6541-322-6 93390
값 20,000원

대통령 참관(대통령 경호실 경호사격시범단)
〈경호실 소속시범단 ; 김황호〉

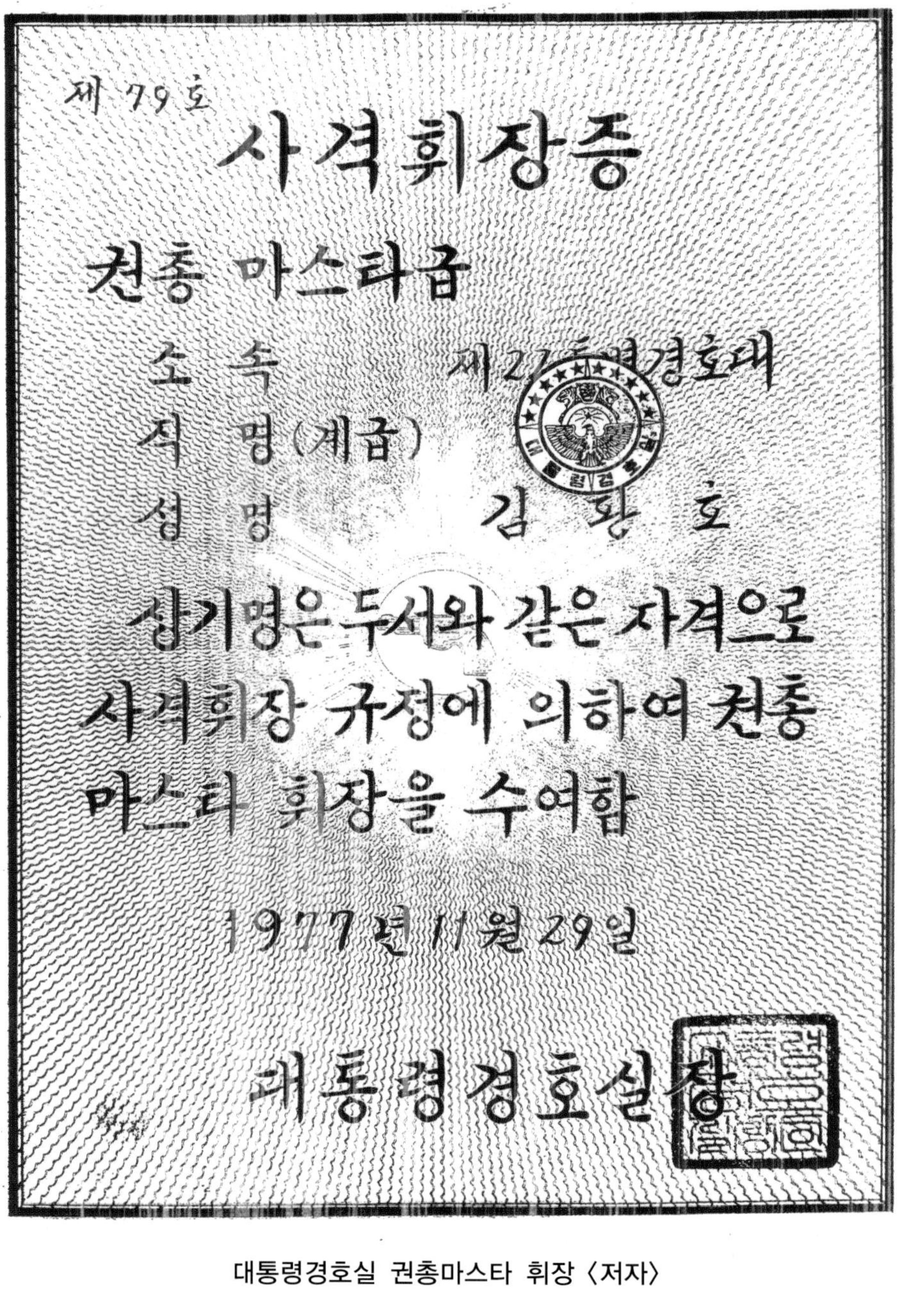

제 79 호

사격휘장증

권총 마스타급

소 속 제22[illegible]경호대

직 명(계급)

성 명 김 황 호

상기명은 두서와 같은 자격으로 사격휘장 규정에 의하여 권총 마스타 휘장을 수여함

1977년 11월 29일

대통령경호실장

대통령경호실 권총마스타 휘장 〈저자〉

머 리 말

많은 경호원들이 모두 총기를 사용하는 것은 아니다. 특히 국가별 체제에 따라서 차이가 있으며 우리나라의 경우에는 일반인들의 경우 총기 소지가 제도적으로 허용되지 않는다. 총기의 소지가 가능한 국가라 할지라도 경호업무의 특성에 따라서 총기훈련을 필요로 하지 않는 경호원들이 있다. 특히 연예분야와 관련된 경호업무를 진행하는 경우 혼잡한 상황에서 광적인 팬들이 모이면서 발생하는 위험에 대하여 총기는 도움이 되기보다는 방해가 될 수도 있다.

즉, 총기를 휴대하고 사용한다는 것에 대한 위험과 부담으로 인하여 사격의 능력에 대한 필요성보다는 다른 방법에 의한 훈련과 동물적인 감각에 의존하는 경향도 있다.

경호상황에서 위험한 위해기도에 대응할 때 가장 우선시 여겨야 되는 것은 보호와 대피(Cover & Evacuate)이며 위험한 폭력에 대응하는 것은 항상 2차적이라는 점을 간과해서는 안 될 것이다.

오늘날의 폭력적인 사회에서는 경호원과 경호원을 고용한 사람들 모두가 무장된 전문가들로 구성된 경호팀이 위험도가 높은 상황에서 심리적으로 안전감을 느낄 수 있다고 생각한다. 총기의 사격이 마지막 수단으로 받아들여지면서 총기의 휴대가 가능한 국가에서도 총기의 사용허가를 받고 사용방법에 대해서 교육도 받아야 한다.

총기를 소지한다는 것은 직업적으로 삶과 죽음에 대한 결정을 요구하는 다른 활동과 마찬가지로 굉장히 많은 책임감을 수반한다. 즉, 사격에서는 판단의 오류 하나로 죽음이나 심각한 상해를 초래할 수 있기 때문에 실제상황에 대비하여 많은 훈련에 소요되는 시간과 노력을 요구한다.

경호업무에 필요한 어떠한 기술이든 사용되는 방면에서는 각각의 전문성이 있기 마련이다. 예를 들면 25m 범위에서의 사격술은 고위급 인사를 수행하거나, 위해 가능성이 높은 경호대상자의 경호임무 수행 중 발생할 수 있는 근접 대치상황에서는 전혀 효과적이지 않기에 근접경호에 필요한 요구조건을 충족시키는 특수한 훈련이 실시되어야 한다.

국내에서는 대통령경호실, 경호경찰 및 경호군인, 기타 특수요원 등이 실시하는 공경호 업무를 제외하고는 권총을 사용할 수 없으나, 향후 해외에서 활동해야 하는 경호요원의 경우 관련 국가에서 권총을 휴대하는 여건이 주어 질 수가 있다.

이에 권총을 사용하는 경호사격술의 실전 기술에 앞서 훈련 프로그램은 우선 사격지침과 무기 안전에 있어서 중요한 모든 주제들을 다뤄야 할 것이다.

완벽한 경호업무 수행을 위한 경호사격술의 실제에 대해서 초석을 놓는 마음으로 저자 자신이 상당기간 대통령 경호실의 경호실무 경험을 통하여 지득한 경호사격술을 근간으로 본서 발간에 최선의 노력을 다하고자 한다.

그러나 의도하는바 와는 달리 경호사격의 전 분야를 망라하지 못한 것을 송구스럽게 생각하오며, 더욱 연구증진에 전력을 다하고저 한다.

그동안 국내외에서 사격의 일반적 기본이론 및 훈련지침에 관하여는 각계 많은 우수 간행서적이 출시된 것을 접할 수 있었다.

경호사격의 화기는 일반적으로 권총과 기관단총 등이다.

금번 신간 증보판 저술의 그 취지를 살피고 져 한다.

저자는 2009년 6월30일 최초 발간 경호사격론(권총편)을 더욱 진화되고 발전된 교과서 구성에 연구 증진코져 함에 있어,

첫째 권총의 사격술에 관한 기초이론을 충분하고도 상세히 채득(採得)하는데 중점을 두었으며,

둘째 군·경, 대통령 경호실 등 공경호 및 특수부서의 기초훈련 및 실전 사격술과 권총사격술 마스터 과정 등의 체계적인 학습교과서로 채택할 수 있도록 하였다.

셋째 국내외 요인경호에 관한 공·사 경호(公·私 警護)를 중심적 과제로 선정하고, 총기사용방법의 훈련을 위한 자세, 파지, 조준, 격발 등의 상세 사진 및 그림 등으로 표시 전개(展開)하였으며,

넷째 사격술 능력 배양의 효과를 극대화하기 위하여,

사격을 전·후한 예비훈련 및 정신집중·근지구력 강화 등 체력단련에 관한 학습 체계를 더욱 구체화 하였다.

이 책을 출간할 수 있도록 아낌없는 후원과 지도편달을 해주신 한국특수직능교육재단 하금석 회장님, 한국특수직능교육재단 지도교수 김윤수님, 한국경호 사격협회 진기훈 감사님, 한국경호협회 전병모 회장님(재단)

끝으로 이 책 간행한 도서출판 진영사 박진영 사장님과 편집부 그 외 많은 참고자료 등 지원을 아끼지 않으신 여러분들께 두루 심심한 감사의 마음을 드리고져 합니다.

차 례

제1편 총 론

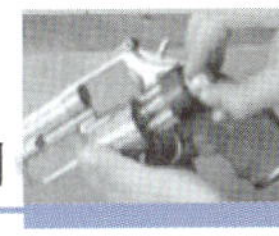

제 2 편 사격술 기본이론

1) 제3절의 호흡은 모두 완사의 경우에 적용되는 설명이다.

제 3 편 사격술 향상법 및 일반적 트레이닝

제1편

총 론

제1장 서 설

제1절 경호사격

1 개념

경호원의 일상은 긴장의 연속이다. 경호업무라는 것이 늘 언제 있을지 모를 최악의 상황을 대비하는 일인 만큼 단 한순간도 경계의 고삐를 늦출 수 없기 때문이다.

경호원에게 사격술 연마의 핵심은 사실은 죽는 훈련 즉, 유사시 몸을 던져 경호대상자를 보호하는 대신 자신이 죽는 연습인 셈이다. 결코 그런 일이 없어야 하겠지만 언제 있을지 모를 상황에서 도검류나 실탄 및 폭탄 등의 파편을 몸으로 막아내거나 하는 희생정신을 바탕으로 하는 충정심의 발로이다. 국군이나 국가경찰의 특공무술이나 사격술은 상대방을 먼저 제압함으로써 자신을 살리는 훈련이지만 경호원은 제압 이전에 자기 몸을 날려 경호대상자를 보호하는 것이 최우선이기 때문이다. 어떠한 유형의 경호임무를 담당하는 경호원이라도 경호대상자를 안전하게 호위하는 것이 최대의 사명임을 각인하고 임무를 수행해야 할 것이다.

위해기도 자는 범행의 성공을 위하여 사전에 관련정보의 수집과 분석을 통하여 주도면밀한 계획을 수립하고, 행사현장 등을 사전답사 하는 등 치밀한 준비태세를 갖추어 테러를 감행한다는 것을 명심하여 공·수를 일거에 할 수 있도록 경호원은 고도의 사격술 능력을 배양해야 한다.

이와 같이 경호사격이란 '경호임무 수행 중 경호대상자의 신체에 가해지는 위협을 총기가 아닌 다른 방법으로 방어할 수 없다고 판단될 때 경호총기로 신속하고 정확한 사격을 통하여 위해기도자의 위협을 제거하는 경호방법이라 설명할 수 있다.

2 경호사격의 중요성

경호현장에서는 정지되어 있는 표적보다는 움직이는 표적이 더 많다. 장차 경호상황에서 예상되는 우발 상황 시 경호요원이 어쩔 수 없는 상황 하에서 위해 자에 대하여 제압사격을 할 때 대부분의 위해 자들은 대응을 하기 위하여 이동을 하거나 회피를 하려 할 것이다.[2] 이러한 상황에서 근접사격이 훌륭한 경호원이 된다는 것은 단지 기본적 전술, 육체적 민첩함, 기질, 의전, 사명감,희생정신,책임감 그리고 평균 이상의 사격기술이 추가로 필요하다고 할 수 있다.

잠재적인 납치나 습격과 대면했을 때 경호원들은 무장한 공격자들과 상황을 판단할 수 없는 아주 짧은 시간에 매우 근접한 거리에서 조우(遭遇)하게 될 것이다. 만약 경호원이 그 상황을 신속하게 대처하지 못하고 대응사격을 하지 못한다면 경호원은 그저 이론에만 충실한 것으로 경호 실패 상황으로 종료 될 것이다.

1) 대통령 경호원의 일상(사례)

우리나라 대통령실 경호처의 실제를 한번 살펴보도록 하자, '대통령 경호원들은 일상적 경호와 행사경호에 배치되지 않은 날은 교육과 훈련이 반복된다'.[3] 교육은 사격과 무도 등 연간 많은 학 과목을 의무적으로 이수하여 문무를 겸비한 경호원으로서의 능력을 배양하는 것이다.

경호원은 보람과 자긍심을 갖고 임무를 수행하지만, 아침 출근할 때면 '오

2) 이상철 · 신승철(2007), 경호요원 권총사격시 조준선정렬방식과 기록변화와의 관계, 한국경호경비학회지 제14호, 한국경호경비학회, p.368.

3) 대한시큐리티연구소 www.kojison.org참조

늘 내가 국가원수를 위해 죽을 수도 있다'는 비장한 각오를 갖고 집을 나선다. 매일아침 목욕을 단정히 하고 머리 손질을 하는가 하면, 속옷을 깨끗이 갈아입고 나오는 것은 일상화 되었다고 해도 과언이 아니다. 그것은 최악의 경우 깨끗한 모습으로 내 시신이 수습될 수 있도록 하기 위해서다. 나를 버리고 나를 죽여야 국가원수를 안전하게 보호 할 수 있다는 희생정신과 책임감의 발로인 것이다.

경호원들은 대통령의 이념과 국정철학, 국정운영 스타일을 떠나 자신의 조국을 대표하는 '국가원수 직위' 그 자체를 보호하기 위하여 스스로 목숨을 거는 것이다. 그것이 이들의 '국가를 향한 애국심'으로 대통령에 대한 호불호를 떠나 조국의 국가원수를 보호하기 위하여 스스로 목숨을 걸어 놓고 매일 매일을 비장하게 살아가는 이들의 노력과 희생정신을 기억해야 할 것이다. 그 어떠한 분야의 경호종사자라도 경호대상자를 안전하게 호위하는 것을 사명으로 각인하고 임무를 수행해야 할 것이다.

2) 국내 · 외 경호업계 동향

우리나라에서도 기업간부 자신들도 납치를 가장 두려워하는 테러 위협으로 인식하고 있다.[4)]

기업인들 이외에도 정당의 대표, 국회의장, 대통령후보자 등 정치제도상의 일정한 자리를 차지하여 직업적으로 국가권력의 운영에 종사하는 정치인 및 사회적공인인 유명인사, 스포츠스타, 연예인 등의 경우에도 안전에 위협이 발생하는 경우 사회적인 영향을 미칠 수 있게 된다.

세계의 정세 및 분쟁 등의 문제에 관심 있는 사람이라면 이라크사태에서 활약성이 소개된 PMC(Private Military Company)라는 단어를 접하게 될 것이다. 이것은 군사기업을 의미하며, 전 세계 도처에서 활동을 하고 있다. 군사기업은 수익자부담으로 전투가 있는 위험지역에서 특정인을 보호하고, 특정기관과 사업을 지켜주는 즉 군사적인 활동을 통하여 안전을 도모하는 민간군사기업을 말한다.

4) 具光謨, 테러와 국제사회, 高麗苑 , 1982, p.163

(사진 1-1) 이라크에서 폴 브레머 임시행정처 최고행정관을 경호하고 있는 민간군사 기업 블랙워터 요원들.[5)]

현재 미국 영국 남아프리카공화국 등의 수백 개 PMC가 전 세계 50여 개국에서 활동 중이다. 이들은 요인 등의 경호 업무를 넘어 전투에 참여할 뿐 아니라 군수물자 수송, 군사훈련 지도 등 한 국가의 정규군 못지않은 온갖 활동에 손을 뻗치고 있다.

3) 미국 로널드 레이건 대통령 저격사건 사례

(1) 1981년 당시 레이건 행정부의 출범

(사진 1-2) 1981년 2월 4일 촬영된 레이건 행정부의 출범 기념사진.

5) 출처 : photo 연합

앞줄 왼쪽부터 알렉산더 헤이그 국무장관, 로널드 레이건 대통령, 조지 부시 부통령, 캐스퍼 와인버거 국방장관, 뒷줄 왼쪽부터 레이먼드 도노번 노동장관, 도널드 리건 재무장관, 테렐 벨 교육장관, 데이비드 스톡먼 행정관리 · 예산국장, 앤드루 루이스 교통장관, 새뮤얼 피어스 주택·도시개발 장관, 윌리엄 프렌치 스미스 법무장관, 제임스 와트 내무장관, 진 커크패트릭 유엔주재 대사, 에드윈 미즈 3세 대통령 자문, 제임스 에드워드 에너지장관, 맬컴 볼드리지 상무장관, 윌리엄 브록 무역대표, 리처드 슈웨이커 보건복지장관, 존 블록 농업장관, 윌리엄 케이시 CIA 국장.[6)]

(2) 레이건 대통령 저격사건

36년 전인 1981년 3월 30일 오후 미국 워싱턴DC 힐튼호텔 앞. 기자들과 시민들이 포토라인 뒤에서 진을 치고 있었다. 이 호텔에서 연설을 하고 나오는, 취임한 지 70일 된 대통령 로널드 레이건(Ronald Reagan)을 보기 위해서였다.

늦게 온 기자가 앞줄의 시민들에게 자리 양보를 부탁했다. 그러자 베이지 재킷 차림의 젊은 청년이 흥분해서 소리쳤다.

"나는 여기 맨 처음 왔다. 당신네 기자들은 뭐든지 다 마음대로 된다고 생각하는가." 청년은 제자리를 계속 지켰다.

레이건 대통령이 힐튼호텔에서 건설 노조 대회의 연설을 마치고 오후 2시 27분 VIP(대통령전용) 출입구를 통해 호텔 앞 노상으로 나와 환영하던 군중에게 답례를 하던 순간, 호텔 앞 기자석에 잠입하여있던 범인 존 힝크리(당시25세)가 3m 거리에서 상의 안주머니에서 22구경 리볼버 권총을 꺼내 대통령을 향하여 1.7초동안 6발을 발사하였다. 마지막 총탄이 레이건의 흉부에 맞았다.

(3) 우발사태 대응조치

총성과 동시에 수행과장 제르파르는 대통령을 리무진 뒷자석으로 밀어 넣으

6) 출처 : [레이건 기념관 제공]

며 그 위를 자신의 몸으로 덮었고, 근무조장인 샤딕 경호원은 제르파르와 대통령을 동시에 떠밀며 차안으로 들어가 문을 닫고 기사에게 현장대피를 지시하였다.

(사진 1-3) 총성이 나는 순간 수행과장 제르파르(Jerry Parr)가 대통령을 차안에 밀어 넣고 현장을 대피 하고 있다.[7]

(사진 1-4) 티모시 맥카티 수행경호원이 자신의 몸으로 총탄을 맞으며 방어벽을 쌓고 있다.

수행과장 제리 파르(Jerry Parr)는 레이건을 대기하고 있던 방탄 리무진 속으로 밀어 넣고 자신의 몸으로 덮었다.

7) 출처 : MBC[신비한TV서프라이즈]

총에 맞았느냐는 그의 질문에 레이건은 "아니. 그런데 당신이 내 몸을 덮칠 때 가슴을 다친 것 같아"고 대답했다. 어디에도 피의 흔적은 없었다. 수행과장 제리 파 는 무선으로 "'고참'은 안전하다"고 보고한 뒤 백악관을 향했다. 그러나 레이건은 숨쉬기를 힘들어하고 있었다.

이내 그의 입에서 거품투성이의 피가 흘러나왔다. 폐에 출혈이 생겼음을 직감한 파는 곧바로 차를 조지 워싱턴 대학병원으로 돌렸다. 레이건은 죽어가고 있었다. 몸 전체 피의 절반 이상을 잃었다. 외과의들은 여러 차례 총탄을 찾으려 애썼다. 심장 바로 1인치 옆에서 총탄이 나왔다.

총탄은 곧바로 레이건에 맞지 않고 방탄 차문에 한 차례 먼저 부딪쳤던 것으로 조사됐다. 레이건이 기적적으로 살아난 이유 중 하나였다.[8)]

(사진 1-5) 범인 존 힝클리(John Hinckley)가 대통령을 향해 총을 쏘고 있다.

(사진 1-6) 현장 경호원이 총을 쏘고 있는 범인 존 힝크리를 향해 비호(飛虎)같이 몸을 날려 덮치고 있다.

8) www.youtube.com [출처 : 중앙일보] "고참이 쓰러졌다"… 미 수뇌부, 병원 대신 백악관으로 뛰었다.

(사진 1-7) 범인 존 힝클리(John Hinckley)가 발사한 6번째 총탄은 곧바로 레이건에 맞지 않고 방탄 차 유리문을 관통한 것으로 조사됐던 창문 실탄구멍이다.[9)]

(사진 1-8) 로널드 레이건 대통령을 암살하려고 존 힝클리가 쏜 총에 경호원 티모시 맥카티 그리고 경찰관 토마스 델라한티가 그리고 제임스 브래디 백악관 대변인(뒤)이 총상을 입고 쓰러져 있다.

레이건 대통령은 방탄차 문에 튕긴 총탄 한 발을 가슴에 맞았다. 여섯 발을

9) 출처 : PDF 인쇄기사 보관함

발사한 존 힝클리는 현장에서 체포됐다.

다행히도 신속한 의료 조치 덕분에 모두 목숨을 건질 수 있었다. 현장은 아수라장이 되었고 즉각적인 대응으로 범인은 체포되었다. 이후 정신병자로 밝혀진 저격범은 무죄선고를 받는 대신 보호소로 보내졌지만 미국은 어처구니없는 사고로 취임한지 불과 69일 밖에 안 된 새 대통령을 잃을 뻔하였다.

(사진 1-9) 경찰 토마스 Delahanty 의해 촬영된 존힝클리 주니어(John Hinckley Jr)의 저격 총기 독일제 22구경 Rohm RG-14 revoler(1981) 이다.

Police Officer Thomas Delahanty was shot by John Hinckley, Jr. with a R hm revolver during his failed assassination attempt on Ronald Reagan (1981).

(사진 1-10) 저격범 존 횡클리 (John Hinckley Jr)가 사용한 동일 모델의 총기 · 실탄[10)]

(사진 1-11) Uzi 9mm Machine Pistol-당시 경호원들이 사용하던 우지 기관단총

(사진 1-12) 우지 기관단총(Uzi Submachine gun)의 실탄 · 탄창 이스라엘 제품 Uzi 9mm Machine Pistol의 제원은 탄약 9x19mm 파라블럼 외 / 작동방식 단순 블로우백, 오픈 볼트 / 총열 260mm / 전장 650mm / 중량 3.7kg / 유효사거리 200m이다.[11)]

이 사건은 하나의 총을 전 세계인들에게 뚜렷이 각인시켜 주었다.

범인이 사용한 RG-14도 당시 화제였지만, 그보다도 총성이 울리는 순간 대통령 경호원들이 옷 속에서 꺼내 들은 총이 더 많은 관심을 불러 일으켰던 것이다.

바로 우지(Uzi) 기관단총이었는데, 미국 대통령 경호에 사용된다는 것은 그

10) 출처 : https://en.wikipedia.org/wiki/R hm_Gesells chaft
11) 출처 : 서적 저술 http://blog.naver.com/xqon1.do

만큼 성능이 뛰어나다는 뜻이기도 했다. 그런데 우지 기관단총은 총기의 강국인 미국에서 만든 것이 아니었다.

(4) 사건수습 후 변화

레이건 대통령은 수술 뒤 12일 만에 백악관으로 돌아왔다. 예전의 레이건이 아니었다.

암살을 이겨낸 영웅이었다. 재선을 포함해 8년 동안 미국인들의 지지를 받았고, 레이건은 암살 미수 사건 이후 정치적으로 무적의 대통령이 됐다.

백악관 대변인인 제임스 브래디(James Brady)는 사건 당시 총상으로 하반신 마비로 평생을 휠체어에 의지해서 살다가 2014년 8월 4일 향년 74살 생일을 얼마 남기지 않고 사망을 하게 되었다.[12)]

(5) 경호 평가

레이건 전 대통령에 대한 암살시도 사건은 경호문제에서 부터 총기규제에 이르기까지 미국 사회에 많은 변화를 초래했다.

범인 존 힝클리(John Hinckley)는 재킷 안주머니에 총을 넣고 호텔 로비를 돌아다녔다.

그리고 호텔 밖으로 나와 포토라인 맨 앞줄에 섰다. 누구도 그를 검색하는 사람은 없었다.

당시 레이건에 대한 경호는 위해요소를 사전에 탐지하지 못하여 돌이킬 수 없는 영원한 과오였다는 평가이다.

이 사건을 계기로 미국 사회에서는 총기규제 그리고 정신병 환자의 총기소지를 둘러싼 논란이 가열됐다. 결국 빌 클린턴 대통령은 1993년 총기구입시 대기시간 설정, 그리고 전과조회를 의무화한 총기규제법안을 브래디 전 대변인의 이름을 따서 '브래디 법'으로 명명해 서명했다.

백악관 경호실은 이 사건을 계기로 대통령에 대한 경호를 대폭 강화했다.

경호실은 그동안 인력과 장비를 대폭 증강해 1981년 사건 당시 1천550명이

---

12) 출처 : [게티이미지 멀티비츠=본사특약]워싱턴=김정욱 특파원

던 경호원의 수는 현재 3천500명으로 배 이상 증가했다.

에드윈 도노반 경호실 대변인은 '유에스에이(USA) 투데이'와의 인터뷰에서 "레이건 저격사건을 계기로 경호절차에 대한 철저한 재검토를 통해 상당한 변화와 개선이 이뤄졌다"고 말했다.

이 사건 이후 대통령의 행사장 방문 시 도착과 이동 장면이 일반에게 공개되지 않고 있고, 건물 출입과 퇴장 시에는 다른 경로를 이용하고 있다. 레이건 대통령은 이 사건이후 방탄조끼를 착용하기 시작했다.

또 대통령이 참석하는 행사장에 금속탐지기가 설치돼 참석자들의 무기 소지 여부가 본격적으로 사전 점검을 받게된 것도 레이건 저격사건의 영향중 하나이다.[13)]

(6) 저격범의 행적의 배경

사건 당시 현장에서 바로 검거된 저격범은 25살의 '존 힝클리'였다. 그런데 경찰조사 결과 그의 범행 동기는 사랑하는 여인에게 관심을 받기 위해서였던 것이다.

1955년생 텍사스공대 졸업 '존 힝클리'는 이 당시 로버트드니로 주연의 영화 택시 드라이버에 출연한 조디포스터의 연기에 매료되어 이 영화를 무려 10번이상관람 조디포스트를 짝사랑 한 나머지 조디에게 관심이 끌렸다.

그 여인이 당시 최고의 인기를 자랑하던 여배우였기 때문이다. 존 힝클리가 평범한 20살 대학생이던 1976년 우연히 조디 포스터가 출연한 영화 '택시 드라이버'를 보게 되는데, 이 영화를 보고 조디 포스터에 광적(狂的) 팬이 된 것이었다.

그때부터 조디 포스터를 향한 저격범 존 힝클리의 광적인 사랑이 시작된 것이다. 그는 그때부터 무려 4년 동안, 매일 밤 조디 포스터에게 편지를 썼으며 뿐만 아니라 전화를 걸기도 하고 조디 포스터의 집 앞에서 몇 시간씩 기다리기도 할 정도로 광적이었다.(조디 포스터가 예일대에 입학하자 그 근처로 이사까지 함.)

13) 출처 : 워싱턴=김정욱 특파원

(사진 1-13) 영화 '택시 드라이버'에 출연한 조디 포스터 여배우

그러던 중 어느 날 영화 '택시 드라이버'를 다시 보다가 이상한 생각을 가지게 된다. 그것은 바로 '영화에서처럼 대통령을 저격하면 조디 포스터의 관심을 끌 수 있을 것이다.'라는 생각이었다.

그는 곧 실현에 옮기는데, 사실 그의 목표는 당시 대통령이었던 39대 대통령 '지미 카터'였다.

하지만 기회를 노리며 주위를 배회하다 이를 이상하게 여긴 경호원들에 의해 불법 무기 소지 혐의로 체포되어 계획이 무산되었던 것이다. 그러다 40대 대통령 로널드 레이건이 당선되자 타깃을 바꾼 것이었다. 그리고 저격을 실행에 옮기기 전 조디 포스터에게 범행을 예고하는 편지를 보냈다고 한다.

이 사건으로 조디 포스터는 충격을 받아 한 동안 외부활동을 전혀 못했다고 한다. 그리고 그녀에게 그 사건은 '다시는 떠올리기 싫은 기억'일 것이다.(18년 후 '60분'이라는 TV프로그램에 출연해 이와 같이 고백했다고 함.)

(7) 범죄행위의 판결

그러나 법원은 존 힝클리의 정신이상을 이유로 교도소가 아닌 정신병원에 수용하라는 판결을 내린다. 시간이 흘러 2000년 존 행클리는 법원으로부터 장기 외출을 허가 받지만 병실에서 조디 포스터와 연관있는 물건이 발견됨으로써 허가가 무산되었다고 한다.[14]

(사진 1-14) 영화배우 조디포스터의 관심을 끌기위해 대통령을 저격한 범인 존힝클리(John Hinckley Jr) [15]

FBI mug shot of Hinckley in 1981	
Born	John Warnock Hinckley Jr. (1955-05-29) May 29, 1955 (age 61) Ardmore, Oklahoma
Parent(s)	John Warnock Hinckley Sr. and Jo Ann Moore

(표 1-1) John Hinckley Jr 출생지 · 가족

4) 역사적인 총기피격 사례 : 육영수여사 피격사건

(1) 사건개요

1974년 8월15일 10:23-25분에 서울 장충동소재 국립극장 제29주년 광복절 기념행사장에서 1951년 12월 일본 오소카 히가시스 미요시(東住吉)에서 석

14) 출처 : MBC[신비한TV서프라이즈] 〈link rel="stylesheet"

15) 출처 : From Wikipedia, the free encyclopedia (Redirected from John Hinckley, Jr.)

면 제조업체에 다니던, 한국 경남 진양(진주)을 본적으로 둔 재일교포 민단(民團)출신 문병태의 3남으로 태어난 재일 조총련계 교포2세 문세광(南條世光, 23)은 3.8구경 권총(스미스 앤드 웨슨. 美)으로 대통령을 시해 하려다 실패하고, 대통령 영부인 육영수 여사를 저격하여, 육 여사가 우측 두부에 총탄을 맞아 서울대병원으로 후송되었으나 당일 19시경 서거하였고, 범인 문세광은 1974.12.20일 07:00시 서대문 구치소에서 사형이 집행된 사건이다.

(2) 사례연구의 목적

인간은 누구나 실수를 경험하게 되며, 인간이 할 수 있는 모든 일에 대해 그 실수의 경험을 바탕으로 차후에 보다 더 나은 결과를 얻게 되기도 한다. 그러나 경호는 그 실수를 용납하지 않는 특수한 성격을 지니고 있다.

경호에 있어 한번 실수는 곧 경호 대상자를 잃게 되는 치명적 결과를 초래할 뿐만 아니라, 그로 인해 직·간접으로 엄청난 정치상황을 겪게 되는 경우를 우리는 수없이 보아왔다.

1963년 대통령 경호실이 창설된 이래 가장 경호적인 측면에서 큰 실수를 경험한 사건이 바로 1974.8.15일 국립극장에서 있었던 제29년 광복절 기념식 행사에서의 문세광 저격 사건일 것이다.

(사진 1-15) 대통령 경호실장의 초기대응

그 사건으로 인하여 피경호인인 육영수 여사를 잃게 되었고, 우리나라 경호실의 명예는 크게 실추되는 계기가 되었으며, 오늘날에 이르기까지 역사의 오점으로 마음속 한 구석에 응어리로 남아 있는 것이다.

그 사건이 일어 난지 벌써 40여년이 지난 지금 8.15저격사건을 재조명하는 의의는 비슷한 실수로 다시는 동 사건과 유사한 사건이 재발 되지 않기를 바라며, 보다 미래지향적인 선진 경호가 정착되기를 기대하는 데서 찾을 수 있다.

당시 이스라엘 ISA(Israel Security Agency)에서는 라빈 수상의 암살 이후, 라빈 암살 사건에 대한 사건을 재연 분석하여 대책을 마련하고, 전 세계 37개국의 경호 관계자를 초청하여 라빈 암살 사건에 대한 교훈을 알린 바 있다.

이러한 시점에서 우리나라도 돌이킬 수 없는 경호 실패 사례를 덮어버리는 것만이 능사가 아니라고 본다.

그러므로 역사적 8.15저격사건을 재조명하고, 과거의 과오를 냉철히 반성함으로써, 한 차원 향상된 경호기법을 구현하고자 본 사례를 찾게 된 것이다.

제2절 사격의 역사

1 사격의 역사 · 유래

인간이 집단 사회생활을 시작하면서부터 경쟁이 생겨났고, 식량을 구하기 위한 경쟁을 벗어나 싸움을 하기 위하여서도 항상 무술을 연마하며, 던지고 쏘는 연습과 경기를 하였다. 처음에는 돌을 던진다든가 하는 사람의 힘을 이용하는 시대가 있었고 지혜가 발달하여 다른 힘을 이용하는, 즉 활을 사용하는 시기가 오랫동안 계속되었다.

화약이라는 새로운 추진 물질을 발명하면서부터 인간에게는 총이라는 무서운 무기가 손에 쥐어지기 시작하였다. 총의 발명은 현재의 원자무기 발명과도 비길만한 하여서 순식간에 대자연을 정복을 하였고 종족과 종족, 나라와 나라 간에, 지배자와 피지배자로 결론짓고 말았다. 실로 15세기경에 발명한 총은 모든 사람들에게 호기심뿐만 아니라 신격화 되어버려 사격술 훈련은 물론 사격경기까지 빈번히 가지게 하였던 것이다.

사격은 흔히 살생의 수단으로 생각되어 왔기 때문에 전쟁을 자주 겪는 나라에서는 그것을 좋게 생각하지 않았다. 그러나 이런 생각은 자연스럽게 해소되어 갔고, 결국 평화를 사랑하는 국가와 국민들 사이에도 현대적 스포츠로서 불가결의 일익으로 발전 되고 있다. 예를 들면 평화의 상징적 나라인 스위스, 세계 전파와 함께 스포츠사격으로 인한 수세기동안 누려온 평화의 보금자리가 바로 그것을 증명하고도 남음이 있다.

초기의 사격 경기를 살펴보면 사격 경기란 그 기원에서 지적했듯이 인류의 「명중욕망」을 충족시키는 본능적 스포츠라고 말할 수 있다. 그것을 위해서 인간은 최초에 기계적인 사격 도구로 활과 화살을 사용했고 또한 근대에는 총기류를 사용하게 되었다. 사격 경기가 정확하게 몇 년 전부터 시작되었는지는 그 연대를 확실하게 확인 할 방법은 없으나 기록에 남은 몇 가지 문헌들을 기초로 하여 정리해 보면 대략 다음과 같다.

총의 발명은 서기 1354년 독일의 승려 「베르트롤드 · 슈바르츠」 가 최초로 대포 형식을 발명하면서부터 시작되었고, 개인화기인 소총의 형태는 서기 1500년경 독일을 비롯한 유럽 지역에서 화승총의 형태로부터 시작되었다. 그런데 기록에는 서기 1484년 9월 22일자 발행의 스포츠 사격 대회 초청장에서 확인되었는데 이것은 정확한 소총 형태를 갖추지 못한 수포 형식의 개인 화기로써 사격 대회를 실시한 것으로 추산된다.

또한 서기 1820년 유명한 워버플라이시츠의 「자유 사격」의 가곡이 완성된 것도 15세기 이래 국민적 스포츠로써 유럽에서 성대히 거행되어 왔던 사격제의 전통이 그 곡의 작곡 동기가 되었던 것이다. 또 케러의 소설 「사격제」만 보더라도 사격 경기가 스위스의 국기로써 얼마나 국민들에게 인기가 있었던 가를 미루어 알 수 있다. 그리고 서기 1504년 스위스의 쥬리히에서 자유총 사격 대회를 하는 광경의 그림이라든가, 서기 1551년 독일에서 행한 사격 대회의 기록에 의하여 16세기초부터 시작된 것으로 추측된다. 또한 이

기록들은 분명히 사격 경기는 총기의 개발과 더불어 사격 대회가 유럽 각국으로부터 발전해 왔고, 세계 스포츠로서 일반에 널리 보급되어 인기종목으로 각광을 받게 되었다.16)

1) 한국사격의 변천

우리나라에서 사격 경기가 처음으로 시작된 것은 해방 이후부터라고 알려져 있다. 사격이란 본래 총을 매개로 하는 것이기 때문에 총 없이는 경기를 할 수 없는 것이다. 따라서 사격의 역사는 총의 발달과 더불어 시작되고 경기 또한 총과 탄약의 보급이 있어야 되는 것이다. 때문에 경기로써의 우리나라 사격은 대한 사격연맹의 전신인 대한 사격 협회가 창설된 1955년 2월 8일 이후부터라고 하겠다.

2) 우리나라 사격의 역사

우리나라에 총포가 도입된 16세기 무렵부터 시작된다. 그리고 그 명중률로써 우열을 가리는 이를테면 경기 비슷한 사격의 솜씨 겨루기는 인간이 내기를 즐긴다는 본성에 따라 자주 있었던 것으로 짐작된다. 그러나 그것은 어떤 규칙을 갖추었거나 조직화한 모임으로 운영된 것은 아니었다.

단 총포를 다루려면 그것을 훈련하여야 하는 군대를 다룰 수밖에 없었다. 따라서 군사적 관계와 연관되어 발달이 계속되어 갔다. 이러한 점에서 문헌에 의한 우리나라의 사격 경기의 시초는 이조말엽인 금세기 초의 육군 연성 학교에서 비롯된다.

서기 1904년 9월 24일 군부 관제 칙령 제 17호로 공포된 육군 연성 학교는 지금의 국방 연구원에 해당되는 장교들의 재교육 기관이었다. 그곳에서 행해졌던 경기가 오늘날과 같은 큰 규모와 규칙 밑에서 이루어진 사격이라고는 볼 수 없으나 일정한 거리에 고정된 표적을 두어 장총으로 서서 쏴, 무릎쏴, 엎드려 쏴 등을 하여 그 명중률에 따라서 우열을 결정했다.

16) 출처 : http://kin.naver.com/워버플라이시츠의 「자유 사격」의 가곡
http://www.shooting.or.kr/

3) 국제 사격연맹

국제 사격 기구인 국제 사격연맹이 서기 1907년 탄생되었다. 그러나 제 1차 세계대전 때 이 단체는 해산되었다가 서기 1921년 다시 조직되어 지금의 U. I. T(國際射擊聯盟, Union Internationale de Tir)가 오늘에 이르렀으며 그 본부는 서독에 있다.

기타 국제적인 사격 연맹 기구로서는 남아메리카 사격 연맹이 칠레에 본부를 두고 있으며, 유럽 사격 연맹이 스페인에 본부를 두고 있다. 한편 남태평양 사격 연맹은 호주에 본부를 두고 있으며, 아시아 사격 연맹은 매회 사격 대회를 주최하는 주최국에 본부를 옮기면서 운영되고 있다.

4) 사격의 초기

(1) 최초의 독일시합

문헌에 의하면[17] 1477년 독일 바이에른이 아이히 슈테트에서 열렸으며 이 대회에서 사수들은 화승총을 이용하여 200m 거리에서 기량을 겨루었으며, 1504년 스위스에서 제작된 한 그림에는 소총사격대회 광경을 볼 수 있는데, 선수들은 울타리로 둘러싸이고 지붕이 덮인 사격대에서 멀리 떨어져 있는 과녁을 쏜다.

16세기 말에는 안에 홈이 파인 소총총신 및 매우 정교한 가늠자나 가늠쇠와 더불어 정교하게 장식한 독일제 격발장치가 등장했다.

2 화약의 발달 · 전파

1) 화약의 발달

총의 기원은 화약의 발명에서 시작이라 볼 수 있다.

17) 출처 : http://tiny.britannica.co.kr

중국의 4대 발명 중 하나인 흑색화약은 최초의 화약으로, 9세기 때 당나라에서 발명된 것으로 추정하기도 하지만 보통은 11세기 송나라 때로 보아서 화약 무기가 전쟁에 도입된 건 14세기 정도로, 몽고의 침략을 거치면서 구대륙 전체에 확장하게 되었다.

(사진 1-16) '세계 최초의 화약인 흑색화약'

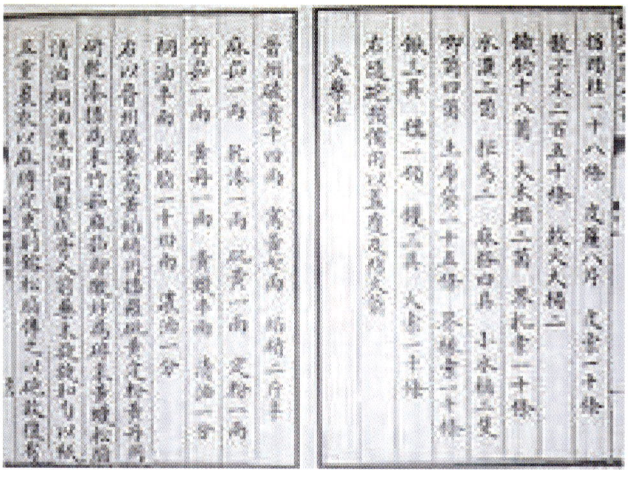

(사진 1-17) 당시 중국의 화약 제조법 기록

(사진 1-18) '원나라에서 사용된 초기 형태의 총(14세기 Hand Cannon)'

1044년에 만들어진 송나라의 병법서인 무경총요에 의하면 화약은 화염방사기, 축제 불꽃놀이 등으로도 사용되었다.

2) 화약의 전파와 이용

아랍 지역에 화약이 전래된 건 1240년~ 1280년 사이로 보고 있다.(Hasan al-Rammah 화약의 제조법) 몽골 제국의 침략 당시, 몽고군은 이미 화약 무기를 널리 사용하던 송나라의 기술자들을 납치하여 화약 무기를 운용했고, 이를 아랍 세계를 공격할 때에도 사용했으며, 역사가들은 이런 식으로 몽고군에 의해 중앙아시아에 처음으로 박격포의 일종인 화통과 같은 중국의 화약 무기가 전해짐으로써 아랍 세계에도 화약 무기가 전래되었으며, 송나라에서 화약이 발명된 후, 화약 기술은 이슬람과 유럽 세계로도 확산되어 나갔다.

3) 우리나라 화약 제조사

화약의 발명은 무기의 발전에 획기적인 일로서, 그 당시로서는 매우 충격적인 사건이었다. 화약은 서양에서보다 동양에서 먼저 사용된 기록이 있는데, 3세기경에 중국에서 이를 전쟁에 사용하였고, 화약의 폭발력을 이용해 각종 화살이나 탄환을 쏘아 보내는 화포(火砲)를 총통(銃筒)이라 부르는데 우리나라에서는 고려 말 최무선(崔茂宣 1325-1395)이 최초로 고려 내에서 화약과 화포를 제조했다는 기록이 있다.

(사진 1-19) 고려에서 최초로 화약을 제조하는 데 성공한 이는 최무선이었다.

그는 오랫동안 노력한 끝에 중국사람 이원(李元)으로부터 염초를 흙에서 추출하는 방법을 배우고, 마침내 1377년(우왕 3)에는 국가의 화약제조소로서 화통도감(火㷁都監)을 설치하였다. 일설에는 최무선이 직접 원나라에 가서 배워왔다고도 한다.

화약과 여러 가지 화기의 제조는 화통도감의 발족과 함께 활발해지고 1378년에는 화기발사의 전문부대로서 화통방사군(火㷁放射軍)이 편성되었다. 이렇게 발달한 화약병기는 고려 말 30년간의 왜구의 침략을 물리치는 데 커다란 구실을 하였으나, 화통도감이 설치된 지 10여년 만인 1389년에 군기사(軍器寺)에 합속되었다.

3 총기의 발달

초기의 미개한 원시인들은 사냥의 도구로서 자연 그대로의 돌에서 예리한 돌을 골라 썼고, 원거리 사냥의 필요에 따라 나무로 만든 창을 사용하여 오다가, 나뭇가지가 휘어지는 반작용에 의하여 큰 힘이 생기는 이치를 깨닫고 활을 발명하여 사용하였다.

그러나 시간이 흐름에 따라 자연조건이 인간의 능력 범위를 벗어나고 생활이 복잡해지면서 개체의 생존과 더불어 종족을 보존하는 문제가 심각하게 대두되었으며 나아가 세력을 확장할 필요를 느끼게 되었으며, 그 외에 지중해 · 대서양을 누비고 다녔던 영국 · 포르투갈 · 에스파냐 등의 해적들이 호신용으로 사용하였다.

19세기 초기 버커션록(뇌관식 격발장치)이 발명되면서 세계에 보급되기 시작하였고, 미국에서는 남북전쟁(1861~1865)에서 여러 종류의 뇌관식 권총이 사용되었으며 구조도 짧은 기간 동안에 개량되었다.

서부 개척시대에는 권총이 법이라고 할 정도로 권총이 많이 보급되기도 하여, 오늘날에 이르러 다양한 종류와 성능의 총기로 발전하게 되었다.

1) 권총의 개발

(1) 권총의 발명

사실 권총이라 할 만한 무기는 핸드캐넌 시기부터 존재했다. 조선시대에 만들어진 우리나라의 세총통[細銃筒]이 바로 그것이다. 지금까지 우리나라에서 개발된 총통 중에서 가장 작다.[18)]

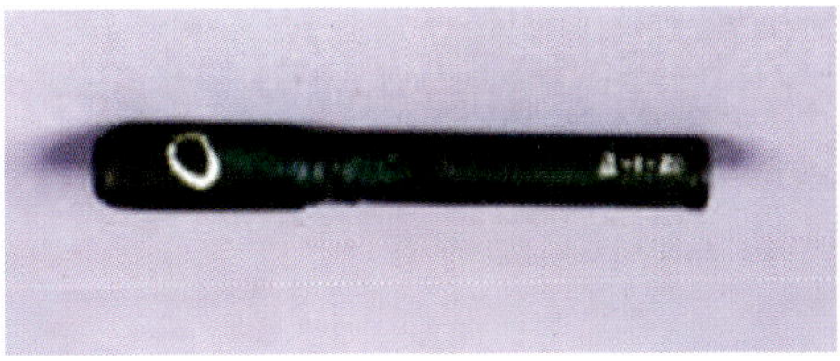

(사진 1-20) 우리나라의 세총통[細銃筒]

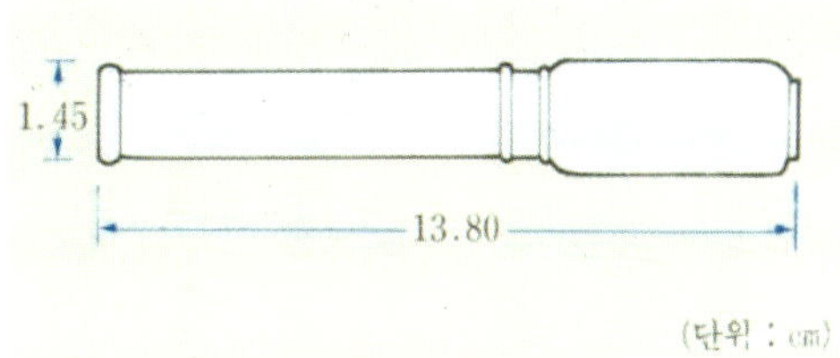

(그림 1-2) 세총통의 크기 (단위cm)

크기(높이, 길이, 두께, 너비) 총길이 13.8cm, 총신길이 8.7cm, 구경 0.9cm, 약실길이 5.1cm

18) 출처 : 파일:attachment/세총통.jpg' 한국민족문화대백과 과학 〉과학기술:
조선 전기에 사용하던 유통식 휴대용 화기. 총길이 13.8cm. 보물 제854호. 국방시책의 일환으로 1432년에 창제되었다. 우리나라 유일의 최소형총통에 속하는 국방과학기술문화재로 평가된다.

(사진 1-21) 작은 총통에 화약과 화살을 장전하고 '철흠자'라는 집게로 불을 붙여 발사한다.[19)]

이것이 바로 세총통. 작은 총통에 화약과 화살을 장전한 뒤, 사진 오른쪽처럼 '철흠자'라 불리는 집게로 집어 고정시킨 뒤 심지에 불을 붙여 발사한다. 용도도 현재의 권총처럼 편리한 휴대성을 살려 호신용으로 사용하기 위한 것이었다.

그러나 조선 초중기에만 잠간 등장하고, 이후로는 등장하지 않는다. 따로 불씨와 심지들을 챙겨야 하는 불편함 때문인 듯 하며, 기대한 만큼 성능이 좋지 않았기 때문이었을 거라는 추측도 있다. 조총이 나온 뒤에는 무용지물이었다.

(사진 1-22) 조선시대 호랑이 포수의 조총

19) 출처:http://museum.kma.ac.kr/kor/dis/

2) 권총의 성능

권총의 경우 자동권총과 리볼버로 대별한다.

(1) 권총의 기본

자동권총은 탄창을 넣은 후 슬라이드(권총의 상부)를 한번당기고, 방아쇠를 당기면 발사되고, 별도의 동작 없이 다음 탄의 발사가 가능한 권총이다. 이에 비해 리볼버는 회전식 탄창(실린더)을 열어 실탄을 장전하고 다시 탄창을 닫고 격발을 하면 실린더(탄창)가 회전을 하면서 발사가 되는 권총이다.
총의 격발방식에는 단동식(싱글액션)과 복동식(더블액션)이 있다. 싱글액션은 격발 전에 공이치기를 뒤로 완전히 제끼고 격발하는 방식이고, 더블액션은 방아쇠를당기면 공이치기가가 완전 후퇴했다가 전진하는 방식이다.
자동권총의 경우 격발시 뒤로 제껴지는 부분을 슬라이드이라고 하고, 탄환이 발사 되면서 후퇴된 상태로 고정되는데 이것을 슬라이드 스톱이라고 하며, 이때 슬라이드를 고정 상태로 잡아주는 부품을 슬라이드 스토퍼(슬라이드 멈치)라고 한다. 이 상태에서 탄창을 빼고 탄환이 있는 탄창을 넣고, 멈치를 내리면 바로 장전이 된다. 권총의 손잡이는 그립, 권총의 하부를 바디, 공이치기를 해머, 탄약전체는 카트리지(Catrige), 탄환을 불렛(Bullet)이라고 한다.

(2) 리볼버(Revolver, 회전식권총)

1500년대경 리볼버들은 주로 화승식이었으며 실린더를 수동으로 돌리거나 점화용 화약이 들어있는 부분의 덮개를 열어서 사용하는 방식이었다. 이들은 당시에 있었던 대다수의 총기들에 비해 더 많은 탄을 사용할 수 있었으나 가격이 비싸고 장전시간이 배로 증가하는 등 여러 문제가 있었다. 이로 인해 보편화되지는 못했던 것으로 보인다.

3) 자동식 권총(반자동식 : semi-auto pistols)

(1) 자동권총의 발전과정

리볼버 권총보다 얇고 보다 소형으로 개발한 핸드 리피터 권총은 외력을 이용해 노리쇠를 전·후동시켜 탄약을 총신의 약실에 보내 발사가 끝난 공(빈) 약협을 배출하여 연발 사격할 수 있는 권총 이었으며, 핸드 리피드 권총은 후에 반자동 권총을 생산되는 기초가 되었다.

1890년대는 무연 화약을 발사약으로 사용하는 소형의 약협식 탄약이 완성된 시기와 겹쳐 발명가들이 반자동 권총의 개발에 열중했던 시대였다. 초기의 기계의 메카니즘은 분야를 불문하고 조작성이 나쁘고 부피가 컸고 신뢰성도 떨어졌으며 권총도 예외가 아니었다.

물리학과 기계공학의 합작이라 할 수 있는 반자동 권총은 부피가 크고 조작성도 나쁘고 신뢰성이나 내구성도 부족했다.

한편 미국의 존·M·부라우닝(John M. Browning)은 복잡하고 신뢰성 있다고 인식되고 있던 반자동 권총을 발사시의 반동을 이용하는 불로우 백 방식이라고 하는 단순한 구조로 설계하여 얇고 가볍고 신뢰성 높은 제품으로서 완성시켰다.

(사진 1-23) John M. Browning

유타 주 오그 덴에서 태어난 존 모세 브라우닝 (John Moses Browning, 1855 년 1월 23일 (1월 26일 - 1926년 11월 26일)은 많은 군대 및 민간 총기, 카트리지 및 총기구를 개발 한 미국 총기 디자이너였다. 전 세계에서 사용 중이다.
그는 현대 자동 및 반자동 총기 개발에서 20세기의 가장 성공적인 총기 설계자 중 하나로 여겨지며 128 건의 총 특허를 보유하고 있다.
그는 그의 아버지의 총기 가게에서 13 살에 첫 번째 총기를 만들었고 1879 년 10월 7일 24세에 첫 번째 특허를 받았다.
브라우닝은 총기류 디자인의 거의 모든 범주에 영향을 미쳤으며, 그는 단일 샷, 레버 액션, 슬라이드 액션, 소총 및 샷건을 발명하거나 크게 개선했다. 그의 가장 중요한 공헌은 틀림없이 총기류 자동 로딩 영역이었으며, 권총 슬라이드로 알려진 볼트와 배럴 슈라우드를 통합하여 신축 식 볼트를 발명하여 신뢰성 있고 컴팩트 한 최초의 자동로드 권총을 개발하였다.

(2) 현대의 자동권총

이탈리아의 베레타 사에도 존 M 브라우닝이 발명한 모델 1900과 발터P38의 영향은 컸었다. 베레타 사(社)가 베레타 M1915를 개발할 때 개발의 참고가 되었고, 베레타 M1951은 발터사의 발터P38에 크게 영향을 받아 개발·생산 되었다.
현재 대성공을 거두고 있는 베레타 M92FS도 발터P38이 없었으면 존재하지 못했다고 해도 과언은 아닐 것이다.
오스트리아의 신예총기 메이커인 글록(Glock gmbh)사는 플라스틱으로 제작된 클록17이라고 하는 획기적인 권총을 개발·생산하여 오스트리아군의 제식 권총에 채용되었다. 현재는 미국 경찰을 시작으로 여러 나라에서도 차례로 채용하여 총기의 톱 메이커로 인정받고 있다. 글록사의 성공을 시작으로 발터사의 발터P99나, Smith&Wesson사의 40F Sigma, H&K사의 USP 등도, 폴리머 프레임, 폴리머 그립을 채용해 개발하고 있다.
현재의 자동권총의 경향으로서는 흉악범의 증가나 대테러 대책으로서 45구경의 권총이나 커스텀[Kustom]화 된 권총이 차례차례로 발매되고 있다.

(3) 완전자동식(Machine pistol)

완전자동식은 기관권총으로 분류하며 방아쇠를 당기고 있는 동안 연속적으로 탄환이 발사되는 완전자동식을 말한다.
기관권총의 필요분야는 요인 경호다. 요인 경호에서 가장 중용한 것은 상대를 제압하는 것 보다 경호 대상의 안전을 단시간에 확보하기 위한 것이다.
또 요인 경호용의 총기는 대부분의 경우 일반에 노출되지 않는 은닉과 휴대가 간편한 것이다. 따라서 권총으로서 휴대가 가능하면서도 유사시 단시간에 화력을 발휘할 수 있다.
현대의 기관권총으로 가장 대표적인 것은 이탈리아의 베레타 M93R과 오스트리아의 글록 18C을 손꼽을 수 있다.

① 오스트리아 제 글록 (Glock18) 기관권총

M93R은 매우 독특한 권총이다. 기관권총(연사권총;Reihenfeuerpistole)이라고는 하지만 완전자동이 아닌 3점사로 발사되며, 앞부분에는 접이식 손잡이까지 장착 되어 있다. 이 총은 처음부터 이탈리아 특수부대 및 경찰이 요인경호용으로 요청해 제작 되었다.
글록18C는 자동・반자동의 선택이 가능하며, 점사기구 없이 완전자동이라는 점이 특징이다. 또한 두 총의 공통점은 개머리판의 부착이 가능하다.

(사진 1-24) 오스트리아 제 세이프 액션형 M-18C 기관권총[20)]

글록18형 완전자동권총은 폴리머 프레임의 높은 내구성과 스트라이커 식 공이 격발 기구의 뛰어난 안전성과 신뢰성으로 민간 뿐만 아니라 군사적으로도 경찰 조직 등에 절대적 신뢰를 얻어 대성공을 거둔, 폴리머 프레임으로 대표되는 9mm 권총의 오스트리아 글록 (Glock)사 시리즈 중 강한 화력을 자랑하는 완전자동권총 모델이다.

은폐성과 휴대성이 높은 권총과 강한 화력의 기관단총의 장점을 겸비한 글록18은 대테러 무기로 군·경찰 조직 전용으로 개발되었다.

외형은 거의 글록17과 동일 하지만, 슬라이드 왼쪽부분에 반자동/자동조정간이 있는 것이 특징이다.

개량형인 글록18c는 사격 시 반동을 억제하기 위해 슬라이드 앞부분 표면에 콘펜세이터 용의 구멍이 있다.

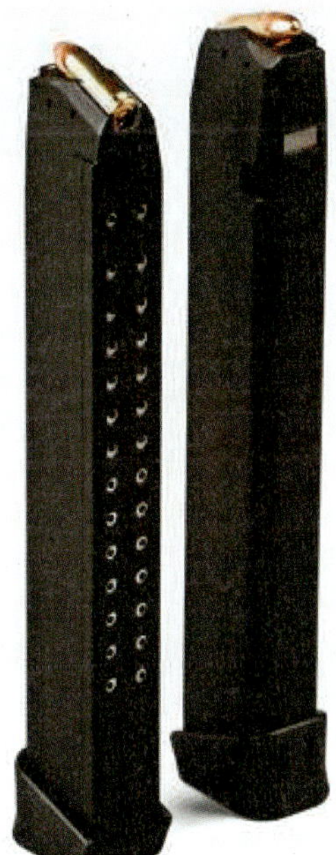

(사진 1-25) 오스트리아 제 세이프 액션형 M-18C 33발 탄창·실탄[21]

20) 출처 : http://q2w3e4_.blog.me/100118946749
21) 출처 : 군인 q2w3e4_.blog.me/100118946749

권총으로 완전자동 사격을 하는 것에 대해 찬반양론이 있지만 비밀경찰이나 정보기관 등 기관단총을 소지할 수 없는 기관에서 많이 사용된다.
당연히 자동사격에서 17발의 표준 탄창으로는 부족하기 때문에 글록사에서는 33발을 사용할 수 있는 탄창이 있다.
발사속도는 분당 1,200발의 속도이나, 그만큼 명중 정밀도가 떨어진다.
또한 완전자동 권총은 위험하기 때문에 법집행 기구 등 공적기관에만 판매가 되며 민수용으로는 판매가 금지되고 있다.

② 이탈리아 제 M93R 기관 권총

(사진 1-26) 이탈리아제 베레타 M93R 기관권총[22)]

분당 1,100발의 속도로 3점사를 할 수 있는 베레타 93R. 반동 제어를 위해 전방 손잡이가 내장되어 있다. 한 손으로는 그립을 잡고 다른 한 손으로는 엄지를 방아쇠울에 걸친 상태로 전방 손잡이를 잡는 것이 바른 파지법이다.

22) 출처: [PDF] 자동권총 / 기관권총] Beretta M92 (M9) / Beretta M93R : 네이버 블로그 Naver blog550 × 398이미지로 검색 명칭:Beretta M93R

제2장 권총의 유형 · 제원 및 성능 · 조작

제1절 권총의 유형 · 제원 및 성능

Ⅰ. 38구경 리볼버(revolver)식 권총 유형 · 제원

1 38구경 M10-9 미국 Smith&Wessen(4in)

1) 외부구조

(1) LH side

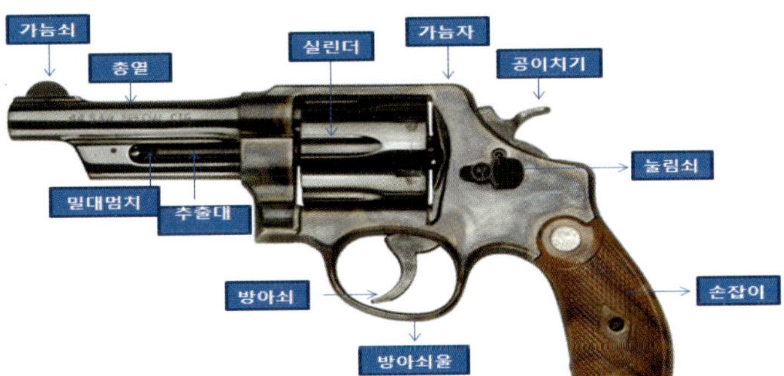

(사진 2-1) 38구경(LH side) 리볼버권총의 가늠자 좌우편차 조정기가 없다. [1)]

외견상 둥근 원통형에 골이 파져 있고, 둥근 방아쇠울과 자동권총에 비하면 굴곡이 많아 보이는 외형상 특징을 지니고 있다.

---

1)출처 : 2008.05.15 18:04
남자의 로망 38구경 리볼버(.38 Colt Police Mk3)"

(2) RH side

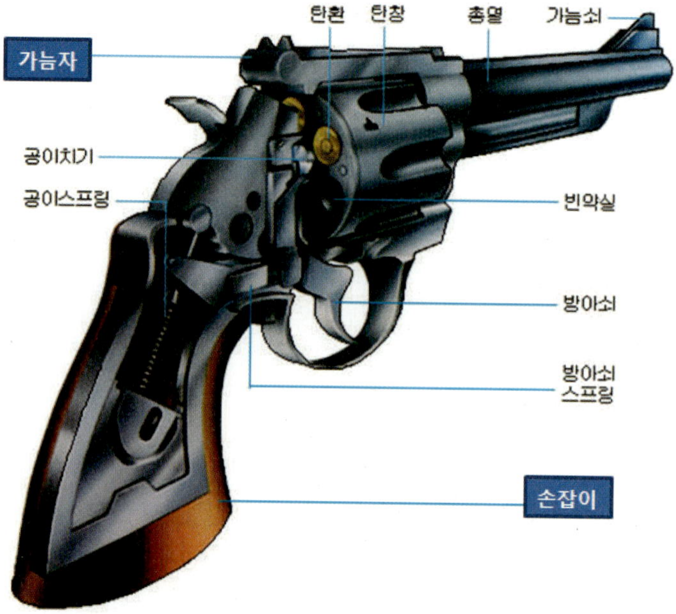

(그림 2-1) 38구경 M-10(4in) RH side 외부명칭

2) 제원

구조 및 성능	(38리볼버 4인치)
총구의 직경	0.38인(9.65mm)
총열의 길이	4인치(101.6mm)
총의 전장	236.5mm
총 무게	864.7g
강　선	5조우선
약실 수	6발(cylinder)
탄　속	290/sec
유효사거리	50mm
최대사거리	1,676m
사용 탄종(彈種)	38special

(표 2-1) 제원(38구경 M10-9 S&W)

3) 38구경 권총의 특성 및 성능

(1) 특성

① 반자동식(실린더 회전식)
② 탄창(실린더) 장전식
③ 분리복합 작용식(단동, 복동)
④ 공냉식
⑤ 파지식

(2) 성능

위 사진에서 볼 수 있듯이 1854년 H.스미스와 D.웨슨이 매사추세츠주 스프링필드에 창설한 무기제작 회사인 Smith&Wessen 사의 M-10 등, 구조상 리볼버R(회전식)권총은 연뿌리(蓮根)모양의 실린더(회전탄창)에 탄환과 약협(藥莢)을 일체로 하여 발사할 때마다 수동 · 자동으로 탄창을 회전(Roating)시키면서 연속적으로 발사할 수 있고 탄창은 약실과 탄창을 겸하고 있다고 설명된다.

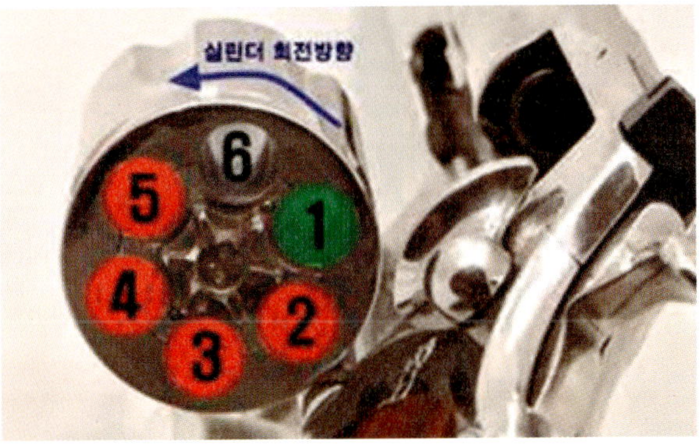

(사진2-2) 스윙,아웃 실린더(*swing out*)도면

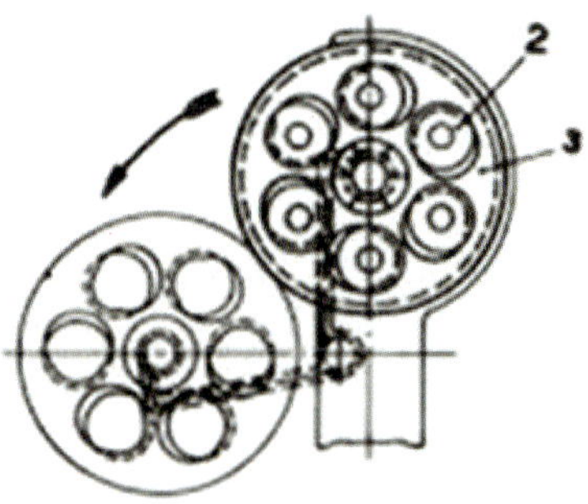

(그림2-2)발사 시 실린더 회전방향, 스윙 아웃방식과 탄환을 실린더에 고정시켜주는 디스크 부품(3번)이잘 나타나있다.

일단 발사된 후에도 탄피는 그대로 실린더 속에 남아 있기 때문에 사격이 다 끝나고 나서도 탄피를 제거 해줘야만 한다.

총을 움직이는 에너지가 오직 '손가락 힘'뿐이므로 연속으로 힘이 많이 들고 또 실탄을 장전하고 탄피를 제거하는데도 시간이 소요된다고 본다. 또한 리볼버는 자동 권총과 같이 풀 콕(full cock:헤머가 완전히 뒤로 제껴진 상태)과 하프 콕(half cock:헤머를 약간만 당긴 상태)이 있고, 방아쇠 만 당기면 공이치기가 움직인다.

가늠자(rear sight)를 좌우상하로 조정(adjustable sight)할 수 있도록 개발 생산 되었다.

(사진 2-3) 헤머가 완전히 뒤로 제껴진 상태와 가늠자(rear sight)를 좌우상하로 조정(adjustable sight)할 수 있도록 개발생산 되었다.

(3) 작동원리

권총은 화약의 힘으로 작동하는 기계라 할 수 있다.

화약의 힘으로 탄두를 비행시키는 실탄을 사용하는 총기는 거의 가스의 힘이 작용되며, 방아쇠를 격발하여 뇌관의 충격으로 장약이 폭발한다. 이때 발생하는 가스압은 총탄이 발사되는데 에너지를 공급하여 탄두를 발사하게 된다.

특히 리볼버 권총은 탄두를 발사하는 용도로만 가스압력을 이용하고 나머지는 회전식탄창을 회전시켜준다.

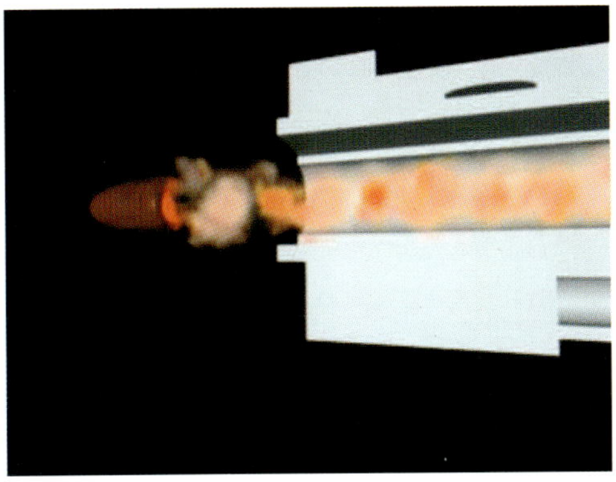

(2-4a) 탄두가 발사과정

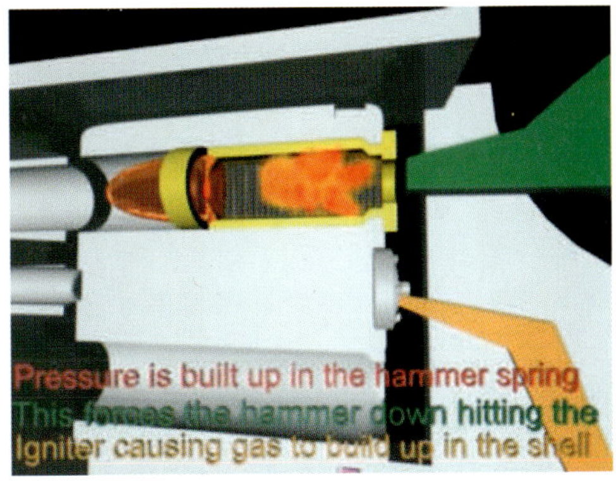

(2-5b) 뇌관폭발 화약연소과정[2)]

(사진 a.b)방아쇠를 당겨서 뇌관이 폭발하면, 화약에 불이 붙어 연소하면서 가스가 발생하게 되고, 이 가스가 실탄 안에서 급속도로 압축되어 그 압력으로 탄두가 발사되는 과정.

(4) 리볼버권총의 장 · 단점

① 장점

- 일단 간단한 구조에서 우수한 내구성과 작동의 신뢰성에 있다.
- 오래 쓰고 기능고장이 적고, 손질하기도 용이하다.
- 조작이 간단해서 여성을 비롯한 초보자도 다루기가 용이하다.
- 오발사고가 적어 안전도가 높고, 총을 인수인계할 때 안전한 상태라야 한다.
- 리볼버의 경우 실린더를 옆으로 열고 젖히는데 이렇게 만해도 안전한 상태가 된다.
- 여러 가지 탄환을 장전해서 사용하기에 편하고 불발탄 발생에 대처가 간편하다.
- 리볼버는 불발탄이 발생했을 경우 그대로 방아쇠를 더 당겨주면 간단히 처리된다.
- 리볼버가 자동식권총보다 가격이 낮은 편이다.

2) 출처 : How a Revolver Works you-tube

- 하프콕(공이치기가 약간 뒤로 후퇴한 상태로 탄의 뇌관을 쳐도 발사가 아니된다)을 제외하고는 별다를 안전장치가 없다.
- 방아쇠를 고정시키거나 공이치기를 고정 시킬 필요가 없다.
- 약실의 탄을 한발만 제거하고 그곳에 공이치기를 두면 방아쇠를 당기지 않은 한 발사가 되지 아니한다.
- 명중률도 평균 자동권총보다 더욱 높다.

② **단점**

- 발사 시에 탄환이 가진 에너지 일부가 약간 상실된다는 점
- 자동권총과는 달리 실린더와 총열사이에 틈이 있는데 이 부분으로 어느 정도의 에너지가 상실되므로 에너지 상실은 물론 탄착 명중률에도 영향을 끼칠 수 있다.
- 9mm자동권총이 14발이 평균인데 비해 5-7발로 장탄수가 적다.

2 38구경 M-60(3in) (미국, Smith&Wessen)

1) 외부구조

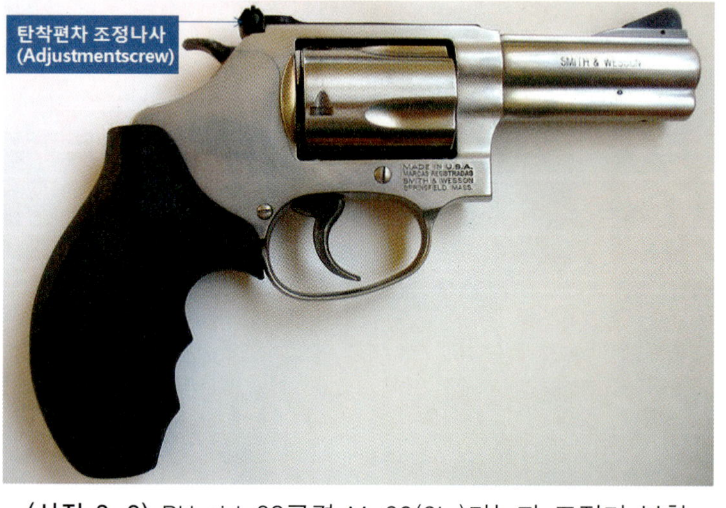

(사진 2-6) RH side38구경 M-60(3in)가늠자 조정기 부착

(사진 2-7) LH side 38구경 M-60(3in)

2) 제원

구조 및 성능 (38리볼버 3인치)	
총구의 직경	0.38인치(9.65mm)
총열의 길이	3인치(76.2mm)
총의 전장	190mm
총 무게	680g
강 선	5조우선
약실 수	5발(cylinder)
탄 속	290m/s
유효사거리	50m
최대사거리	1,676m
사용 탄종(彈種)	38special

(표 2-2) M-60 3in 제원 (미국, 스미스&웨슨)

3 38구경 리볼버 M-37(2in) (미국, Smith&Wessen)

1) 외부구조

(사진 2-8) RH side38구경 M-37(2in)

(사진 2-9) LH side 38구경 M-37(2in)

2) 제원

구조 및 성능	(38리볼버 2인치)
총구의 직경	0.38인치(9.65mm)
총열의 길이	2인치(50.8mm)
총의 전장	160.3mm
총 무게	425g
강 선	5조우선
약실 수	5발(cylinder)
탄 속	290m/s
유효사거리	30m
최대사거리	1,676m
사용 탄종(彈種)	38special

(표 2-3) M-37 2in 38구경 리볼버 (미국, 스미스&웨슨)

Ⅱ. 반자동식 권총의 유형 · 제원

1 국산 DP-51/K5 (9mm) 자동식 22구경권총

1) 구조 및 제원

(1) 외부구조

(사진 2-10) DP-51/K5 우측 외형

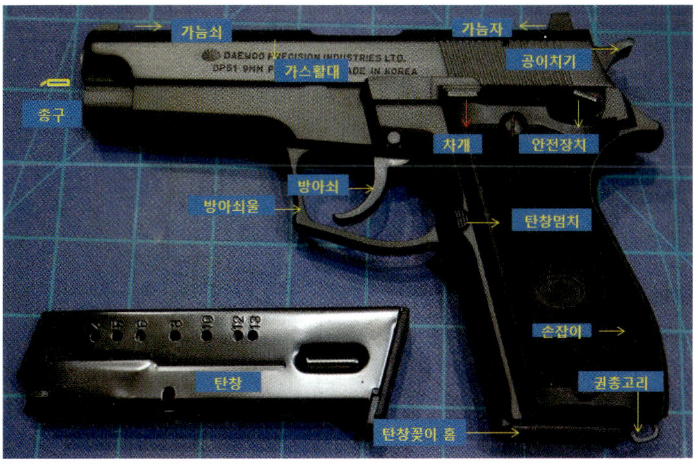

(사진 2-11) DP-51/K5 외부명칭

(2) DP-51/K5 제원

작동방식 (Type)	복동식, 공이치기식
구경	9mm
총열길이	105mm
전장(Length)	190mm
강선	6조우선
무게	800g
탄약(Caliber)	9×19mm
장전 수(數)	10-13발(13rounds)1발 약실장전 시
최대사거리	1,550m
유효사거리	50m
총구속도	356m/sec

(표 2-4) DP51/ K5자동권총 제원

(3) 특성

① 반 자동식

② 파지식

③ 탄알집 장전식

④ 단동 및 복동식(분리복합 작용식)

⑤ 공냉식(야간 조준 기구식)

⑥ 공포탄에서 실탄으로 연속사격 불능

⑦ 가늠자와 가늠쇠는 슬라이드(가스활대)에 부착되어 있고, 야간조준 사격을 위하여 가늠자와 가늠쇠에 트리치움(tritium:H^3)야광 유리관이 끼워져 있어 야간에도 조준 사격이 가능하다.

⑧ 무게를 경량화하기 위하여 총 몸통은 알루미늄, 합금, 총 몸 덮게는 플라스틱으로 제작되었다.

2 국산 KP 52LR 22구경 반자동권총

1) 외부 구조 및 제원

(1) KP52LR 외형과 명칭

(사진 2-12) 외부구조

(사진 2-13) 명칭(KP52LR)

①총구 ②가늠쇠 ③가스활대 ④차개 ⑤안전장치(안전자물쇠) ⑥공이치기 ⑦가늠자 ⑧방아쇠울 ⑨탄알집멈치 ⑩방아쇠 ⑪총몸덮게 ⑫총몸덮게 고정나사 ⑬탄창꽂이 홈 ⑭권총고리

(2) 제원(22구경 자동권총 KP52)

구경	0.22in(5.56mm)
총의 전장	17.0cm
총열길이	9.7cm
총의 무게	650g(빈탄창포함)
강선	6조우선
탄창용량	10발(탄창)
탄속	290m/sec
유효사거리	50m
최대사거리	1,500m
조준반경	12.4cm

(표 2-5) 제원

(3) 특성

① 패스트 액션(Fast Astion) 방식의 작동

K-5는 우리나라에서 노후한 M1191 A1(콜트45구경)을 대체하기 위하여 1984-1989년에 이르러 현재 한국의 제식권총이 된 것으로서, 대체로 평범한 다른 나라 군용 권총들의 특성을 그대로 가지고 있으며, 다른 어느 권총에도 채택되지 않은 독특한 격발 방식을 가지고 있다.

(그림2-3) 페스트액션의 방식 단계별 작동원리[3)]

패스트 액션(fast action)은 더블액션의 안전성과 싱글액션의 가벼운 방아쇠 압력을 동시에 실현해보자는 아이디어로 70년대 벨기에 FS사에서 개발되었다가 오발사고의 위험이 높다는 이유로 결국실용화 되지 못하고 사라진 것이다. 그렇지만 대우정밀에서는 평범한 더블액션 자동권총의 구조에 이것

3) 자료제공 유용원의 군사세계 http://bemil.chosun.com/

을 합하여 안전하고 실용적인 FA(Fast Astion) 방식의 총을 세계의 최초로 개발한 것이다.

② **안전장치**

한국형 총기 중에서 가장 한국인의 체형에 알맞게 만들어졌다. 특히 왼손사수도 사용이 용이하도록 안전장치와 탄창 멈치도 좌우 모두 장착되어 있다.

3 베레타 반자동식 권총(Beretta 92FS Compact)

1) 외부구조 및 제원

(1) 외부구조

(사진 2-14-a) RH측면

(사진 2-15-b) LH측면

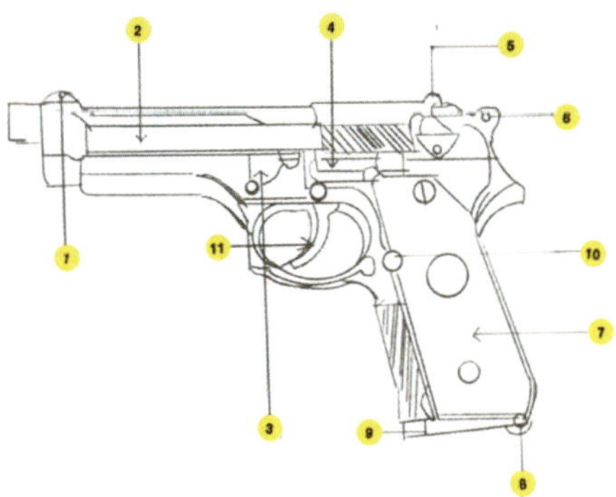

(그림 2-4-c) 좌측

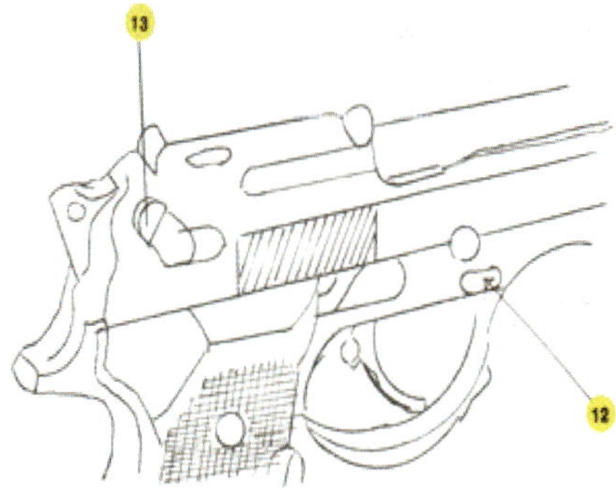

(그림 2-5-d) 우측[4)]

①가늠쇠 총구 ②슬라이드 ③분해레버 ④슬라이드멈치 ⑤가늠자 ⑥헤머(hammer) ⑦그립(손잡이) ⑧총고리 ⑨탄창 ⑩탄창멈치(push button) ⑪방아쇠 ⑫분해버턴 ⑬안전장치

(사진 2-16-e) 구조가 간단하여 분해 조립이 편리하고 안정성도 높다 [5]

자국(自國)의 국산품을 애용하던 미국도 결과적으로 기존M1911의 단점이 보완된 베레타를 선택하였다.
미국 군과 경찰관들은, 이 베레타를 M9이라는 이름으로 사용하며, 기존의 M1911를 대체해 나갔다.

(사진 2-17-f) 탄피배출구[6]

(사진 2-18-g) 총신의 모습

4) 출처 : 경호사격론 진영사 김황호저 권총의 유형 pp100
5) 출처 : http://www.beretta.com/en-us/92-fs/

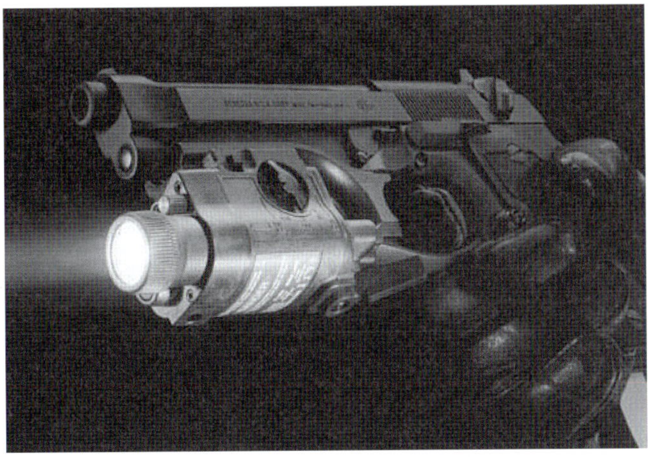

(사진 2-19) 베레타 92FS laser-lam 레이저 전등장착

(사진 2-20) 인사이트(Insight Technologies Inc.)사의 레이저 조준기 (Laser Aiming Module)[7)]

제식 채용이 확정된 1년 뒤인 1997년에는 MARK 23이라는 별도의 이름을 붙여 민수용으로 내놓기도 했다.

6) 출처 : By Tim Dobbelaere from Ieper, Belgium@Wikimedia Commons(CC BY-SA)
유용원의 군사세계 http://bemil.chosun.com/

7) 출처 : https://www.google.co.kr/H&K Mark 23 - 나무위키

(2) 제원(베레타 M-92FS)

종류	반자동 권총
개발국가	이탈리아
개발년도	1972년
생산기간	1975-현재
모델	92FS inox
구경	9X19 mm Parabellum
장전수 용량	15발
액션	싱글/다블
총의 전장	217mm/8.5"
총열길이	125mm/4.9"(배럴)
총 두께	38mm/1.5"
총 높이	137mm/5.4"
보기 반지름	155mm/6.1"
무게	945mm/33.3"
탄속	390/sec
최대사거리	100m
유효사거리	50m
강선	6조우선

(표 2-6) 제원(베레타92FS)

(3) 베레타 92FS형 권총의 특성

베레타 92는 1976년 이탈리아 총기회사 피에트로 베레타에서 1972년에 설계 생산된 권총이다. 미군이 구식화된 콜트45를 대체하기 위하여 1985년 X-M9사업에서 M-9 명칭을 따내 표준제식으로 채용하였다.

사용하는 국가는 이탈리아, 미국, 이란 그리고 90년대 후반 프랑스 등 20여 개국에 이르고 있다.

가. ① 단동식(분리복합식)

② 복동식(분리복합식)

③ 반자동식

④ 파지식
⑤ 탄창장전식
⑥ 안전장치 부착
⑦ 연속사격식
⑧ 야간조준기구식
⑨ 공냉식

나. ① 베레타 92FS는 더블액션이므로 굳이 슬라이드를 제껴 장전할 필요가 없다.
② 탄창만 끼운 상태에서 격발을 하면 발사되며, 그 반동으로 슬라이드가 후퇴한다.
③ 왼쪽에는 분해래치, 탄창이 비면 자동으로 슬라이드를 후퇴 고정시키는 슬라이드멈치, 그리고 안전장치 레버가 붙어있다.
④ 탄창의 내부를 두 줄로 장전되지만 맨 위에는 한발씩 올라오게 되어 있는 더블컬럼 싱글피드 방식의 15연발이며, 탄창 뒤에는 구멍이 3개 뚫여 있어 남아있는 실탄을 확인할 수 있다.

(사진 2-21) 탄창 후면에 실탄확인 구멍이 3개 있다

다. 단동식 · 복동식의 성능

① 단동식

공이치기가 뒤로 후퇴한 상태에서 방아쇠를 당기는 방법으로서 매발 사격마다 자동적으로 공이치기가 후퇴한 상태로 되어 단동식 격발이 이루어진다.

② 복동식

자동권총은 손잡이 아래에 탄창을 넣고 슬라이드를 당겨 빈약실에 실탄을 장전함과 동시에 해머가 제껴져 발사될 준비를 마친다.
이때 해머가 제껴진 상태면 싱글액션이고, 원래 위치에서 방아쇠를 당기는 방법이라면 복동식(더블액션)이다.
공이치기가 앞으로 전진된 상태에서 격발하는 방법으로써, 정확한 사격보다도 신속사격이 요구될 때 사용된다.(방아쇠 당김력이 크므로 정확도가 떨어진다.)

(a)

(사진 2-22 a) 해머가 코킹된 상태의 M1911. M1911은 싱글액션 방식으로 해머가 코킹된 상태가 아니라면 발사가 안된다

(b) 

(사진 2-23 b) 슬라이드가 후퇴 고정된 상태의 M1911

장전된 탄환을 모두 발사하면 자동으로 슬라이드가 후퇴 고정된다. 라이선스 생산된 민간용 커스텀 모델(니켈 도금된 경기용)이다.[8)]

(c) 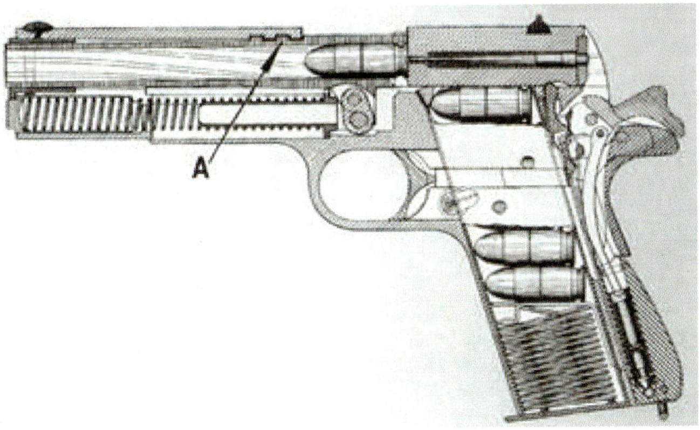

(그림 2-6 c) -먼저 약실에 탄이 장전된 상태이다.

- A로 표시된 록킹 러그가 슬라이드에 물려있다.
  그리고 햄머는 뒤로 젖혀진 (콕킹) 상태로 있게 된다.
- 햄머에는 해프 콕(half cock)과 풀 콕(full cock)에 해당하는 톱니 2개가 있다.

8) 〈출처 : (cc) RogBarc at wikimedia.org〉

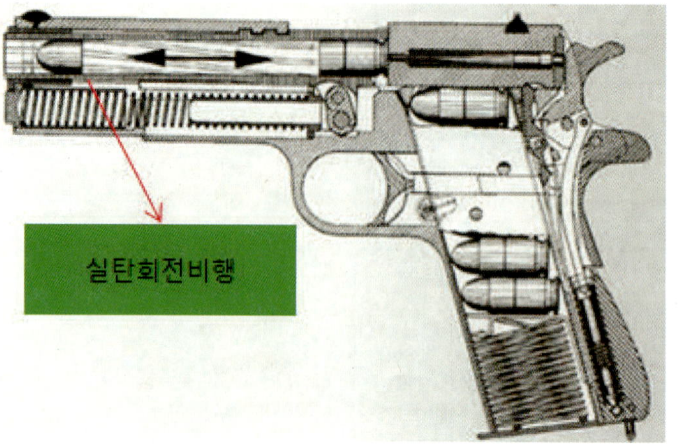

(d)

(그림 2-7 d) 발사 후 발사탄약이 연소되면서 폭발압력 가스에 의해 실탄이 총구로 향해 회전비행 한다.

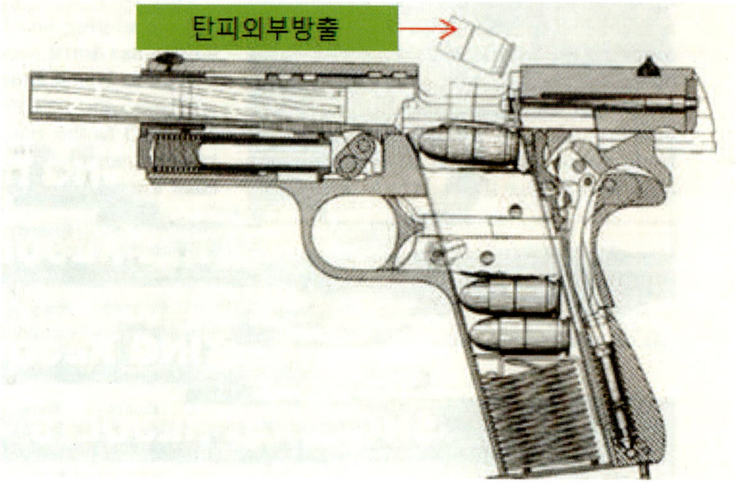

(e)

(그림 2-8 e) - 총열과 분리된 슬라이드는 독립적으로 후퇴하면서 탄피를 갈퀴로 제거(붙잡아 끌어낸다.)
- 갈퀴에 의해 약실에서 추출된 탄피는 차개에 의해 외부로 방출된다.

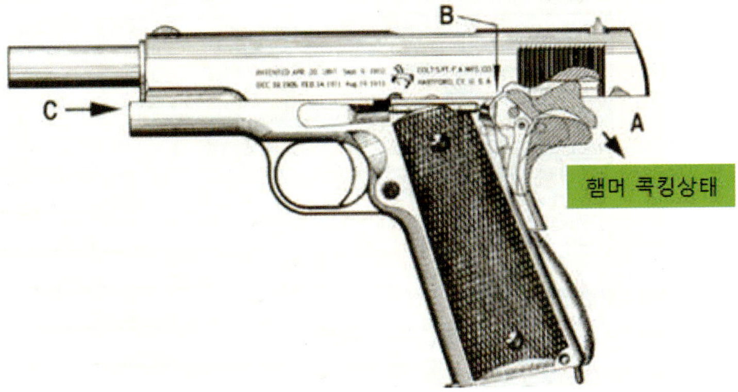

(f)

(그림 2-9 f) – 슬라이드가 완전히 뒤로 후퇴하면서 복좌 용수철을 누르게 되고 햄머를 콕킹시킨다.

시어가 자신의 스프링에 의해 튀어 올라오면서 슬라이드에 의해 뒤로 젖혀진 햄머를 고정하게 된다.

라. 반자동권총의 장 · 단점

① 장점

- 자동권총의 최대 장점은 일단 장탄수가 많다는 것이다. 기본7-8발에서 많게는 14-30발까지도 장전 가능한 권총도 있다.
  (예, 콜트-9발 .베레타-15발. 글록-18발 등)

② 단점

- 리볼버에 비해 복잡한 구조로 고장이나 작동불량을 일으킬 가능성이 많고, 발사할 때마다, 슬라이드가 왕복하여 리볼버 보다 명중률이 떨어진다.
- 불발탄이 생길 경우 리볼버는 방아쇠를 한번 더 당기면 다음 실탄으로 넘어가지만 자동권총의 경우 슬라이드를 후퇴시켜 불발탄을 제거해야 하므로 전투 중에 불리한 사항을 초래할 수 있다.
- 가스활대가 완전히 전진되지 않았을 경우나 왼손으로 쳐주었는데도 전진이 되지 않았을 경우, 탄창을 제거하고 가스활대를 후퇴시켜 약실을 검사 하거나 다른 탄창으로 교환해야 하는 불편함이 있다.

4 Glock M-19 권총(오스트리아)

1) 외형 및 명칭

(그림2-10) 글락M-19

①총구 ②스라이드 ③가늠쇠 ④가늠자 ⑤슬라이드멈치 ⑥슬라이드 분해멈치 ⑦안전장치 ⑧탄창제거멈치 ⑨탄창 ⑩방아쇠

2) 제원 Glock M-19 권총(오스트리아)

개발국가	오스트리아
생산회사	오스트리아 글록사
시대	1980년대
사용기간	1980 ~현재
사용국가	노르웨이, 미국, 오스트리아, 스웨덴, 한국 등
Action	Safe Action System

구경 (caliber)	9X19mm
프레임	Compact
전장 길이(length slide)	174mm/6.85"
총폭(width)	30mm/1.18"
사이트간 거리(line of sight)	152mm/5.98"
총열길이(barrel length)	102mm/4.02"/6.56cm
강선	6조우선
격발압력(trigger pull)	2.5kg/5.5lbs
탄창용량(mag. capacity)	10/15/17발
총구 탄속(muzzel)	262m/sec
최대사거리	1,800m
유효사거리	50m
무게(weight)	595g/20.99oz
높이(height)	127mm/5.00"

(표 2-7) 글락M-19 제원

3) 특성

1963년. '가스톤 글록'이라는 엔지니어가 회사를 세워 1980년까지 대검과 삽, 훈련용 수류탄 등 간단한 군용소모품을 제작하였으며, 오스트리아군의 신형권총 채용공모에 응해 권총개발에 나섰다. 총기제작 경험이라고 전혀 없던 글록사는 이런 기준을 전부 충족시키는 명품을 선보였다.

모래와 진흙탕, 고온과 저온 등 극한환경에서의 사격을 포함한 1982년 오스트리아군의 혹독한 평가시험에서 글록은 다른 출품작보다 뛰어난 성능을 발휘해 군용권총으로 채용됐다.

글록사 권총은 쇼트 리코일,safe action 방식,9mm 루거탄 사용 반자동 권총으로, 현재 미국 경찰이 가장 많이 쓰는 권총으로 오스트리아의 Glock19는 15발+1이라는 장전 수 때문에 오스트리아, 노르웨이 군에서도 많이 사용하고 있다. 그리고 대한민국 특수부대에서도 개인화기(Glock 19 railed frame version)로 사용하고 있다. 글록이 세계에서 가장 안전한 총으로 평가받는 이유 중 하나가 바로 3가지 안전장치가 내세워지고 있다.

3가지의 안전장치(Safe Action System)인데 더블액션 총으로써 글록엔 헤머가 없으며, 이 시스템은 몇 가지의 부품으로 방아쇠를 다르게 바꿀 수 있다. 또한 첫발부터 마지막 발사까지 일관된 방아쇠 압력을 제공한다. 그러므로 사격훈련도 간단히 적응만 한다면 쉽게 할 수 있다.

(사진 2-24) 글락19 LH 방아쇠 안전장치부착

(사진 2-25) 글락19 RH

첫째, '방아쇠 안전장치'로 방아쇠에 부착된 조그만 레버를 뜻한다.

방아쇠에 압력을 주면 이 레버가 뒤쪽으로 움직이므로써 안전장치가 풀리게 되는 것이다.

둘째, '공이 안전장치'로서 슬라이드 속에 스프링으로 압축 되어있는 노리쇠가 공이를 막고 있다. 이것은 방아쇠가 완전히 당겨질 때까지 막고 있게 된다.

셋째, 실수로 떨어뜨렸을 경우를 대비 '충격 안전장치(drop safety)'가 있다. 글록의 프레임은 큰 충격에도 견딜 수 있는 고강도 고분자 복합소재로 제조되었고, 이로 인해 변형이 거의 없으며, 녹이나 이물질이 생기는 것을 방지한다.

이 합성고분자는 철보다 강하며 86%정도 가볍고, 이 고분자 프레임은 -40°c ~ 200°c까지 사용가능하다.

또한 글록에 들어가는 모든 금속부품은 “tenifer”라는 코팅제를 사용한 것이며, 이론적으로 강도가 높고 스테인레스나 강철보다 부식에 강하고 외형은 무광(無光)인 것이 특징이다.

5 COLT 45구경 반자동식권총(M1911 A1)

1) COLT 45구경 반자동식 외형

(사진 2-26) COLT 45구경 권총(M1911 A1) LH

(사진 2-27) COLT 45구경 권총(M1911 A1) RH [9)]

종류 : 권총 구경 : COLT.45 ACP (11.45mm) 무게 : 1080g

길이 : 216mm 장탄량 : 7발 작동방식 : 싱글액션

9) 출처 : 조아라에 오신것을 환영합니다.640 × 374이미지로 검색

2) 명칭 및 구조

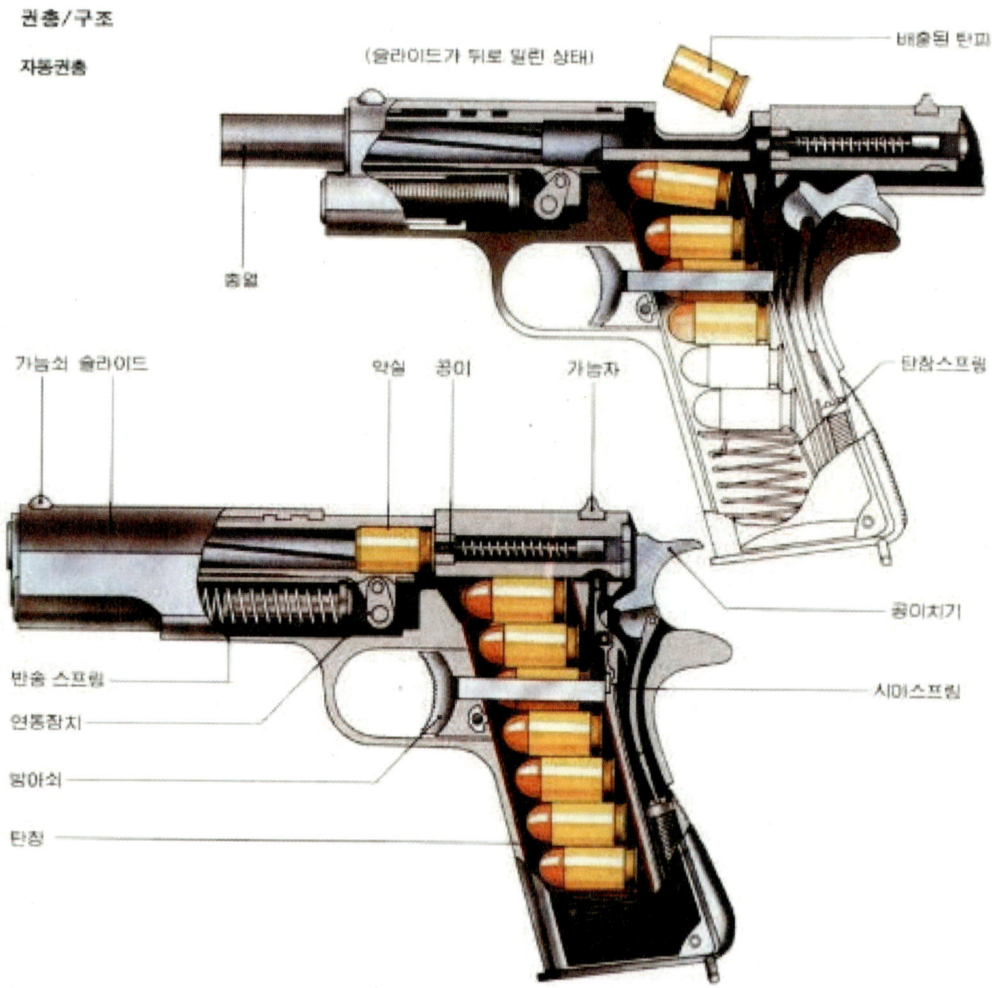

(그림 2-11) 외부명칭 및 구조[10)]

10) 출처: blog.naver.com/nauryu. 권총일반, 그림쟁이 보디빌러;류용근

3) 제원(United States Pistol, Caliber.45, M1911.권총)

정식명칭	콜트 45구경 반자동 권총
작동형식	쇼트 리코일식 블로우백/싱글액션 방식
종류	반자동 권총
구경	11.43mm X 23(0.45" ACP)
강선	6조좌선
사용탄환	탄환무게230g 장약무게5g
탄창 장전량	7+1발
무게	1.14kg(빈탄창), 1.36kg(장전)
전장	219mm
총열길이	106mm
유효사거리	50m
최대사거리	1,500m
가늠쇠 높이	1.422mm(총구 축선기점)
약실압력	17,000p.s.i(pound inch)
방아쇠 압력	2.26~2.29kg(5.6pound)
초구탄속	262m/sec
총구에너지	356/lbs
유효발사속도	20발/min
재질	금속

(표 2-8) 제원

4) 탄종(United States Pistol, Caliber.45, M1911.권총)

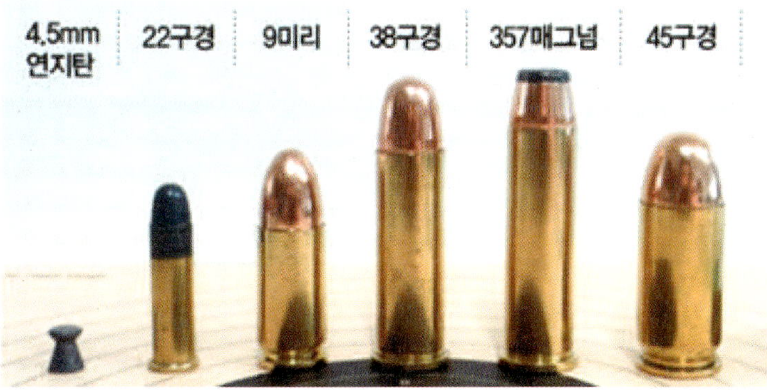

(사진 2-28) 직경 0.45인치(11.43X23mm)의 45구경 실탄은 1904년 John Browning의 디자인에 의해 개발되었다.

5) 특성

①반자동식

②반동식

③파지식

④탄창장전식

⑤쇼트 리코일식 불로우백/싱글액션방식

M1911 A1권총은 미국에 존M.브라우닝(JOHN M. Browning)이 하이파워 권총으로 설계한 것으로 1911년에 M1911이라는 이름으로 정식 채용되었다. 그 뒤 여러 차례의 개량을 거쳐 1926년에 M1911 A1이라는 명칭으로 생산되게 되었으며, 총구지름이 0.45인치(11.43mm)나 되는 대단한 화력과 저지력으로 '손대포' 라는 별명을 얻으면서 최근 페르시아만 전쟁까지 쓰이고 아직까지도 한국군 일부에서 사용되고 있다.

1999년2월 미국의 라이플 전문가 제임스 P. 카우길은 점차 여군의 수가 증가하고 체격이 작은 병사들에게 M1911A1대신 좀 더 다루기 쉬운 총을 채택해야 할 이유를 주장 하면서부터 이탈리아 베레타사의 M92FS를 미군이 M-9이란 제식명으로 이탈리아의 베레타 권총을 채용한 이후 세계 권총의 대세는 45구경에서 9mm로 바뀌었다.

(사진 2-29) M1911AI 45구경 권총(사진 2-30) 베레타 M92FS 권총

제2절 권총의 유형별 작동 · 조작

Ⅰ. 38구경권총의 유형별 작동 · 조작

1 38구경 리볼버의 단동식 · 복동식(싱글액션 · 더블액션)

1) 단동식(single action)작동

① 공이치기를 손으로 제낀 후 격발하는 것

② 완사 정밀사격 시 활용하는 격발방법

③ 인지의 지문 끝마디 중앙부분이 방아쇠에 닿도록 한다.

2) 복동식(double action)작동

① 리볼버는 방아쇠를 당기면 방아쇠 뭉치가 해머를 제껴주고 지렛대가 실린더 내에 있는 실탄의 탄두를 총구에 갖다 놓는 작동방식이다.

② 공이치기를 미리 제끼지 않은 상태에서 2단계로 격발하는 것.

③ 시간적인 여유가 없는 속사 또는 급사 사격 때에 사용하는 격발 방법이다.

④ 복동식의 경우 인지 끝마디 부분이 방아쇠에 닿도록 한다.

⑤ 오발사고위험은 적으나 격발요령을 숙달하게 위해서 평소 공(空)격발 훈련이 필요하다.

⑥ 더블액션 리볼버의 방아쇠압력은 3kg정도이다.

❷ 안전장치

1) 1차적 안전장치 조작

총기사고 방지 및 오발을 막기 위해 38구경 권총에는 방아쇠 작동을 차단하는 안전장치를 아래 사진과 같이 할 수 있겠다.

(사진 2-31) 방아쇠와 방아쇠울 간에 격발레버가 후퇴되지 않도록 끼어놓는 방식

2) 2차적 안전장치 조작

(사진 2-32) 12시 방향 1발을 공실 2발째는 공포탄으로 장전하는 방법

총기 사고를 방지하기 위해 총 6발이 들어가는 권총에 첫발은 실탄을 빼어 놓고 둘째 발에는 공포탄을 장전하도록 하는 요령도 있다. 이는 최소 2회이상 연속해서 세 번째 방아쇠를 격발해야만 실탄이 발사될 수 있는 것이다.

3 실탄장전요령

1) 실린더 개방

총을 잡은 우측 손 엄지로 눌림쇠를 앞으로 밀며, 좌측 왼손엄지·중지·환지로 실린더를 잡아 개방한다.

(사진 2-33) 38구경 리볼버 실린더 개방

2) 실탄장전(Load=裝塡)

왼손엄지 · 중지 · 환지로 실린더를 잡고, 시계 반대방향으로 돌리면서 빈 약실에 실탄을 장전한다.

(사진 2-34a) 좌측 손으로 실탄 장전상태

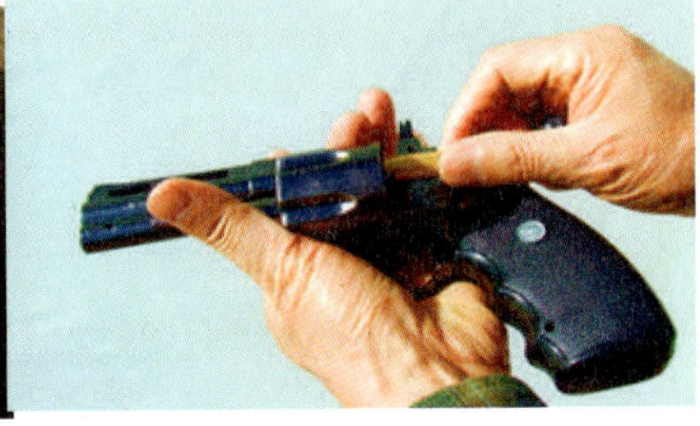

(2-35b) 우측 손으로 실탄장전상태

리볼버 권총 장전의 단점을 보완하기 위하여 실탄 6발을 신속하게 재장전할 수 있는 장비를 스피드 로더(speed loader)라 한다.[11]
원통형 뒤의 나사를 돌리면 탄을 결합하거나 분리할 수 있으며, 실린더에 스피드 로드가 결합한 실탄을 넣고 원통형 뒤의 나사를 돌리면 스피드 로더와 결합된 실탄이 분리되어 한번에 6발을 신속히 장전할 수 있다. 특히 야간 어둠속에서 재장전 할 경우 효과적이다.

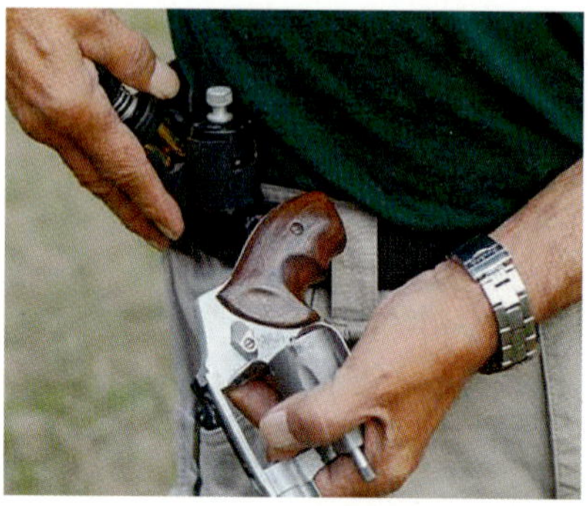

-a-

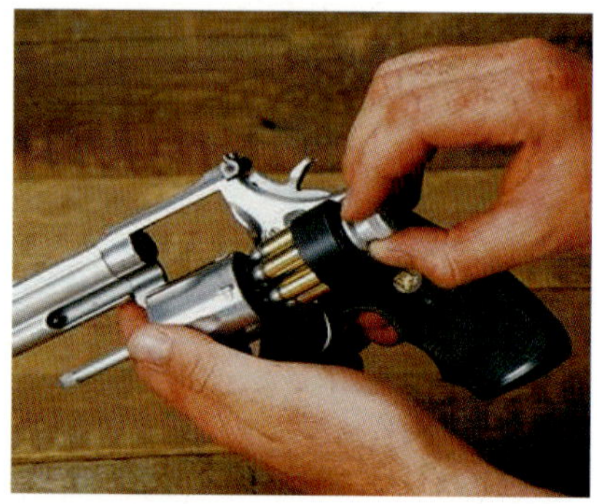

-b-

(사진 2-36.37-a b) 스피드 로더(speed loader)를 사용하여 실탄 6발을 장전동작[12]

(사진 2-38-c) 스피드로드로 한꺼번에 장전

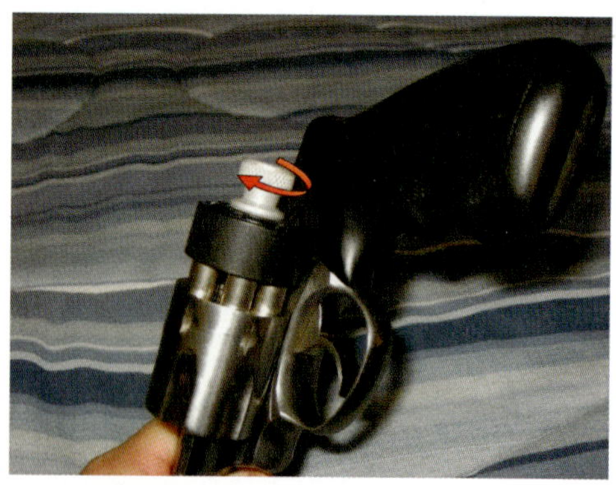

(사진 2-39-d) 스피드로드 손잡이를 오른쪽으로 돌린다.

11) 출처 : http://www.stu-offroad.com/firearms/spdldr/spdldr-1.htm
12) 출처 : 629 Mountain Gun. Smith & Wesson- Jerry Miculek 226 2006CHAMPIONSHIP TITLES current USPSA National Revolver Champion

(사진 2-40-e) 실탄을 장전한 후에 탄환과 분리된다.

(사진 2-41-f) 리볼버의 재장전 기구 스피드로더(speed loader)

일반적으로 리볼버를 장전할 때는 소진된 탄피를 모두 빼내고 일일히 실탄을 실린더에 장전해야 되고 장전 중에 실탄을 떨어뜨릴 수도 있어서 시간이 좀 소요되는 경우가 발생된다.

때문에 스피드 로더는 탄환을 한꺼번에 쉽게 장전시켜주는 역할을 해줄 수 있기 때문에 훨씬 효율적이며, 장전 후에는 탄환과 분리된다. 재질은 합성고무, 혹은 플라스틱이다.

3) 실탄장전 후 실린더 닫기

총구를 표적방향으로 하고 왼손엄지로 실린더를 밀어 닫는다.

(사진 2-42) 엄지로 실린더를 밀어닫는다

(사진 2-43) 실린더를 닫은 상태

4) 탄피제거 요령

(1) 추출대(extracter rod) 밀기

실린더를 열고 추출 대를 왼손엄지로 2~3회 눌러 추출된 탄피를 오른손으로 받는다.

(사진 2-44) 탄피제거(추출 대 밀기)

(사진 2-45) 탄피추출과정

- 탄피제거를 하고 실탄을 장전하는 데는 시간이 소요된다. 보완을 위하여 스피드로더(speed loader)를 사용할 수도 있다.

4 약실확인

약실확인 후 실린더가 개방된 상태로 총구가 전방을 향하도록 사대(射帶)위에 세워 놓는다.

(사진 2-46) (탄창)약실 검사 후 실린더의 실 · 탄피가 제거된 상태

(사진 2-47) 탄창(실린더)검사 후 사대위에 놓여진 빈총

5 총기고장 및 응급처치요령

고장은 총의 기능 작용 과정에서 생기는 우발적인 기능의 중단(단절)이며, 통상 부분품의 마모나 부적절한 취급 및 손질이 되지 않았을 때 발생한다. 38리볼버 권총은 주로 발사 시 송탄 격발고장이 대부분이고 그 이외의 장전과 추출불능의 경우는 사수의 조작 미숙에서 온다.

1) 격발되지 않는 경우 : 실린더가 닫히지 않는 경우에 발생한다.

① 실린더가 완전히 닫히지 않는 경우로 실린더를 다시 밀어 넣으면 된다.

② 공이치기가 부러진 경우 교체한다.

③ 불량 탄 및 격발장치가 약한 경우로 불량 탄은 교체하고 격발장치가 약한 것은 방아쇠 스프링 조절로 처치 가능하다.

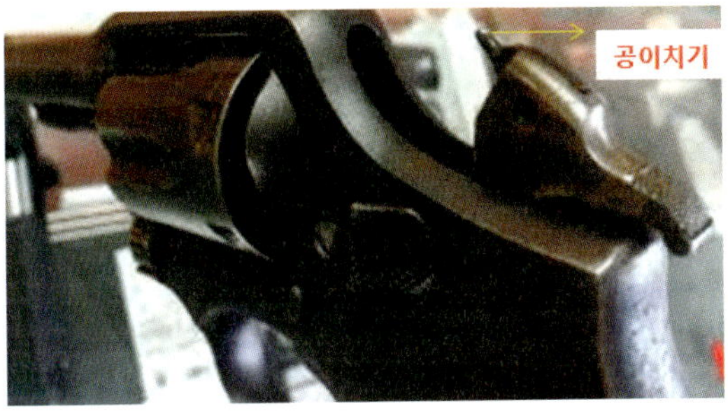

(사진 2-48) 공이치기가 잘 부러지는 끝부분

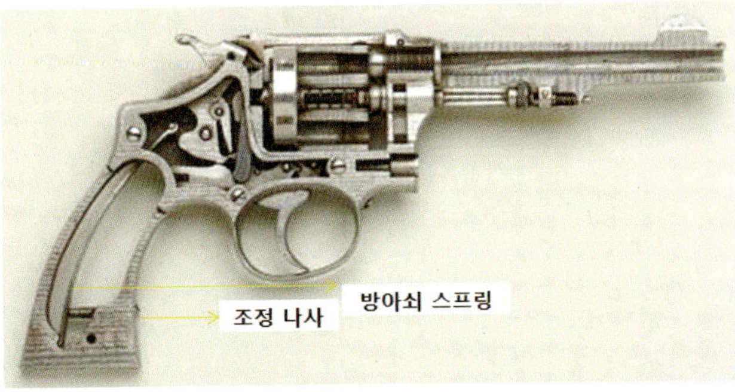

(사진 2-49) 리볼버형 권총의 단면: 조절나사(The control screw)를 좌 · 우로 돌려 방아쇠 스프링의 압력을 조절한다.

2) 사격 중 불발탄 또는 총기이상으로 공이치기가 뒤로 제껴진 상태에서 실탄을 제거하고자 할 경우

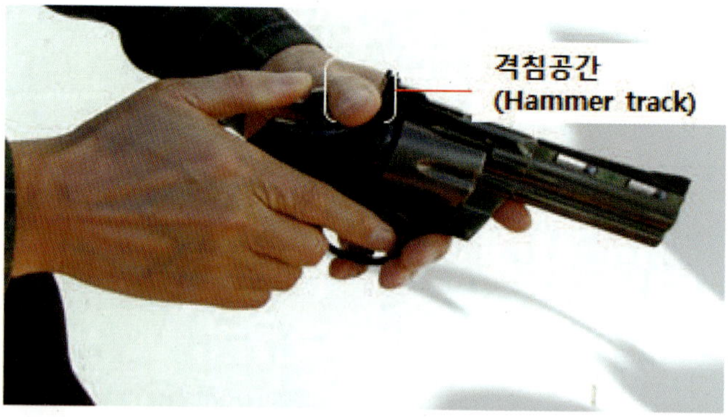

(사진 2-50) - 오른손 엄지로 공이치기 부분을 누른다.
- 왼손엄지를 격침공간에 끼운다.
- 인지로 방아쇠를 당기면서 공이치기를 서서히 놓는다.

① 우선총구를 안전한 방향에 두고, 방아쇠울에서 인지를 뺀 후 총을 잡지 않은 엄지손을 격침 공간(Hammer track)에 끼워 넣는다.

② 격발되면 공이치기를 누르고 있는 엄지손가락의 힘을 서서히 빼면서, 공이치기를 총을 잡지 않은 손 엄지손톱에 닿을 때까지 유도한 후 인지는 방아쇠로 부터 뺀다.

③ 계속해서 총을 들고 있지 않은 손 엄지손가락을 빼낸 후, 총을 잡은 손 엄지손가락으로는 천천히 공이치기를 원 위치에 내려놓은 후 실린더를 개방한다.

3) 실린더가 닫히지 않는 경우

실린더(탄창)멈치를 앞으로 밀면서 왼엄지로 실린더를 밀어 닫는다.

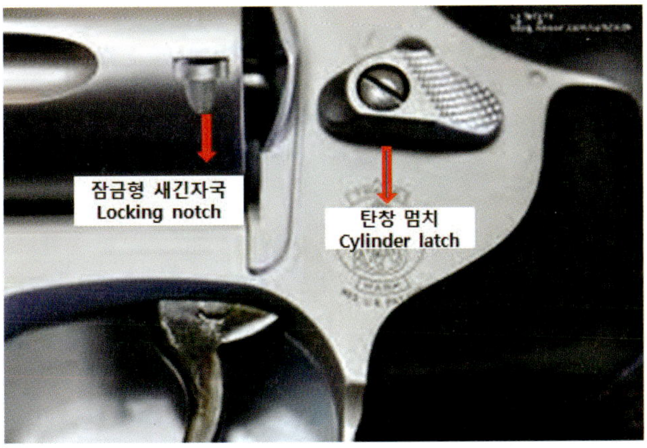

(사진 2-51) 탄창멈치를 밀면서 탄창을 닫으면 실린더가 고정된다.

(사진 2-52) 총을 안전하게 잡고 열린 실린더를 왼 엄지로 밀어 닫는다.

4) 실린더가 개방되지 않은 경우

밀대를 시계방향으로 감기, 밀대(추출대)가 풀린 경우로 왼손 또는 오른 엄지와 인지를 이용하여 밀대를 시계방향으로 돌려 조인 후 파지하고 있는 손의 엄지로 눌림쇠를 앞으로 밀며 왼손 엄지, 중지, 환지(3.4指)로 실린더를 몸 안쪽으로 밀며 개방한다.

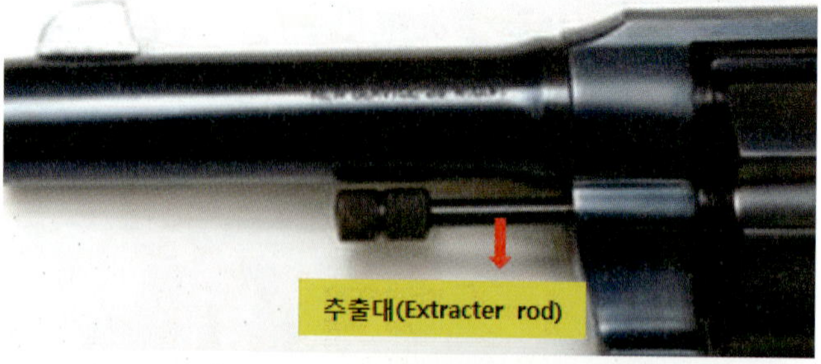

(사진 2-53) 시리더 실탄 · 탄피 추출대

(사진 2-54) 추출대를 시계 방향으로 돌려 잠근다.

5) 탄피가 실린더 약실 내에서 제거되지 않는 경우

① 인지손톱이나 얇은 칼날 끝 등으로 탄피 제거한다. 이때 탄피가 약실에 끼어 빠지지 않는 경우, 추출대(밀대)를 왼손으로 밀고 오른손 인지 손톱을 이용 탄피를 제거한다.

② 실린더 내에 볼펜이나 드라이버 등을 이용 탄피를 제거한다.

(사진 2-55) 볼펜 등으로 탄피제거

(사진 2-56) 인지손톱끝으로 탄피제거

6) 총기 분해결합

(1) 보통 분해

- 손잡이(grips) 나사를 풀어 좌우목판 분리
- 실린더 멈치 나사를 풀어 실린더 분리
- 실린더 활대를 풀고 활대 용수철과 축 분리
- 기관부 덮게 나사를 풀고 덮게 분리
- 공이치기 받침대를 들어내고 공이치기 용수철 나사를 풀어 용수철, 공이치기 분리

- 방아쇠 용수철 분리
- 공이치기 분리
- 실린더 자물쇠나사를 풀어 손잡이를 분리시키고 실린더 자물쇠분리(용수철이 튀어나감)
- 실린더 회전멈치 못을 제거(용수철 주의)

(2) 결합은 분해의 역순으로 한다.

(사진 2-57) 보통 분해 1(실린더분리)

(사진 2-58) 보통 분해 2(방아쇠 압력스프링분리)

Ⅱ. 반자동식 권총유형별 작동 · 조작

1 22구경 반자동권총

1) 조작요령

(사진 2-59) FA방식 슬라이드 후퇴로 공이와 연결된 스프링이 당겨진 상태(K5)

- 세계최초 FA방식으로 슬라이드후퇴로 공이와 연결된 스프링은 당겨진 상태
- 우선 보통 권총과 같이 슬라이드를 뒤로 당겨 장전한 다음공이를 다시 앞으로 민다.
- 이때의 공이는 원위치 되어 있지만 그 안의 스프링 장치는 공이를 당긴 것과 거의 같은 상태로 되어있다.
- 이때 격발을 하면 이미 공이와 연결된 스프링은 당겨진 상태이므로 압력은 거의 느껴지지 않게 격발이 된다.
- 사격이 종료 시 안전자물쇠를 안전위치에 놓고 탄창을 뽑고, 약실 내 남은 탄 여부 확인

2) 탄창

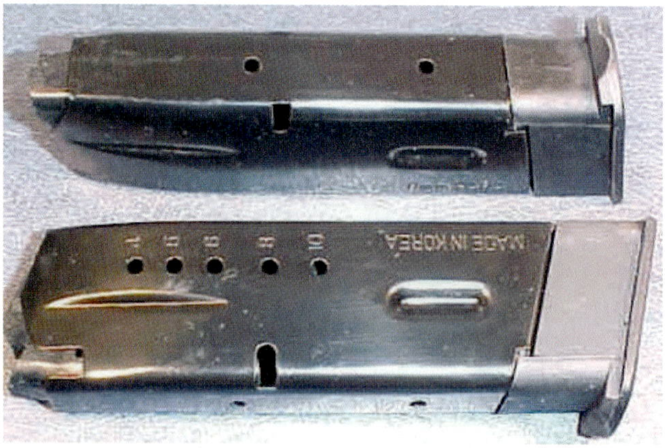

(사진 2-60) 장전탄창(Magazine capacity - 13 rounds)

3) 탄종(彈種)[13]

종 류	용 도	식 별
보통탄	·인마살상	탄알은 납합금, 탄체는 금속피 특별한 도색이 없음
공포탄	·모의사격	탄두는 없고 장약만 들어 있음
훈련탄	·탄알장전 및 제거훈련 ·검사총 훈련 ·사수 고벽 발견	뇌관이 비어있고 장약이 없음 탄피에 구멍이 있음
예광탄	·사격관측	내부에 산탄 및 예광 혼합물이 들어 있음. 탄두를 적색으로 도색

(표 2-9) 탄종, 용도, 식별방법

13) 인천국제공항특공대 사격술(p.223)

(사진 2-61) 패러블럼/루거탄 9mm×19mm(NATO 규격)

4) DP 51/K5 권총 분해 및 결합

(1) 분해결합개요

한국형 권총의 분해결합은 무리한 힘을 가하지 않고도 할 수 있다. 분해결합 시 부분품의 명칭을 숙지하여야 한다.
총기를 분해 할 때에는 좌에서부터 우로 분해순서에 의거 탁자 또는 평탄한 곳에 정렬함으로써 부분품의 망실을 방지할 수 있으며 결합 시 편리하다.
결합은 분해의 역순이다.

(2) 분해결합의 종류

보통분해 결합은 일반적으로 3단 분해과정이다. 특별분해 결합은 가스활대 뭉치, 총몸통 뭉치 분해 결합으로서 사용자가 실시하지 않고 인가된 정비요원만이 실시한다.

(3) 분해결합 시 주의사항

- 순서에 준해서 실시 무리한 힘을 가하지 말 것
- 시간적 여유를 갖고 실시평탄하고 깨끗한 곳에서 실시
- 부분품 망실 및 파손주의

(4) 안전검사

총기는 조작 및 분해하기 전에 안전검사를 필히 실시하여 야하며, 그 방법은 다음과 같다.

① **안전장치를 '안전' 위치에 놓는다.**

만약 안전 자물쇠가 격발위치에 있으면 밀어올려 '안전'이라는 글씨가 보이도록 하면 된다.

한국형 권총은 격발준비 상태가 아니라도 안전장치를 '안전'위치에 둘 수 있다.

(사진 2-62) 안전장치

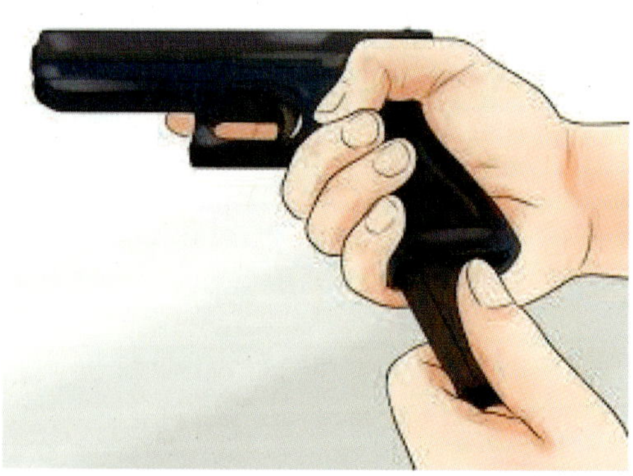

(그림 2-12) 탄창멈치를 눌러 탄창을 분리함과 동시에 왼손으로 탄창을 제거

② 오른손 엄지로 탄창멈치를 눌러 탄창을 분리함과 동시에 왼손으로 탄창을 제거 한다.

③ 왼손으로 가스활대를 후퇴시켜 약실을 검사한다. 가스활대를 후퇴시켜 약실을 검사할 시 사수는 불의의 격발을 방지하기 위하여 오른손 인지가 방아쇠에 닿지 않도록 해야 한다.

④ 가스활대를 전진시키고 안전멈치를 '사격'위치에 놓은 다음 방아쇠를 당겨 격발한다.

(사진 1-63) 실린더를 후퇴시켜 약실을 검사한다.

(5) 보통 분해 및 결합

보통분해 및 결합은 권총의 일반적인 관리 및 손질을 실시할 때 필요한 분해이다.

가. 보통분해순서

① 가스활대멈치,
② 총 몸통뭉치,
③ 복좌용수철과 밀대,
④ 총열,
⑤ 가스활대뭉치

(사진 2-64) 보통분해순서 및 부품명칭

나. 분해요령

① 가스활대 멈치

- 안전핀을 제거하면 슬라이드를 앞쪽으로 제거할 수 있다.
- 공이치기를 후퇴시키고 안전장치를 '안전'위치에 놓는다.
- 오른손으로 총몸통을 잡고 왼손으로 가스활대 홈이 가스활대 멈치까지 오도록 후퇴시켜서 오른손 엄지로 총 몸통을 나머지 손가락으로는 가스활대를 잡아 고정시킨다.
- 왼손인지로 가스활대 멈치를 밀어 좌측으로 빼낸다.

② 총 몸통멈치

- 오른손은 권총의 손잡이를 잡고 왼손으로 가스활대를 앞으로 밀어 총 몸통에서 분리한다.
- 분리된 슬라이드에서 리코일 스프링과 밀대를 분리할 수 있다.

③ 다복좌 용수철과 밀대

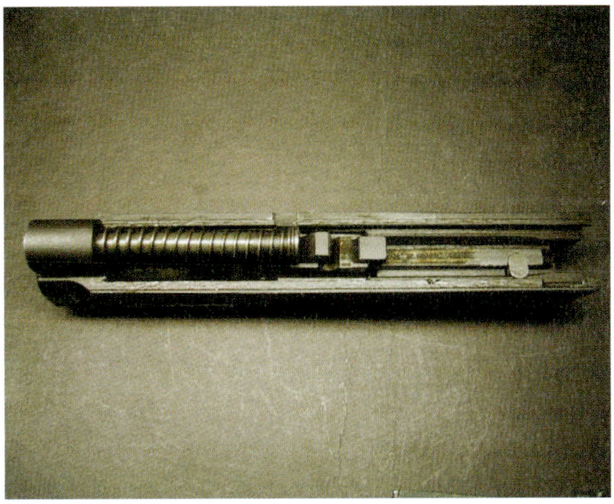

(사진 2-65) 총몸통 멈치

- 오른손으로 가스 활대뭉치를 잡고 왼손의 인지는 총구를 잡으며 왼손엄지로 밀대를 총구방향으로 밀어 복좌 용수철과 가스 활대뭉치로부터 분리시킨다.
- 복좌용수철과 밀대를 각각 분리시킨다.

(사진 2-66) 안전핀, 복좌용수철, 복좌용수철 밀대를 분리한 상태

④ **총열**

가스활대 뭉치를 왼손으로 잡고 오른손으로 총열을 약간 든 다음 총열을 총구방향으로 민 후 위로 들어올려 우측으로 총열을 빼낸다.

⑤ 총열을 분해하고 남은 것은 가스활대뭉치이며 이때 권총의 보통분해가 완료된다.

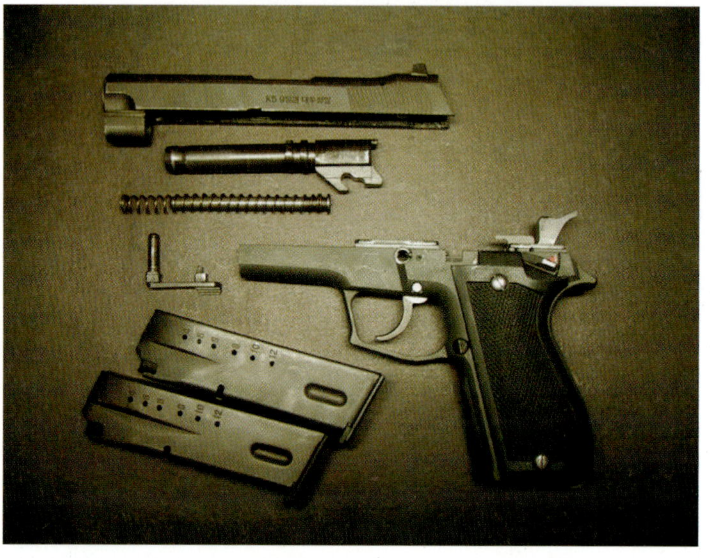

(사진 2-67) 슬라이드에서 챔버(가스활대뭉치)의 분리

다. 결합요령

결합은 분해의 역순으로 실시한다.

① 총열을 가스 활대에 삽입한다.

② 복좌용수철과 밀대를 서로 결합시킨 다음 가스통속으로 밀어넣고 복좌용수철 뒤쪽 끝이 총열 홈 부위에 위치하도록 한다.

③ 가스 활대 뭉치를 총 몸통 뭉치에 결합시킨 후 가스활대 뭉치를 약2mm 뒤로 당겨 홈을 일치시킨 다음 가스 활대 멈치를 총 몸통의 구멍에 끼운다.

④ 가스 활대 홈이 가스활대의 멈치 부위에 오도록 잡아당긴 후 가스 활대멈

치를 완전히 밀어 넣어 준다.

⑤ 결합이 완료된 다음에는 안전 자물쇠를 '격발'위치에 놓고 방아쇠를 당겨서 격발여부를 확인하여 결합의 이상 유무를 점검한다.

⑥ 결합 시 잠금용 레버가 총몸 위쪽으로 돌출되지 않도록 주의해야 한다. 만약 잠금용 레버가 돌출 시는 결합이 불가능하며, 무리한 힘을 가하며 결합 시는 발사불능이 발생한다.[14]

2 베레타 반자동식 권총(Beretta 92FS Compact)

1) 실탄장전

(1) 가스 활대후퇴

오른손으로 권총손잡이를 잡고 왼손엄지와 인지로 가스활대 끝부분을 잡아 뒤로 제끼고 차개를 위로시킨다.

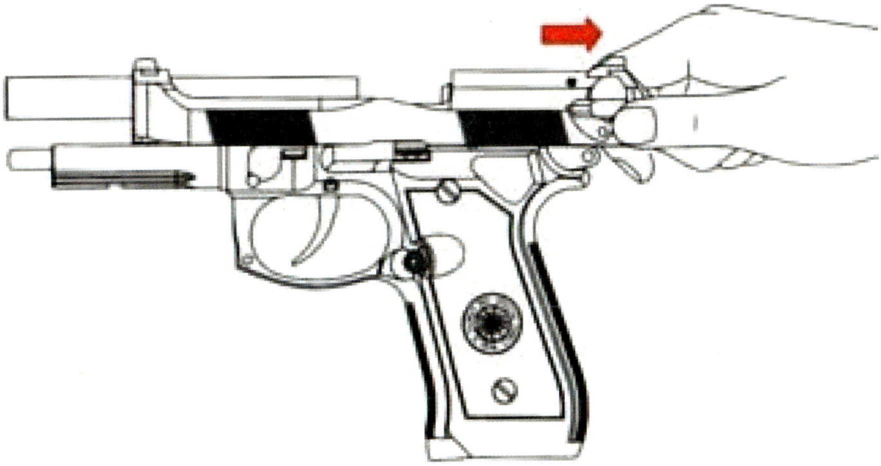

(그림 2-13) 가스활대 끝부분을 잡아 뒤로 제끼고 차개를 위로시킨다.[15]

---

14) 출처 : 사격술; K-5 권총 기계훈련. 인천국제공항 특공대

15) 출처 : BB단총 비비탄총 : 네이버 블로그

(사진 2-68) 가스활대 후퇴된 상태

(2) 탄창장전

오른손으로 총을 들고 왼손으로 탄창을 들어 삽입한다.

-a-

-b-

(사진 2-69) 탄창장전하고(a) 탄창밑을 쳐준다(b).

(3) 실탄 약실 내 장전

왼손엄지로 차개를 위에서 아래로 내려 실탄 1발을 장전한다.

(4) 안전장치 풀어

왼손 엄지손가락을 이용 안전장치를 앞쪽으로 밀어 풀어준다.

(5) 탄창제거

- 안전자물쇠를 안전위치에 놓는다.
- 탄창 멈치를 눌러 탄창을 빼낸다.
- 약실 내 남은 탄이 있는지 확인한다.

2) 격발방식

(1) 격발방식은 단동식 및 복동식이 있다.

① 단동식

공이치기가 뒤로 후퇴된 상태에서 방아쇠를 당기는 방법으로서 매발 사격마다 자동적으로 공이치기가 후퇴된 상태로 되어 단동식 격발이 이루어진다.

② 복동식

공이치기가 앞으로 전진된 상태에서 방아쇠를 당기는 법으로서 정확한 사격보다는 신속사격이 요구될 때 사용한다.

(2) 사격

① 안전장치를 "사격"위치에 둔다. 빨간 점이 보이도록 밀어 올린다.
② 신속사격이 요구되면 복동식으로 사격한다.
③ 시간적 여유가 있으면 공이치기를 손으로 후퇴 시킨 후 조준 사격한다.
④ 계속해서 사격 시에는 방아쇠만 당기면 단동식 사격이 이루어진다.

3) 응급처치

(1) 가스활대가 완전히 전진되고 공이치기가 뇌관 후단을 쳐주었어도 실탄이 발사되지 않았을 경우

(2) 불발탄이 약실(실린더)안에 끼어있는 경우 이므로 수동으로 가스활대를 전진 후퇴시커 불발탄을 제거한 후 실시한다.

(3) 가스활대가 완전히 전진되지 않았을 경우나 왼손으로 쳐주었는데도 전진이 되지 않았을 경우
탄창을 제거하고 가스 활대를 후퇴시켜 약실을 검사하거나 다른 탄창으로 교환 하여 격발한다.

4) 일반적 분해(베레타92FS)

(1) 분해부품

① 조준장치

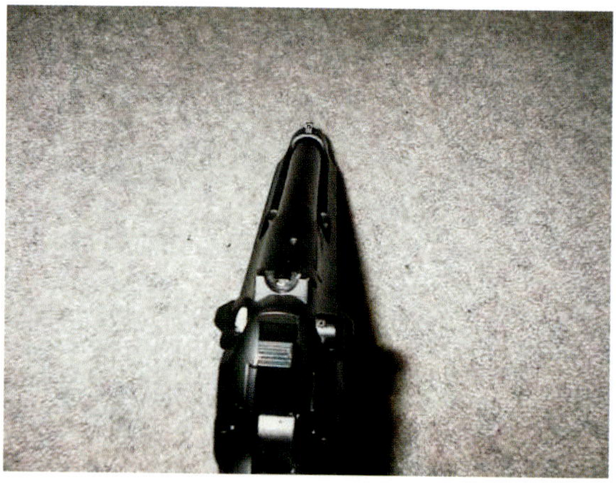

(사진 2-70) 조준기

② 탄창

(사진 2-71) 탄창(15라운드 용량) : 3개의 홀을 통하여 실탄여부확인

③ 총열

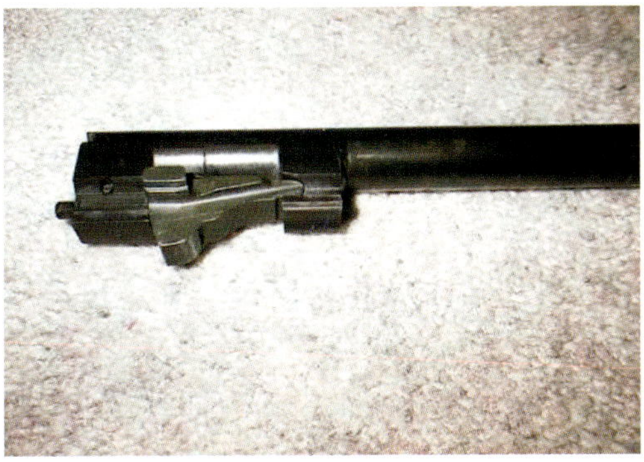

(사진 2-72) 총열

④ 공이치기

(사진 2-73) 공이치기(hammer)

⑤ 탄창멈치

(사진 2-74) 탄창멈치(magazine catch assembly)

⑥ 분해레버

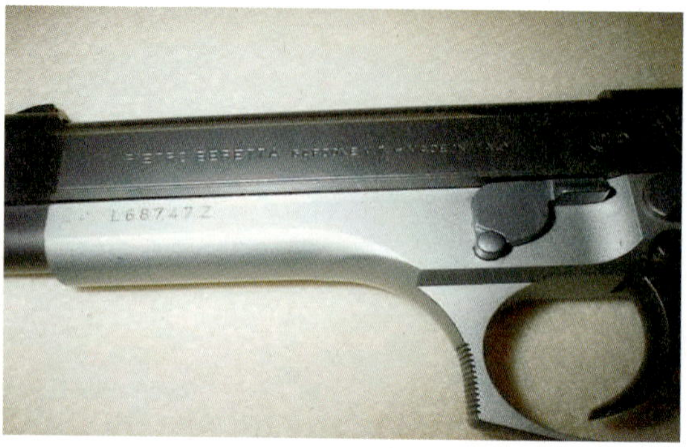

(사진 2-75) 분해레버(disassemly lever)

⑦ 안전장치

(사진 2-76) 안전장치(Decocing safety lever)

⑧ 열린 실린더

(사진 2-77) 열린상태의 실린더(top side)

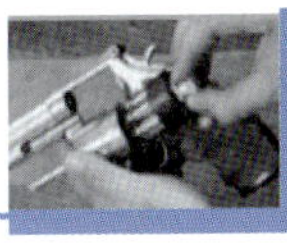

⑨ 분리된 슬라이드

(사진 2-78) 분리된 슬라이드(under side)

⑩ 방아쇠

(사진 2-79) 방아쇠(Trigger, double action)

(2) 분해요령

① 안전장치를 안전위치에 놓고

② 탄창제거

③ 공이치기 후퇴

④ 가스활대 분해

⑤ 복좌용수철 분해

⑥ 차개뭉치 분해

- 차개뭉치를 분해할 때 무리한 힘을 가하면 차개용수철이 변형될 수 있으므로 무리한 힘을 가하지 말아야한다.

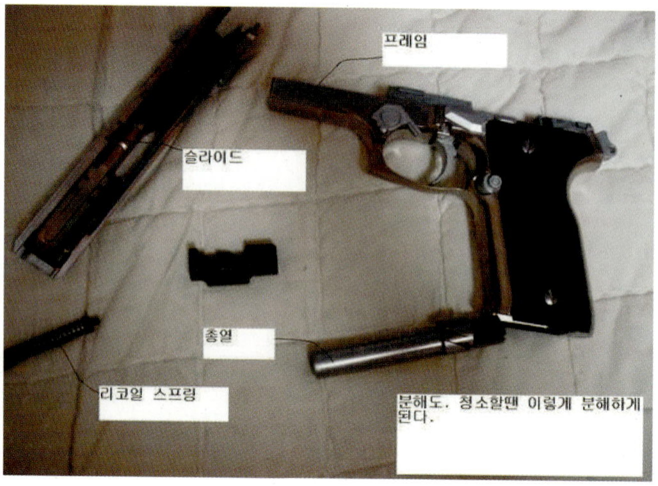

(사진 2-78) 분해[16)]

⑦ 결합 : 분해의 역순으로 한다.

3) 총기고장 및 응급처치

- 송탄불능 : 탄창에 먼지, 용수철의 힘, 용수철 결합상태, 실탄받침에 이상이 있을 경우 교환 처치한다.
- 장전불능 : 약실손질, 실탄교환, 이물질제, 용수철 교환한다.
- 발사, 추출, 방출불능 : 실탄, 공이, 갈퀴, 차개뭉치 교환
- 공이치기 잠김 불능 : 공이치기, 격발자, 받침용수철 교환한다.

16) http://blog naver.com/isy 권총구조에 관한 분해도

3 45구경 반자동식 권총(1911)

1) 분해(分解)도

(사진 2-79) 일반분해[17]

2) 일반 분해 요령

① 넓고 평탄하고, 청결장소에서 분해를 실시
② 슬라이드를 뒤로 제낀상태에서 약실 검사
③ 방아쇠뒤의 탄창멈치를 눌러 탄창을 뺀다.
④ 총구 공중지향 격발, 2 ~ 3회 슬라이드 후퇴 격발.
⑤ 슬라이드 앞부분, 총구 바로 밑에 달린 둥근 단추모양의 복좌 용수철 지지대를 누르면서.
⑥ 슬라이드 앞을 막는 축 받이통 (바렐 부싱)을 90도 돌려서 빼내고 복좌 용수철 제거.

---

17) 출저 : 문세중년의 집실 GLOB.egloos.com

⑦ 슬라이드를 뒤로 당겨 슬라이드 멈치 홈 뒤에 있는 작고 둥근 홈에 슬라이드 멈치가 닫게 한다.
(슬라이드에 2개의 홈이 있다. 총구에 가까운 각진 홈과 그 뒤에 있는 둥근 홈, 이 둥근 홈이 바로 분해 홈이다. 각진 홈은 멈치가 걸리는 곳이다)
⑧ 실탄 끝 같은 뾰족한 물건이나 손톱 등으로 슬라이드 멈치의 회전축의 끝을 눌러서 슬라이드 멈치를 빼낸다.
⑨ 슬라이드 멈치의 회전축이 잡고 있던 총열의 링크도 풀려지게 된다.
⑩ 이 상태에서 슬라이드를 앞으로 밀면 총신뭉치와 함께 슬라이드가 빠진다.
⑪ 슬라이드에서 총신 뭉치를 빼내면 일반 분해는 종료
⑫ 결합은 역순으로 한다.

제3장 권총의 탄도 및 강선이론

제1절 탄도이론

1 탄약

총탄(탄약, Cartridge)은 크게 탄자와 약협(탄피), 뇌관으로 나누어 볼 수 있다. 총탄은 화기에서 발사되는 발사체인 탄자와 추진제인 장약을 결합한 것으로, 오늘날과 같은 총탄이 발명되기 전에는 총기를 발사하기 전에 화약을 장전하는 과정과 탄자를 장전하는 과정이 별도로 필요했지만, 카트리지 형태의 총탄의 발명으로 그와 같은 번거로움이 없어지게 되었다.

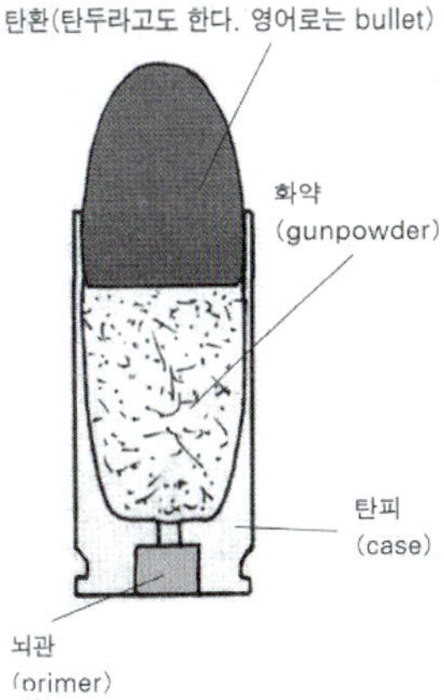

그림 3-1-a

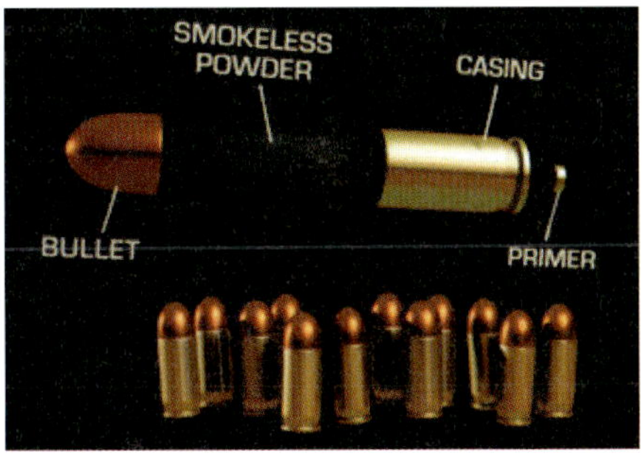

그림 3-2-b (탄두. 장약. 탄피. 뇌관의 분리 구조)

(그림 3-1, 2 a.b) 총탄의 구조

1) 탄자(彈子, 탄두, Bullet)

탄자는 총탄에서 목표물을 향해 실제로 날아가는 유일한 부분으로 탄자를 목표물에 명중시키는 것이 바로 총기를 사용하는 목적이라고 할 수 있을 것이다.
탄자는 비행중의 공기역학적 특성, 목표물에 명중했을 때의 역학적 효과를 고려하여 그 목적에 따라 다양한 형태로 만들어진다. 바람의 영향을 덜 받으며 비행할 수 있도록 탄두는 무거운 금속인 납으로 만들어지고, 목표물을 관통하기 좋게 하기 위해서 겉에 구리 등의 재질이 씌워지는 것이 일반적이다.

2) 약협(藥莢, Case, 탄피)

약협은 탄두 뒷부분에 있는 금속제의 원통형 용기로, 탄환 외형의 대부분을 차지한다. 약협에는 장약(裝藥)이 들어있다.
장약은 바로 화약으로서 장약의 폭발 시 발생하는 가스압이 총탄이 발사되는 에너지를 공급하는 역할을 한다. 탄두를 발사하고 난 뒤에는 자동 혹은 수동으로 버려지게 된다.
약협이 있는 이유 중 한 가지는 화약이 터질 때 생기는 가스를 새지 않게 막아주기도 한다. 화약이 터지면 그때의 압력으로 탄피가 약실 안쪽에 착 달라붙어 빈틈을 없애주는 역할을 한다. 따라서 탄피가 없다면, 가스가 뒤쪽으로 많이 새어나가 탄환을 밀어주는 힘이 약해지고 그만큼 총의 위력도 약해지게 된다.

3) 뇌관(雷管, Primer)[1]

뇌관은 약협의 맨 뒷부분에 장치되어 있는 것으로 약협 속의 화약에 비해서

1) 뇌관이 장치된 위치에 따라 총탄의 종류를 림파이어(rimfire)와 센터파이어(centerfire)로 구별한다. 림파이어탄은 약협의 바닥면 전체가 뇌관의 구실을 하는 것으로, 약협의 바닥면 가장자리를 공이가 때리면 발화하여 격발하게 된다. 반면 센터파이어탄은 약협 바닥의 중앙에 뇌관이 장치되어 있어, 공이가 그곳을 충격해야 격발된다. 림파이어탄의 경우 버려진 탄피를 재사용 할 수 없지만, 센터파이어탄의 경우 버려진 탄피를 수거하여 다시 장약을 채우고 뇌관과 탄두를 장착함으로서 재사용할 수 있다. 역사적으로는 림파이어탄이 센터파이어탄보다 먼저 등장했지만, 오늘날에 와서 주로 사용되는 것은 센터파이어탄이다.

폭발하기는 쉽지만 적은 에너지를 내는 화약이다. 사수가 방아쇠를 당기면 기계적 혹은 전기적 연결에 의해 공이(격침, 擊針) 또는 스트라이커(striker)가 강한 힘으로 뇌관을 때리게 되는데, 뇌관은 그 에너지로 폭발하여 탄두의 주 추진제인 장약을 발화시켜 폭발시킨다.

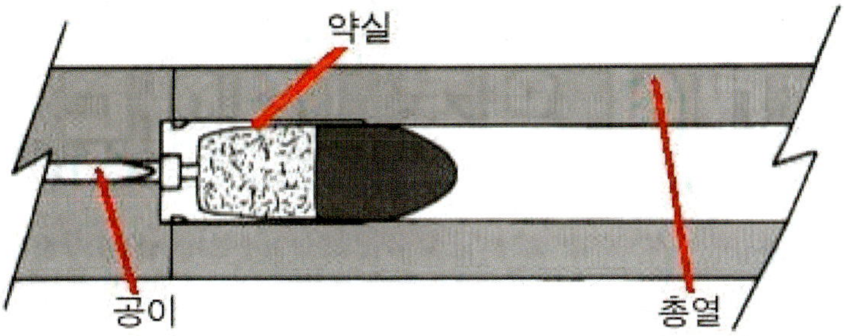

(그림 3-3) 장전된 상태[2)]

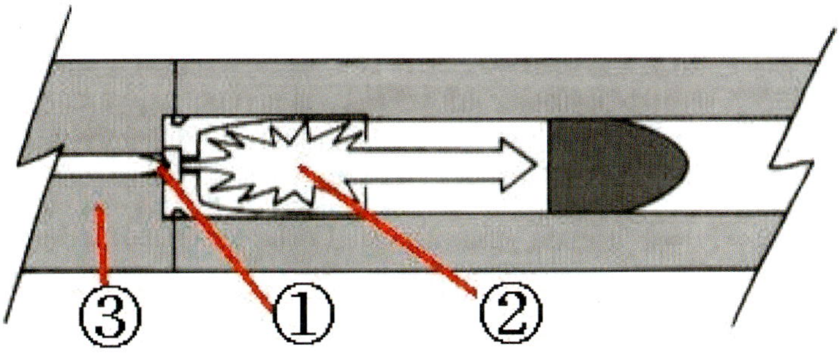

(그림 3-4) 격발 상태[3)]

4) 탄약의 명칭 · 종류

기본적으로 탄약의 규격은 총열과 탄두의 지름인 구경으로서 정해진다고 할 수 있다. 그러나 탄두의 지름이 같다 하더라도, 약협의 크기나 모양이 다르

2) 총탄이 약실 속에 들어가면 총이 발사되기 직전이라는 뜻이고, 이때를 바로 총이 장전된 상태라고 한다.

3) 출처 : 알기쉬운 총 이야기 ①뽀족한 것(보통 '공이'라고 불리는 부품)이 뇌관을 찌르는데 이 과정을 '격발'이라고 한다. ②기폭제가 터지면서 탄피 속의 화약을 폭발시키고, 이 때의 힘으로 탄환이 앞으로 밀려나간다. ③물론 이때 탄피 뒤쪽은 움직이지 않게 단단히 막아두는 편이 좋은데, 이렇게 막아둔 상태를 '폐새'되었다고 한다.

면 약실의 크기나 모양 역시 달라져야 하므로 지름은 같지만 약협의 형태가 다른 경우를 구별할 필요가 있다.

대체로 수치로 나타내어진 구경 뒤에 적당한 낱말을 붙이거나 약협의 길이를 나타내는 수치를 붙이는 식으로, 또는 두 가지 다 취하는 식으로 탄약에 명칭이 부여되며, '45 ACP'나 '9mm X 19 Luger', '5.56 × 45 mm NATO' 같은 경우를 예로 들 수 있다.

예로 든 세 경우에서 맨 앞의 수치는 모두 구경을 나타내고, 'x'뒤의 수치는 약협의 길이를 나타낸다. 한편, 'ACP', 'Luger', 'NATO'는 그 총탄을 개발한 주체(회사 혹은 군)가 명명한 것이다.[4]

(사진 3-1) 권총 총탄의 종류[5]

(1) 권총 탄약의 종류 · 제원

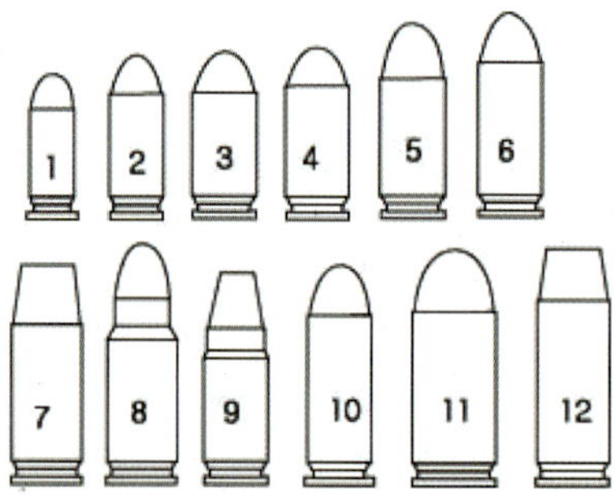

(그림 3-5) 총탄의 종류별 모양

4) 출처 : 위키백과.

5) 우측부터 22LR, 32ACP, 9밀리 파라벨룸, 38슈퍼, 45ACP, 38스페샬, 357매그넘(JSP), 44레밍턴매그넘(JSP), 45윈체스터 매그넘(JSP), 454캐줄(JHP).

번호	탄 두	탄두중량	탄속(MV)
1	25APC(6.35mmSR)	약2.6g	약350/s
2	32APC(7.65mm×17)	약 4.8g	약300m/s
3	380APC(9mm ×17)	약 6.2g	약270m/s
4	9mm 마카로프(9mm×18)	약 6g	약340m/s
5	9mm 파라블럼/루거(9mm×19)	약 8g	약390m/s
6	9mm 메이져(9mm×21)		
7	40S&W(10mm×21.5)	약 10g	약340m/s
8	7.63mm 모우져/7.62 토카레프(7.62/7.63mm×25)	약 5.6g	약455m/s
9	357SIG(9mm×21.5)	약 8g	약375m/s
10	38APC /38 Super(9mm×23SR)	약 8.4g	약390m/s
11	45APC(11.43mm×23.5)	약15.16g	약259m/s
12	10mm AUTO(10mm×25)	약 12g	약374m/s

(표 3-1) 자동권총 탄두와 제원

5) 구경 및 용어

(1) 9mm×19 : 탄환의 지름은 9mm, 탄피의 길이는 19mm이다.(ME 약 550J)

(2) 38, 45 : 38은 0.38인치, 45는 0.45인치이다.

(3) MV : MV는 Muzzle Velocity로 발사 시 총구에서 계산한 탄환의 속도이다.

(4) ME : ME는 Muzzle Energy로 총구에서 계산한 운동에너지이다.

(5) 25APC : APC는 Automatic Colt Pistol, 즉 콜트 자동권총을 위해 개발된 총탄이다.

(6) 9mm파라블럼 : '파라블럼'이란 전쟁에 대비하라는 라틴어 문장의 약자로 이 총탄을 처음 개발한 DWM 사의 전신약호로 특별한 뜻은 없으며, 또 이 회사가 만든 루거 자동 권총에 쓰였다는 이유로 9mm루거탄으로 불리기도

한다.

파라블럼 탄은 7.65mm×22 (1900년 개발)과 9mm 두 종류뿐이다.

1902년에 처음 등장한 이래 지금은 가장 흔한 군용 자동탄이 되었다.

최신형의 글록17, 베레타M92FS, P226 등에도 널리 사용되고 있으며, 위력에 비해 반동이 낮고 명중률이 높다.

(7) 7.63mm 모우저/7.62mm토카레프 : 1896년 독일의 모우져 밀리터리용으로 개발된 총탄, 구경이 작고 가벼운 총탄을 비교적 빠른 속도로 날려보내는 원시적인 소구경 고속 탄이다.

7.63mm모제르 권총 제조 이후 때때로 7.65mm Parabellum, 30 Parabellum 등 루거

Parabellum에 사용되는 권총 탄환은 1890년대부터 현재까지 다양한 탄약 제조사에 의해 제조되었다.

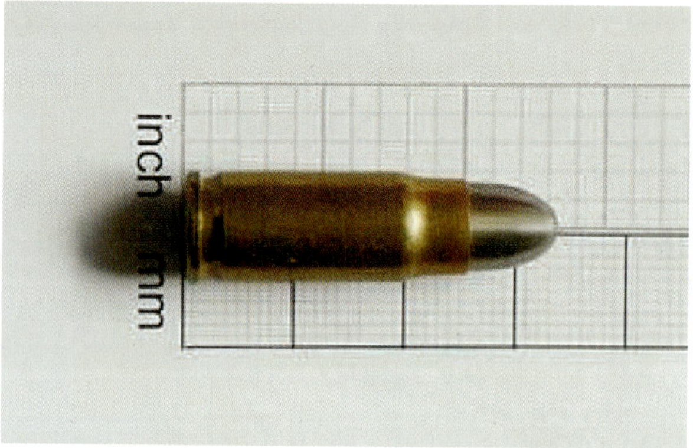

(사진 3-2) Place of origin, (원산지)German Empire, (독일 제국) 1896 1896 년Designed, 설계된 7.63×25mm_Mauser cartridge[6)]

그 후 구소련이 이것을 제식권총 탄으로 지정, 7.62구경으로 만들어져 7.62mm 토카레프로 불리웠다. (ME 약 500 J)[7)]

6)출처 : https://en.wikipedia.org/wiki/7.63×25mm_Mauser

7) 출처:토카레프 https://namu.wiki 유명한 TT권총을 만들었으며 SVT-38/40 반자동 소총도 만들었다

(사진 3-3) Fedor Vasilevich Tokarev, 1871-1968

토카레프탄은 토카레프 자동권총과 같은 기관 단총에 많이 사용되었으며, 지금도 중국, 북한 등에서는 제식 권총탄 이기도 하다.

(8) **9mm메이져** : 9mm파라블럼탄의 탄피를 2mm 늘인 변형. 9mm 파라블럼탄 등의 군용탄이 민간시장에 팔릴 수 없는 이탈리아나 프랑스 등 이 나라에서 민간용 권총에 사용하기 위한 편법으로 개발된 것이다라고 하고 있으며, 탄환 전체길이가 9mm파라블럼과 같아 총열만 바꾸면 기존의 9mm권총에 이탄을 그대로 사용할 수 있다.[8)]

8) 출처:http://blog.naver.com 군사정보

제2절 강선(腔線, Rifling)이론

1 구경(caliber)

구경은 총구(총강)의 지름이다.

2 강선

강선(腔線, Rifling)이란 총열 안쪽(총강)의 나선형 홈을 말한다. 탄환은 나선형 홈을 따라 회전하여 회전 관성을 가지게 되고 이로 인해 안정된 탄도를 가지게 된다. 일반적으로 탄환이 무겁고 길수록 더 많은 회전을 주어야 탄도가 안정된다.
일반적으로 탄환을 안정시키는 데 필요한 최소한의 회전을 주는 것이 바람직하다. 필요 이상의 회전을 주게 되면 가변성이 커져 근거리에서 탄환이 나선형으로 움직이게 된다.[9]
실탄이 총열을 통과할 때에 총구내부에는 스크류 바처럼 회전 홈이 파여져 있는 강선이 있다. 강선의 구멍 부분은 실탄의 지름보다 아주 약간 작으나 아주 강한 가스압력으로 뒤에서 밀기 때문에 무른 재질인 납으로 된 탄두는 강선모양대로 긁히고 눌려 회전하면서 밀려나가게 된다.

3 탄환의 안정성

탄환을 안정시키는 주요요인은 스핀이고, 이스핀은 총열내부의 강선에 의해 생긴다.

---

9)출처: hsttp://ko.wikipedia.org/wiki/

유 강선총열에는 길이를 따라 나선형 홈이 파여있다.
탄환이 이 홈에 맞물리면서 탄환의 장축을 중심으로 회전하는 것이다.
탄환이 총열에서 빠져나오면 그 때부터 팽이나 자이로스코프처럼 행동한다.
특히 자이로스코프의 안정성을 갖는다.

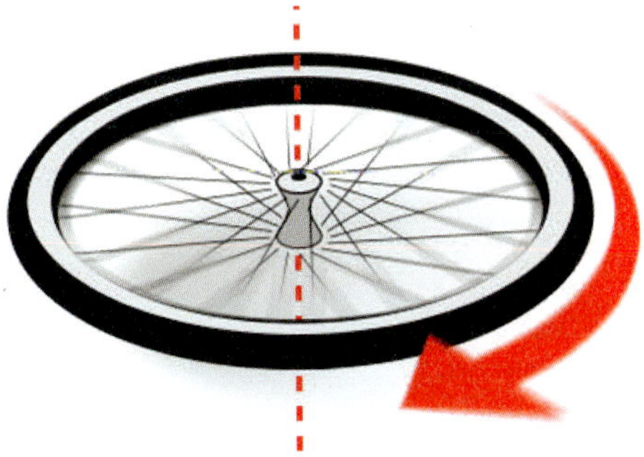

(그림 3-6) Z 축이 바퀴가 도는 축과 동일선상에 있다고 보고, 하단의 센서가 바퀴 위에 부착되었다고 가정하면, 센서를 통해서 z축을 통해 회전하는 각속도를 측정할 수 있다.
만약, 바퀴가 1초에 한바퀴 회전한다면, 각속도는 360도/sec가 된다고 볼수 있다.[10)]

자이로스코프의 회전방향으로부터 바깥쪽으로 매우 큰힘이 작용한다는 것을 느낄 수 있다. 이 힘이 바로 탄환에 안정성을 주고 사거리를 늘려준다고 한다.
안정성이 없으면 탄환은 비행하는 동안 심하게 흔들리고, 공기의 압력은 훨씬 더 강하게 작용하게 된다.
강선은 대개 나선율(twist rate)에 따라 수치로 나타난다. 나선율은 탄환이 총열내부에서 1회전을 완료하면서 이동하는 거리를 말한다. 나선거리가 짧을수록 회전율은 증가한다.
나선을 자세히 관찰하면

10) 출처: 메이크쉐어 http://makoshare.

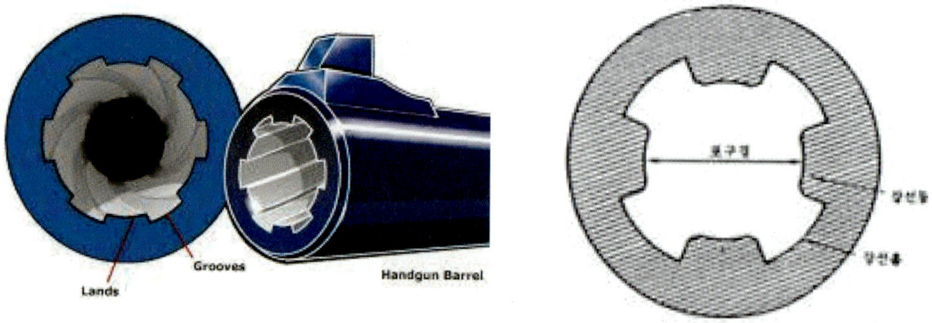

(a) 홈 · 이랑 (b) 강선등 · 강선홈

(그림 3-7 a, b) 총열을 따라 파인 공간을 홈(groove)이라하고, 홈과 홈 사이를 이랑(land)이라고 한다.[11)]

ⓐ 탄환의 회전은 탄도를 안정시키기 위한 것일 뿐 탄환의 회전력과 살상력은 관계가 없으며, 강선의 수도 살상력과 관계가 없다

ⓑ 탄환은 처음부터 포물선을 그리며 날아가기 때문에 탄환의 회전으로 인해 직선으로 가던 총알이 떠오르는 일은 없다.[12)]

강선이 스쿠류 모양으로 꼬여 있었기 때문에 실탄도 회전하면서 나갈 수밖에 없으므로 총구를 떠난 실탄은 관성에 의해 회전하면서 표적을 향하여 비행을 하게 된다.

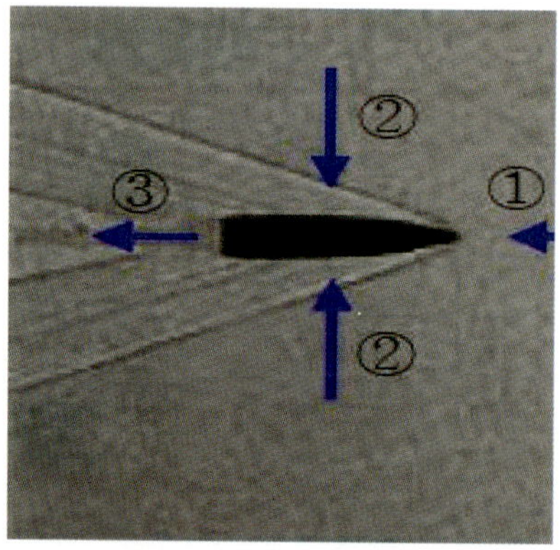

(그림 3-8) 공기의 저항력

11) https://www.google.co.kr/

12) https://www.google.co.kr/search

탄두가 총구를 벗어나서 공기 중을 비행할 때 탄두의 비행을 방해하는 저항력은 그림에서 보는 바와 같이 주로 탄두의 전면에서 부딪치는 공기

① 측면의 공기마찰

② 및 탄두의 후미에 생긴 낮은 공기밀도

③ 때문에 발생된다.

탄두 후미에 생긴 낮은 공기밀도는 비행하는 탄두를 뒤에서 잡아당기는 역할을 하게 된다. 이러한 공기의 저항속에서 탄두가 비행안정성을 유지하기 위한 방법에는, 탄두 후미에 날개를 부착하는 날개안정법과 탄두를 회전시키는 회전안정법이 있다.

날개안정법은 한 쪽 끝에 깃털날개를 부착한 가벼운 화살대를 금속의 화살촉에 결합하여 비행안정을 얻는 방법으로, 주로 박격포탄, 로케트탄, 유도탄 등 길이가 길고 단면적이 작은 탄두에 적용한다.

실제로 탄두의 길이가 단면직경의 6배 이상 될 때는 회전에 의한 비행안정을 얻기가 어렵다는 실험결과로 인해, 길이가 긴 로케트탄이나 유도탄에 회전안정을 사용하지 않고 날개를 부착하는 날개안정법을 적용하는 것이다.

이와 같이 길이가 길고 단면적이 작은 탄두에 필수적인 날개안정법은 날개에 의해 항력이 발생되며 횡방향 바람의 영향을 많이 받게 되는 단점이 있다. 따라서 소총탄이나 포병탄 등은 강제로 회전을 시켜서 비행안정을 시키는 회전안정법을 적용한다. 이처럼 탄두를 강제로 회전시키기 위하여 총열 내부에 나선형으로 파여진 홈을 강선이라고 한다.[13]

강선(Rifle)[14]이란 총강[15]에 나선형으로 파인 홈을 말하며 탄환이 총열 안쪽을 지날 때는 이 강선에 맞물려 돌면서 지나가게 된다. 이렇게 돌면서 총열 밖을 빠져나간 탄환은 날아가면서도 계속 돌게 되는데 이렇게 돌 때 생기는 원심력에 의해 보통 때 같으면 아래로 쳐져야 할 뒤쪽이 똑바로 수평을 유지하면서 앞으로 날아간다. 즉, 탄환이 똑바로 앞만 보고 잘 날아갈 수 있게 하

13) 참조 : 방위사업청(www.dapa.go.kr)

14) 탄환을 회전시키기 위한 나선 홈을 말하며 또한 소총을 뜻하기도 한다.

15) 총강(Bore)은 총열에서 탄환이 지나가는 길을 말하며, 흔히 말하는 '총구'란 바로 총강의 끝부분, 즉 탄환이 빠져나가는 구멍을 뜻한다. 총강 안쪽에 강선이 파여 있다.

는 방법이 강선(rifle)이다.

(그림 3-9) 강선내부구조

탄환이 강선에 맞물린다는 뜻은 탄환의 지름이 총강의 지름보다 살짝 커야 한다는 뜻인데, 크지 않더라도 최소한 정확히 딱 맞을 정도로 사이즈(size)가 같아야 한다. 실제로 탄두만 뽑아서 총열 뒤쪽에 넣으면 보통은 딱 걸린 채 움직이지 않는다. 탄두가 총강의 지름보다 작게 되면 강선에 제대로 맞물리지도 못하거니와 폭발 가스가 총강과 탄환 사이의 틈새로 새어 탄환을 제대로 밀어주지 못하여 파워와 사정거리가 떨어지게 된다. 실제로 발사된 탄환을 살펴보면 옆구리에 강선에 맞물린 흔적이 희미하게라도 남은 것이 보인다.16)

예를 들어 단순한 구슬 모양의 탄환이라고 해도, 강선에 제대로 맞물리게만 한다면 회전력이 명중률과 사정거리를 높이는데 큰 도움이 된다. 회전 운동에 의한 원심력이 탄환의 직진성에 그만큼 도움이 된다는 의미이다.

강선을 표시하는 용어로 '4조 우선(右線)', '6조 우선(右線)' 등은 4줄이나 6줄의 나선형의 홈(groove)이 오른쪽으로 파여 탄환이 시계방향으로 돌면서 날아가게 된다는 의미이다.17)

---

16) 눈으로는 전혀 확인할 수 없지만, 총을 쏘면 탄환은 총강을 지날 때 약간 오그라들고 총열은 탄환이 지나갈 때 아주 살짝 부풀어 오른다. 총열이 단지 단단하기만 해서는 안 되고 어느 정도 탄력도 필요하다는 이유는 이 때문이다.

17) 홍희범(2002), 알기 쉬운 총 이야기, 나스카미디어-ebook.

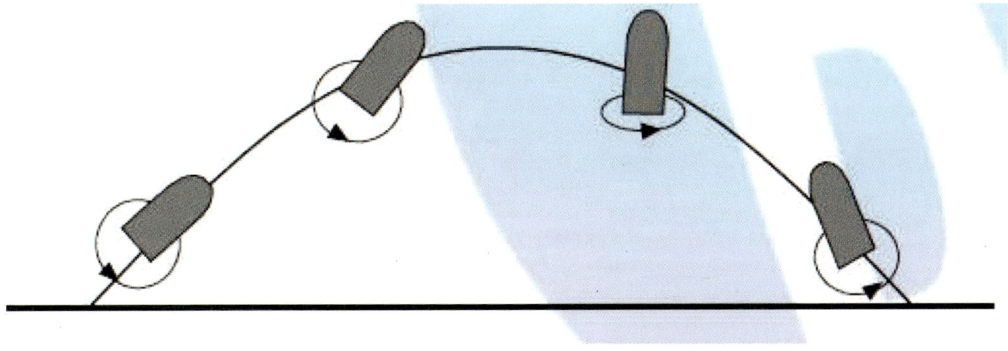

(그림 3-10) 무강선에 의한 탄자의 전복비행

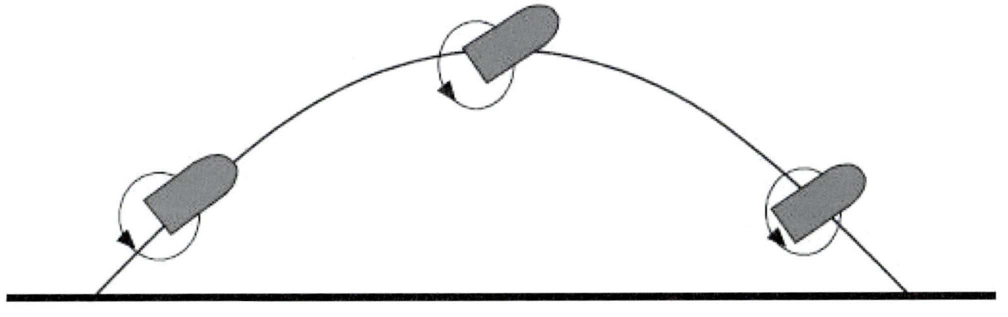

(그림 3-11) 과도한 회전시 탄자의 비행

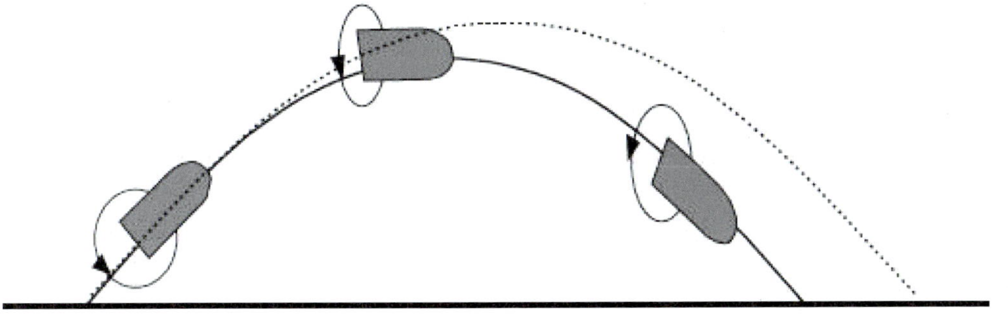

(그림 3-12) 부족한 회전시 탄자의 비행

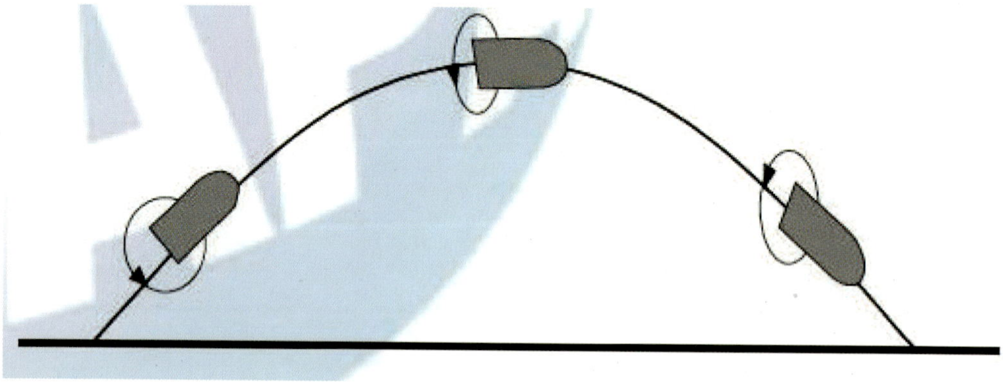

(그림 3-13) 최적의 회전시 탄자의 비행

(그림 3-14) 탄자의 우회전

4 총기의 반동현상

1) 뉴턴의 3법칙

모든 작용에는 크기가 같지만 방향만 반대인 반작용이 존재한다는 것을 보여준다고 한다.

이 경우에 작용은 발사체와 뜨거운 기체를 밀어내 총구 속도를 만들어 내는 힘이다.

그리고 반작용은 탄환의 방향과 반대로 가해지는 힘이며, 사수는 이 힘을 총의 반동으로 느낀다. 반동 방향은 발사체를 밀어내는 방향과 정 반대이다.

2) 반동현상

권총에서 방아쇠를 당겨 공이로 뇌관을 때리면 점화제가 순간적으로 폭발한다. 점화제의 강렬한 화염은 추진제의 작은 입자를 점화시키면서 확산되어 간다. 추진 장약은 순식간에 연소되어 고압의 가스를 형성하게 되며, 추진제의 연소가 진행됨에 따라 팽창한 추진제의 고압가스는 주위에 압력을 가한다. 총열의 견고한 벽이나 탄자의 바닥이나 주위에 충돌한 가스는 그 이상 팽창하지 못하고 탄자를 밀어내면서 저항이 가장 약한 방향으로 확대하여 나간다. 추진제의 연소로 인한 고압가스의 미는 힘에 의하여 탄자는 강선 속으로 진입되면서 총구를 향하여 강선을 따라 회전하면서 전진한다. 탄자가 강내에서 최고속도에 도달하였을 때 총구를 떠나 외부로 발사된다. 이상의 발사과정은 불과 1내지 4mili second, 즉 0.001 ~ 0.004초 사이의 매우 짧은 시간 내에 이루어진다.[18)]

추진제가 연소할 때 팽창하는 연소가스는 그것을 둘러싸고 있는 전표면에 대하여한 힘으로 압력을 가한다. 이때 총강 벽에 가하여지는 압력은 총강 벽을 확장하게 되고 탄자의 바닥에 가하여진 압력을 탄자를 총강축에 따라 이동시키며, 탄피의 바닥에 가하여진 압력은 탄피를 경유하여 노리쇠를 통하여 총 전체에 전달되어 탄자가 움직이는 반대방향으로 총을 이동시킨다. 다시 말하면 추진제의 연소를 팽창하는 연소가스는 총 자체와 탄자를 각각 반대방향으로 움직이게 한다. 이때 총이 후방으로 움직이는 이동을 반동이라고 한다.

3) 반동이 미치는 영향

총기의 반동은 사격에 지대한 방향을 미친다. 따라서 경호원은 이러한 현상을 충분히 이해하여 그 본질을 잘 숙지하여야 한다. 물리학의 운동량보존의 법칙에 의하면 그 질량과 속도는 반비례함으로 연소가스의 질량을 무시하였을 경우 총의 반동은 탄자의 운동과 동시에 함께 시작하여 탄자가 총구를

18) 이홍주(1995), 총괴 탄도학, 서울:청문가, p.91.

떠나는 순간에 최대가 된다.

사격 시 느끼는 총기의 반동은 총기의 종류에 따라서도 다를 뿐만 아니라 동일한 권총이더라 하더라도 파지하는 방법에 따라서 다를 수 있다. 어떤 때는 사수가 별로 충격을 느끼지 않는가 하면 어떤 때는 강렬하게 느끼는 경우가 있다.

오른손으로 권총사격을 실시할 경우에는 오른손목에 총의 반동을 느낀다. 반동에 대한 오른손목의 반작용은 소총의 경우에 어깨에서 느끼는 것과 같다. 손목에 권총을 지지하는 반작용의 힘은 권총의 총열축에 따라 작용하는 반동력과 크기가 같고 방향이 반대가 되지만 힘의 작용선이 동일하지 않고 수직이격거리가 존재하기 때문에 우력(偶力)[19]으로 인하여 사격 간에 회전 운동을 일으키게 된다.

권총을 오른손으로 잡을 때에는 반동을 받아야 할 오른쪽 손바닥의 중앙이 총열축의 오른쪽 아래로 기울게 위치하여 총의 반동을 흡수하여야 된다. 이 때문에 총의 반동과 오른손목의 반작용에 의한 힘은 총의 수직면과 수평면 내에 상이한 우력을 발생시키는데 이 두 개의 우력의 상호작용에 의하여 총구는 좌상방향으로 도약하게 되는 것이다.[20]

총기의 반동은 사수에게는 피로를 주고 초보자에게는 기본자세를 망각하게 하며 남발하게 하는 나쁜 습관을 만드는 원인이 되어 사격의 명중률에 나쁜 영향을 준다. 권총사격 시에는 탄자가 상하좌우로 흩어지게 되므로 탄자의 정확한 사격효과를 얻기 위해서는 언제나 바른 자세와 동일한 사격자세를 취할 수 있도록 훈련하여야 한다. 권총의 사격 중 경호원은 총의 반동으로 인한 충격을 어떻게 흡수하여 총기의 반동으로 인한 탄착점의 이동을 극소화시킬 것인가를 항상 염두에 두어야 한다.

19) 크기가 서로 같고 방향이 반대인 두 평행력이 강체의 2점에 작용할 때 그 한 조의 힘을 우력이라 한다. 물체 에 우력이 작용할 때에는 물체는 이동하지 못하며 지점을 중심으로 회전할 뿐이다. 지점에 다른 힘이 동시에 작용하면 물체는 그 힘의 방향으로 이동하면서 회전한다.

20) 상게서, pp.118-123.

제3절 총기의 살상현상 및 효과

총기의 살상현상인 총상(銃傷)은 총기의 물리적 작용에 의하여 발사된 탄환에 의한 부상을 의미한다. 법의학적으로는 이를 사창(射創 : Gunshot wound)이라고 부른다. 총구에 의해 발사된 탄환이 아닌, 총의 다른 부분에 의한 상처 등은 총상이 아닌 별도의 개념으로 이해해야 할 것이다.

총의 기계적 구조는 총기의 종류와 설계에 따라 각각이지만 기본적인 작용은 대게 비슷하다. 총의 약실에 총탄을 장전한 다음 방아쇠나 전기충격 등으로 약실 내의 화약이 폭발하게 되고, 그 때 발생하는 화염, 소음, 가스 등의 격렬한 친구들과 함께 총구를 통해 세상 밖으로 나가게 된다.

총기는 표적을 조준하여 발사되는 무기로 안정된 궤도를 통하여 총의 사용자가 조준한대로 날아가서 목표에 명중하지 않으면 무용지물이다.

발사된 탄두는 살상, 파괴에 충분한 운동 에너지를 가지며 안정된 궤도로 비행하기 위해서 총열내부에 강선을 만들어서 탄두에 회전 관성을 주는 것이다. 이때의 회전력은 총탄의 관통능력과 그로 인한 살상능력과는 큰 관련이 없다.

총기에서 발사된 실탄은 인체에 관통함으로써 직접적인 효과를 발생시키는데 실탄이 주는 효과는 주로 총탄이 타격되는 신체의 부위에 따라 결정되며, 타격된 부위에 형성된 구멍의 크기와 깊이가 클수록 효과가 크다. 이때 관통의 크기는 실탄의 지름에 비례하며 관통의 깊이는 실탄의 무게와 관계가 있다.[21)]

총상을 인지한 후 반응은 개인에 따라 다르기에 총상의 현상 및 실질적인 효과를 인지함으로써 경호활동에 있어서 총격으로 인한 사고 발생 시 효과적으로 대응할 수 있다.

발사된 탄두가 몸에 맞을 때 생기는 구멍을 사입구(射入口), 몸을 관통할 경우 생기는 구멍을 사출구(射出口)라고 한다. 탄두가 회전력을 가진 상태

21) 정태황(2009), 경호장비의 이해, 백산출판사, p.41.

로 인체에 명중하면 사입구를 만들며 체내에 들어가게 되는데 이 순간 부딪히며 받게 되는 충격과 저항에 의해 본래의 형태를 잃게 된다. 이처럼 인체와 충돌한 탄두는 급격한 충격에 의한 안정된 궤도를 잃게 되며, 체내에 들어온 탄두는 안정된 궤도를 잃은 상태에서 운동 에너지에 의하여 전진을 계속 하게 된다.

균형을 잃은 탄두가 앞뒤로 돌며 체내를 뚫고 이동하면서 근육과 내장 등을 훼손하게 되는 것이다. 탄두의 형태와 발사각도에 따라 사출구의 형태는 다양하며, 사입구에 비해 사출구가 크기가 커지는 것은 탄두가 가진 에너지에 의한 것이지 탄두의 회전의 영향 때문이 아니다. 오히려 회전이 살아있다면 체내를 휘젓는 일이 없이 똑바로 관통해 나아갈 것이다.

총상에 의한 피해현상은 다음과 같다.

① 사입구 및 사출구에 의한 과다출혈

② 체내에 형성된 사창관에 의한 장기의 내부출혈

③ 탄두의 운동 에너지에 의한 장기파괴

④ 외부공기에 의한 감염

⑤ 쇼크에 의한 신체장기 기능 저하 및 정지

총에 맞으면 인체는 본능적으로 스스로를 보호하기 위하여 대량의 아드레날린을 분비시키는데 이로 인하여 흥분상태가 되면 제대로 고통을 느끼기 힘들어진다. 이 때문에 부상자는 자신이 입은 상태에 대하여 정확히 인지하기 힘들어지며, 총에 맞는 순간 부상의 경중을 떠나서 비정상적인 상태이며 치명적 상황에 빠졌다고 보아야 하는 것이다.[22]

22) 플래툰(2009년 2월호), 총상기획기사 '총 맞는 것처럼', pp.100-107.

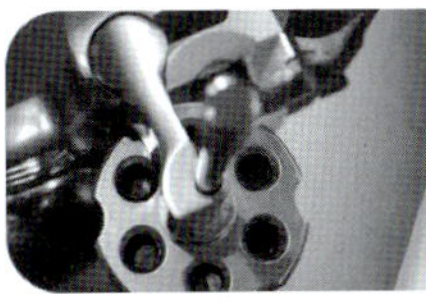

제4장 사격의 안전수칙

제1절 안전수칙 및 조치

1 개요

1) 총기사고의 원인

대부분 총기사고의 원인은 불안전한 행동 및 조건에서 기인한다. 불안전한 행동이란 불안전한 개인의 습관 혹은 심리상태가 외부로 표출되는 행위이며, 불안전한 조건은 불안전한 물리적·기계적 조건을 말한다.

이들은 각기 또는 상호 결부되어 사고의 원인이 될 수 있고, 사고는 거의 순간적으로 발생하며 그 결과는 다시 돌이킬 수없는 치명적인 것이 대부분이다.

그러므로 불안전한 행동과 조건을 제거하여 사고에 미리 대비하여야 한다. 특히, 총기와 탄약을 취급하는 사격장에 있어서 안전은 준수 되어야 한다.

2) 안전기준

안전기준이란 어떤 임무를 안전하게 수행하게 위해 지켜야 할 행동절차 및 방법 의 기준을 각 개인에 의해 엄격히 지켜져야 하는 것이다. 사격술 교육은 안전교육으로부터 시작되는 것인바, 안전을 소홀히 함으로 인적·물적 손실을 가져와서는 안 될 것이다.

2 총기 안전수칙

1) 화기사용에 관한 유의사항

전술화기훈련은 기본적인 목표물 타격보다 상당히 어려운데 안전사고에 대한 한 단계 높은 기민함을 요구한다. 훈련은 장전된 무기를 들고 빠르게 움직이는 것을 포함하며 이것은 간단하면서도 복잡한 팀 훈련으로 더 많은 정신적 중압감을 느끼고 기존의 사격장 훈련과는 다른 형태의 훈련이 될 것이다.

지도자와 사격장 요원은 모든 참가자에게 최대의 집중력은 요구할 것이다. 훈련생이 훈련이나 사격장 명령을 이해하지 어렵다면 반드시 질문을 통하여 확인과 이해를 하고 훈련에 임해야 할 것이다.

(1) 휴대하기 전 리볼버형 권총은 실린더를 개방, 자동 및 반자동식 D-51/K5(한국) 등은 탄창을 뽑고 가스활대(슬라이드)를 후퇴시켜 실탄장전 유무를 확인 후 실탄은 분리휴대

(2) 사격시를 제외하고는 총구를 사람에게 향하게 하거나 방아쇠울에 손가락 삽입금지

(3) 실탄이 장전되지 않은 빈 권총이라도 격발하거나 장난 또는 인에게 건네주는 행위금지

2) 총기 손질시 안전수칙 준수사항

(1) 손질시 먼저 검사총 후 총구는 반드시 지면으로 지향

(2) 타인에게 손질을 시키는 행위 절대금지

(3) 총기 분실, 피탈방지 대책 강구

(4) 지급받은 총기는 반드시 본인이 책임휴대

3) 총기 대여 배제 및 회수 대상자

(1) 비위, 과실로 인한 징계 대상자

(2) 형사사건으로 조사대상자
(3) 사직원 제출자
(4) 염세비관자, 주벽 및 변태성격, 가정 불화자
(5) 기타 정황을 판단하여 부적격자로 인정 되는 자

3 총기 안전조치

1) 사수는 사선에 임해서 총기의 약실을 개방하고 총구와 약실에 이물질 또는 구리스, 침전물 등의 여부를 살핀다.
2) 총기에 맞지 않는 실탄, 탄두가 심하게 흔들리거나 찌그러져 있는 실탄, 오일 등이 많이 묻어있지 않는가를 살핀다.
3) 이러한 실탄은 탄매를 누적 시키거나 ,발사 시 높은 약실 압력을 발생시켜 총기에 심한 손상을 끼치게 되고 약실이 파열될 수도 있다.
4) 총구와 약실을 확인할 때에는 총구는 안전한 방향, 약실을 개방한다.
5) 사수는 사격지휘관의 명령 없이 사격준비 상태에서 손가락을 방아쇠에 넣거나, 장전해서는 안 된다.
   더욱이 공이치기(hammer)를 젖혀서(cocking)는 안 된다.
6) 위험한상태가 공이치기를 젖힌 발사 직전의 상태이다.
7) 총구는 항상 표적방향 또는 땅을 향해 45^0 각도의 안전한 방향에 두어야한다.
8) 사격준비가 완료될 때까지 또는 사격지휘관의 "사격준비"구령시 까지는 일체의 개별행동을 해서는 안 된다.

(사진 4-1) 사격지휘통제소

① 모든 무기를 장전되었다고 생각하고 다룰 것
② 무기로 어떤 것에도 겨누고 있지 말 것.
③ 사격 지시가 내려질 때까지 모든 무기를 케이스 안에 보관할 것.
④ 항상 총구를 아래로 향하게 할 것.
⑤ 사격 준비가 되기 전에는 방아쇠에 손가락을 대지 말 것.
⑥ 목표물과 그 주변의 것들을 확인할 것.
⑦ 사격이 끝난 후에 다시 무기를 케이스 안에 보관할 것.
⑧ 긴 총기는 총구를 하늘로 향하게 하고 안전장치를 걸고 휴대할 것.
⑨ 모든 사격장 지시를 주의 깊게 들을 것.
⑩ 사선에 섰을 때 눈과 귀를 이용하여 안전에 유의할 것.
⑪ 장전 여부에 상관없이 절대 무기를 따로 방치하지 말고 항상 휴대할 것.
⑫ 약 10m 이내의 철로 된 목표물을 조준하지 말 것.

제2절 교육 및 총기휴대

1 사격장 안전(Range Safety) 지침

실제 사격장 훈련에 앞서서 중요한 항목은 안전한 총기조작을 위한 기본적 규칙과 절차를 숙지하는 것으로 다음의 지침들은 '고급화기전술훈련'에서 쓰이는 지침의 표본이다.

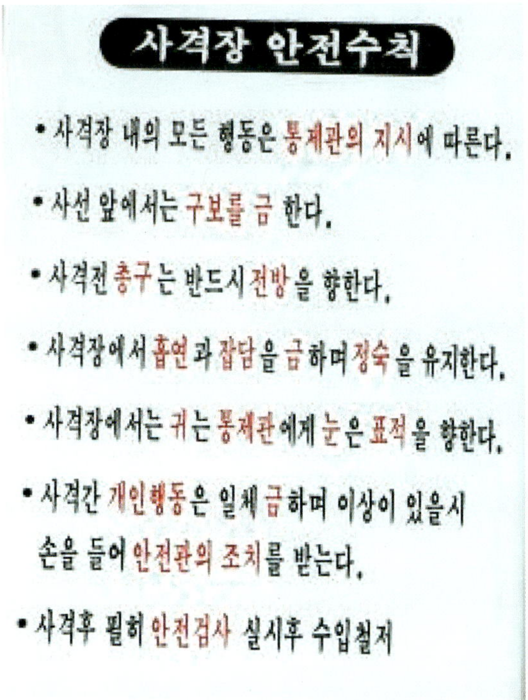

(사진 4-2) 사격장 안전수칙

(사진 4-3) 권총사격 사선

1) 사격장에서는 뛰지 말 것, 이는 불안을 조성하고 사격중인 사수를 당황하게 할 우려가 있다.
2) 고성, 잡담, 욕설을 금할 것.
3) 음주 후 사격장에 들어가지 말 것.
4) 사격장에서 생 · 동물의 조준 혹은 사격금지.
5) 사선 뒤에서는 빈총이라도 격발연습이나 자세를 취하여 거총할 수 없으며, 사람을 겨냥하는 일이 없도록 하고 총구를 항상 상·하 방향으로 지향해야 한다.
6) 허락 없이 타인의 총기에 손을 대서는 안 되며, 자기 총을 빌려주어서도 된다.
7) 총은 항상 약실이 비어있는 상태로 운반해야 하며, 사격 후에는 약실에 실탄이 남아 있는지 반드시 확인해야 한다.

-a- 자동식권총약실

-b-리볼버식 권총약실

(사진 4-4) 사격전 · 후 반드시 약실검사(b-리볼버 38구경권총/a자동식권총)

(사진 4-5) 사격 후 반드시 약실 검사실시후 사대에 놓는다.

(사진 4-6) 사격이 끝난 사수 탄착확인 모습

8) 사격중인 사수 외에는 사선에 들어갈 수 없으며, 사수는 정해진 사대 외에서 사격할 수 없다.
9) 사대에서 총구는 항상 표적방향으로 지향하고, 통제관의 명령 없이 장전 또 사격해서는 안 된다.
10) 총기와 실탄을 무리하게 취급하지 말 것.
11) 총기에 이상이 생기면 즉시 손을 들어 통제관에게 보고 할 것.
12) 사격이 끝난 사수는 자세를 바꾸지 말고 약실을 연 후에 안전장치를 할 것.
13) 사격 명령 외에는 손가락을 방아쇠에 끼우지 말 것.
14) 사격 후 사선에 실탄이 떨어져 있는지 확인할 것.
15) 통제관으로부터 다음 차례의 사격신호가 있으면 즉시 총구와 약실을 다시확인 할 것.

예) "시사사격이 끝난 사수는 기록사(記錄射) 5발 장전"이라는 통제관의 명령

(사진 4-7) 사격장면 : 권총무릎쏴

(사진 4-8) 사격장 통제실

16) 사격을 방해할 만한 위험을 주는 사항을 발견했을 때는 즉시 "사격중지"를 명령하거나 통제관에게 보고할 것.
17) 총기의 점검 및 손질을 계획에 의하여 규칙으로 하되, 반드시 통제관이 지정한 장소에서 할 것.

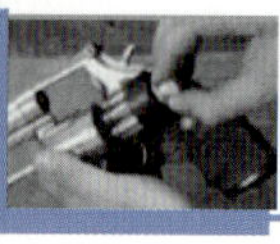

2 개인행동에 관한 유의사항

1) 지도자나 사격 훈련장 관리인은 사선에서의 모든 통제권을 갖고 있다.
2) 서로에게 안전요원의 역할을 하며 상식적으로 행동할 것.
3) 당신의 개인적 능력을 벗어나는 무리한 훈련, 운동은 시도하지 말 것.
4) 위험의 가능성이 보이면 누구라도 '사격 중지', 또는 '중지'라고 외칠 수 있다.
5) 훈련을 원활히 유지하기 위해서는 지도자들이 매순간 주의를 기울여야 한다.
6) 훈련이 멈췄을 때에는 언제라도 탄창을 재장전할 것.
7) 사선이 안전하거나 이상 없다고 확인 되었을 때 목표물을 재빨리 붙이거나 교체할 것.
8) 모든 사격장 수칙을 즉시 따르라. 특히, '중지', 또는 '사격중지' 명령을 철저하게 따르며 조심할 것.

3 사격장 외 안전조치

1) 총기는 안전하고 견고한 무기고에 격납하고, 도난의 우려 가없는 안전한 곳에 보관한다.
2) 총기를 운반할 때에는 반드시 총 케이스에 넣어서 땅에 떨어지거나 불안 한 상태로 흔들리지 않게 한다.
3) 총기는 항상 깨끗하고 건조한 곳에 두며 활동부분을 열어 약실을 확인하고 격발한 상태로 보관한다.
4) 정신병자, 금치산자, 어린이는 총에 손을 대지 못하게 한다.
5) 총기는 항상 장전된 것처럼 취급한다.
6) 총기를 들고 이동할 때는 약실을 열고 격발된 상태로 해야 한다.
7) 총을 다른 물건의 대용품으로 사용해서는 아니된다.
8) 총기와 탄약을 같은 격납고에 보관해서는 아니된다.
9) 총기의 이상 유무는 반드시 실외에서 확인한다.

4 사격 중 절대수칙

1) 사격중 표적이외에는 사격금지 : 사격할 때에는 목표물을 정확히 조준하여야 하며, 절대로 지면 딱딱한 표면 등 평면사격이나 모서리에 사격해서는 안된다.
2) 명중사격의 자긍심 확보 : 총기사용은 적법, 정당한 상황에서만 사용할 것이라는 마음가짐과 나는 항상 목표물에 정확히 발사 할 수 있다는 자신감이 있어야 한다.
3) 강력한 규율과 질서유지 : 사격할 때에는 잠깐이나마 잡담을 한다거나 잡념에 빠져서 총을 경솔하게 다루거나 위험을 수반한 행동을 해서는 안된다.

5 사격 후 필히 안전조치

1) 총기를 사용한 후에는 반드시 탄피를 제거하고 검사총 약실 개방 후 사선 뒤로 물러나야 한다.

(사진 4-9) 사격을 마치고 사선에서 뒤로 물러난 사수

2) 사격 전에 사이렌 및 경고방송을 통해 사격장 주변 등산로에 교직원 및 민간인은 접근을 통제한다.

[통제요령]

-사이렌 경고 5초간 3회 실시

-경고 방송 3회 실시

-경고방송 내용(예)

“지금부터 10분 후에는 사격을 실시하겠습니다. 등산로나 사격장 주변의 교직원 및 민간인은 신속히 안전한곳으로 철수 해주시기 바랍니다.”

6 혹서기 등 이상기후 시 안전대책

1) 혹서기 사격

- 사격장에 식염 확보비치
- 혹서(12:00-14:00)시간대는 가능한 실 사격 지양
- 사격이 끝난 사수는 교수책임 하에 임간 교육장에서 대기

2) 혹한기 사격

- 영하 10^0c이하 시에는 담당부서와 협조하여 수업시간 변경
- 교육장에 석유난로 및 방화수 등 소화기 비치
- 사격 전 추위와 긴장감 해소를 위하여 가벼운 체조 등 체력단련실시
- 혹한으로 인하여 총기 오작동 방지

3) 건조기 사격

- 사격장 주변 화재예방 철저
- 교육생 흡연금지(화장실주변통제)
- 통제관 부책 하에 조교, 교육생 포함 20명씩 3개조 방화조 편성
- 방화도구(삽, 갈퀴, 방화포 등)상시 비치

4) 폭우 시 사격장 관리

- 사격장 절개면 붕괴우려
- 해당부서와 협조하여 배수상태 확인 점검(매년. 수시. 정기)

7 총기휴대 시 마음자세

총기의 사용은 국민의 기본적 인권인 생명신체의 안전에 극히 중대한 영향을 미치기 때문에 신중히 배려하지 않으면 안 된다. 또한 총기사용 사안은 돌발적인데 다가 천차만별이며 그 대응도 법의 범주 안에서 상대적인 것이 요구된다. 따라서 총기의 사용에 있어서는 그 요건을 형식적으로 이해하는 것만으로는 부족하고 평소부터 항상 마음가짐을 가질 필요가 있다.

1) 총기사용의 권한과 책임

타인의 생명·신체가 중대한 위해를 받을 경우에 자기 또는 타인의 생명·신체의 방호 또는 직무집행의 확보를 위하여, 실력행사의 최후 수단으로서 총기의 사용이 인정되고 있다.

항상 냉정한 판단력은 책무의 자각과 함께, 무기의 사용에 관한 법적 근거, 사용판단 등의 이론적인 면과 권총취급 및 사격술에 관한 실기적인 면을 완전히 체득하여야 한다.

2) 철저한 사명의식

법과 질서를 유지하고 공공의 안전과 자유를 보호를 것을 직무로 하는 존재라고 했을 때 직무로서 무기의 사용권한을 부여받은 것은 국민의 신뢰를 전제로 하기 때문인 것이다.

직무상 총기를 사용하는 경우라도 총구의 안전방향 유지에 주의해야 하는 것은 물론이고, 그 외의 조작에 대하여도 제3자에게 위해를 미치지 않도록 취급상의 제반주의를 지킬 의무가 있는 것이다.

총기를 직무상 사용할 필요성이 있고 그 사용권한이 인정되는 이상 그 책임감의 무게를 인식, 직업의식에 철저하게 총기를 취급하여야 한다.

제2편

사격술 기본이론

제1장 사격술 기본이론(拳銃 編)

제1절 자세(a stance)

1 개념

사수가 사선에서 표적을 향하여 총을 잡고 거총을 할 수 있으려면 신체적 특성에 알맞는 가장 적절한 자세를 신속·정확하게 취하여야 하며, 또한 신체적 균형을 잡아 안정된 자세를 취하기 위해서는 한손으로 완사를 할 경우, 표적과 사수가 일직선상이어야 되는 자연 지향적 자세를 갖추어야 한다.
그러기 위해서는 무엇보다도 사격에 앞서 사격술 훈련에 잘 적응할 수 있는 예비훈련 또한 필수적 요건이라 할 수 있다.

2 한손사격자세(One-handed shooting posture)

1) 표적 지향자세(완사 : Slow shooting stance)

(사진 1-1) 팔을 들어 거총동작 **(사진 1-2)** 표적방향에서 90° 거총준비 동작

사수는 전방 고정표적을 향해서 완벽한 정밀 지향자세를 갖춘 뒤, 팔을 들어 거총이 완료되었을 때 흐트러짐이 없도록 하여야 한다. 성공적으로 사격을 하기 위해서는 몸의 체중을 약간 앞으로 두고 총을 들어 올려서 조준선이 쉽게 조준지역 안에 들어올 수 있도록 자세가 숙달되어야 한다.

2) 이상적인 자세요령

사격에 있어서 가장 이상적인 자세를 취하기 위해서는 신체의 각 부분별 기능에 대해서 숙지하고 있어야한다. 골격은 몸의 근육 부분을 지탱하고 근육은 뼈대를 움직이므로 자세를 유지하는데 신경을 자극하여 결정된 동작을 수행하게 해주며 신경의 의식적 원인이나 반사동작에 의해서 전달된다.

3) 안정된 사격자세

권총사격의 경우 한손·양손사격을 하고 있다. 한손 완사사격의 경우 앞에서 설명된 사격의 기본이론과 같이 안정된 사격의 자세는 표적과 사수가 일직선상이 되는 자연지향적어야 하며, 자신의 체중은 지지면에 가라앉히고, 발의 위치는 자신의 어깨넓이 만큼 벌려서 편안한 자세를 취하되 신체의 중심이동이 없어야 한다.

(사진 1-3) 사수의 지지면 발 위치는 측면.
상체를 곧게 세운 지향자세(완사의 경우).

상체는 곧게 세우며 긴장은 풀고 자연스럽게 표적을 향해 거총을 한다. 따라서 매 발 실탄이 발사될 때마다 적용된다. 이 자세는 가장 완벽하고 이상적인 자세라고 정의할 수 있는 절대적인 규칙이 있는 것은 아니다. 그러므로 자신의 특수한 체격과 신체적 측성에 가장 적합한 자세를 찾도록 한다.

(1) 발과 상체

(사진 1-4) 자신의 어깨넓이 만큼 벌린 자세 · 표적과 사수가 일직선상이 되는 자연 지향적 자세

발은 편안한 자세로 취하고 어깨넓이 만큼의 간격을 유지하며 상체의 채중은 발바닥 전면에 균등하게 분배되도록 한다. 상체의 윗부분은 수직으로 세우고 몸통은 약간 뒤로 기울여서 거총을 한 상태의 팔의 무게를 지탱해 준다. 왜냐하면 모든 동작은 어깨로부터 오는 것이 아니다. 이때 거총자세의 팔꿈치를 곧게 편다.

(2) 머리(고개) · 팔의 위치

(사진 1-5) 머리는 시신과 수평이 되게 한 자세 **(사진 1-6)** 거총자세의 팔꿈치를 곧게 편 자세

머리는 시선과 수평이 되게 한다. 앞으로나 뒤로 기울어지게 되면 눈이 긴장하게 된다. 얼굴은 목 근육이 지나치게 긴장하지 않도록 하여 표적을 향해 최대한도로 돌린다. 그렇지 않으면 팔이 어깨근육을 약하게 받쳐주고 머리는 뇌의 혈액순환이 원활하지 못하게 되어 목 근육이 피로한 현상이 나타난다. 따라서 대부분의 훈련지침서들은 한손 완사의 경우 사수가 표적을 향해 일직선상의 약 70^0로 지향하는 자세를 취하도록 권하고 있다.

이 자세는 사수들에 의해 절차적으로 사수 개개인에게 맞는 자세를 취하는 것이 옳은 정설로 받아들여지고 있다. 그러나 지나치게 가슴이 표적을 향하는 자세나, 표적과 측면을 향하는 자세가 그때그때 마다 달라지는 자세는 피해야 한다.

(사진 1-7) 가슴이 표적을 향하는 자세

4) 총구 지향자세

옳은 자세를 취하기 위한 초보단계는 권총을 표적에 겨냥하는 것이다. 우선 표적을 향해 겨냥한 권총의 총구를 내리고 눈을 감는다. 그리고 목표물을 향해 거총을 하고 눈을 뜬다.

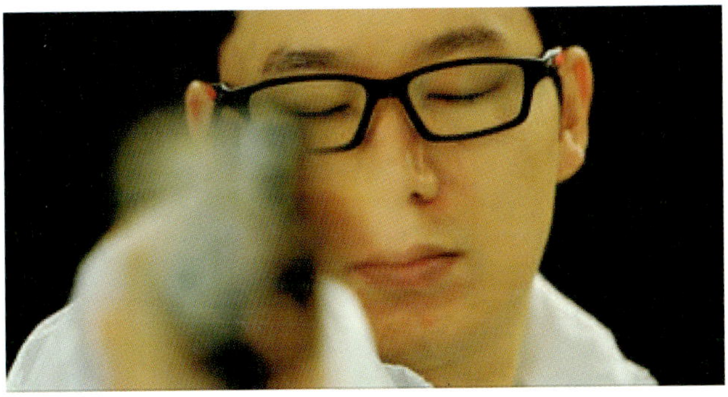

(사진 1-8) 우선 표적을 향해 겨냥한 권총의 총구를 내리고 눈을 감는다.

(사진 1-9) - 표적을 지향. 눈을 감고 거총준비
- 표적지향 거총하고 눈을 뜬다.

(사진 1-10-a) 거총하고 눈을 뜬 다음 총구가 표적의 중심(10점圈)에서 벗어나면 벗어난 만큼 발을 움직여 조준을 한다.

총구가 표적의 중심(10점圈)에서 벗어나면 벗어난 만큼 발을 움직여 조준을 한다. 오른손 사수는 왼발을 움직여서 편안한 자세를 다시 취하기 위해 오른발을 끌어 준다. 눈을 감았을 때도 총선이 자연스럽게 표적의 중앙에 오기까지 과정을 반복 한다.

5) 사격하지 않는 손 처리

조준 및 격발을 하는 동안에는 사격하지 않는 손은 대부분 사수는 바지호주머니에 넣고 있거나 벨트, 자킷에 걸쳐놓는다. 이렇게 함으로써 사격하지 않는 팔의 어깨가 처지는 것을 방지할 수 있다. 이때 호주머니에 넣는 손은 긴장을 푼 채로 힘을 빼야하고, 벨트에 걸치는 손은 엄지를 살짝 걸치는 정도라야 한다.

(사진 1-11) 엄지를 벨트에 살짝 걸친 자세(완사 시)

(사진 1-12) 사수가 사격하지 않는 손을 바지호주머니에 넣고 있는 자세

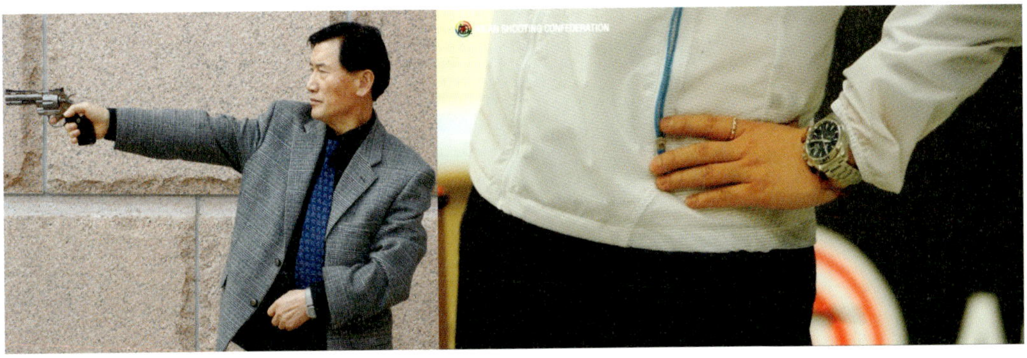

(사진 1-13, 14) 사수의 올바르지 않는 손의 위치(왼손)

7) 이상적 지지면

권총 사수가 사격을 하기 위하여 자세를 취하는 과정에서 발을 딛고 있는 지면을 지지면 이라고 한다. 가장 이상적인 지지면의 발 위치는 삼각형으로 몸의 중심이 지지면의 삼각형 중앙에 오도록 하는 것이 안정된다.

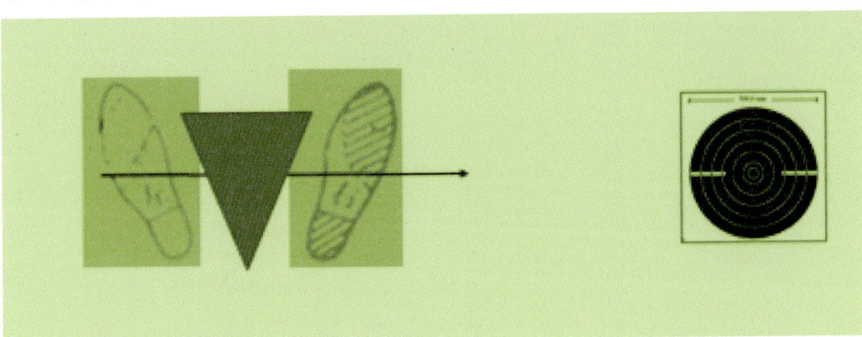

(그림 1-1) 몸의 중심이 지지면의 삼각형 중앙에 오도록 한다.

이때 지지면의 발의 간격이 좁으면 안정감을 잃게 되고 권총의 무게가 지지면 중심선 밖으로 나오게 되어 신체적 긴장과 몸의 중심 이동이 생기게 되어 불안정한 자세가 된다. 또한 지지면의 발의 위치가 너무 넓으면 다리의 근육긴장을 유발시킬 수 있다.

8) 몸의 균형(속사권총 경기사격의 경우)

가장 편한 자세는 자연스럽게 곧바로 선 자세이며 균형을 유지하기 위하여서는 근육에 최소한의 힘만이 들어가도록 해야 한다. 총을 들어서 조준 했을 때 몸의 중심 밖으로 벗어난 팔과총의 무게만큼 상체를 조금 뒤로 젖히는 것이 몸의 균형유지에 도움이 된다. 이때 몸의 중심이 양발 중앙에 있어야 한다.

(그림 1-2) 속사권총사격 : 몸의 균형유지
(Silhouette. Angle of Shooting)

(사진 2-1-15) 경기사격, 몸의 균형유지
(가슴이 표적방향으로 개방된 지지균형 유지면의 발 위치)

1982년 카라카스에서 개최된 세계챔피언 선수권대회에서 러시아의 쿠즈민은 완벽하게 300점을 기록했다.

3 전술용 한손사격(Tactical One-shot shooting)

총에 신체부분이 접촉하는 면이 많을수록 총에 가해지는 외력과 비틀림 요인이 많아진다. 두손으로 들 수 밖에 없는 소총의 경우와는 달리, 한손으로 들고 쏠 수 있는 권총을 단 한발만 정확하게 쏴야 한다면 한손 사격법은 그런 용도에 적합하다.

군용 한손 사격법은 1950년대 이전에 많이 사용되었다. 양손사격술이 정립된 현대의 대구경 권총 전술 사격에서는 한손 사격은 되도록 지양하는 경향이 있으나, 한손 사격법이 전혀 필요가 없어진 것은 아니다.

주로 쓰는 손을 다쳤을 때나 코너 같은데에서 몸의 노출을 최소화하기 위해 다른 손으로 사격(위크핸드 슈팅)을 할 때를 대비해 고급 권총사격술 훈련과정에서 한손 사격법이 훈련 교습되고 있다.

-a-

-b-

(사진 1-16, 17 a, b)

1) 개량형 한손사격(weak hand shooting)

위 사진에서 취하고 있는 자세가 바로 현대 권총 사격술에서 훈련되고 있는 개량형 한손 사격자세다.[1)]

왼팔은 가슴 가운데 붙이고 주먹을 꽉 쥔 상태. 오른손에 쥔 권총을 한손사격자세로 쭉 뻗어서 약간 몸을 숙이듯이 기울인 자세로 사격을 하는 요령이 있다. 인간의 신경구조 상 왼손을 꽉 쥐고 팔을 끌어당기면, 오른손에도 저절로 힘이 들어간다는 이치이다. 때문에 권총을 쥔 손은 더욱 견고한 파지를 할 수 있다.

2) 지향사격(Point shooting)

권총사격은 대개 근거리에서 이루어진다고 할 수 있어, 반사적이고 즉각적인 대응사격이 필요한 상황에서 지향사격의 개념이 대두되기 시작하였다.

조준선 정렬을 통한 조준사격보다는, 사수의 감각에 의존해서 지향사격을 하는 요령이다.

1) 현대 실전 권총 사격술 - 기본 자세 글쓴이 백 블로우

(사진 1-18) 개량형(attachment) 지향사격자세

권총 지향사격은 대개 한손 사격이기 때문에, 한손은 자연스럽게 풀어주거나 밸런스를 잡는데 유리한 위치로 움직여주는 편이고, 높은 자세로 서서 하는 것도 있지만, 대부분 자세를 낮추고 움직이는데 편하도록 무릎을 굽혀주는 자세이다.

3) 크라우치(crouch) 지향자세

-a- 낮은 지향자세

-b- 높은 지향자세

(사진 1-19, 20 a.b) 1930 년대 FBI에서 취했던 크라우치 자세이다.
-a- 위쪽이 FBI 크라우치 지향자세
-b- 아래쪽은 일반적인 일어선 지향사격 자세

FBI 크라우치의 특징으로는 다른 지향사격 자세보다 낮은 자세와 양 발의 앞꿈치에 무게를 싣고, 무릎을 굽혀서 자세를 낮추는 자세라는 점과 허리와 어깨 사이에서 팔꿈치를 고정해서 사격을 한다는 점이다.

FBI 요원들은 사복 정장을 입고 다니기 때문에 오른쪽 허리에 찬 홀스터(권총집)에 손을 뻗으려면 우선 상의 옷자락을 걷어내야 한다. 때문에 총을 뽑을 때 새끼손가락을 뻗어 허리띠에 대듯이 하고 배꼽에서 옆구리로 새끼손가락으로 옷자락을 걷어내면서, 동시에 홀스터에서 신속하고 정확하게 권총을 뽑아야 한다.

4 양손사격자세(Two-handed shot position)

1) 이등변자세(Isosceles Stance)

(1) 이등변 삼각형 자세(Natural Stance)

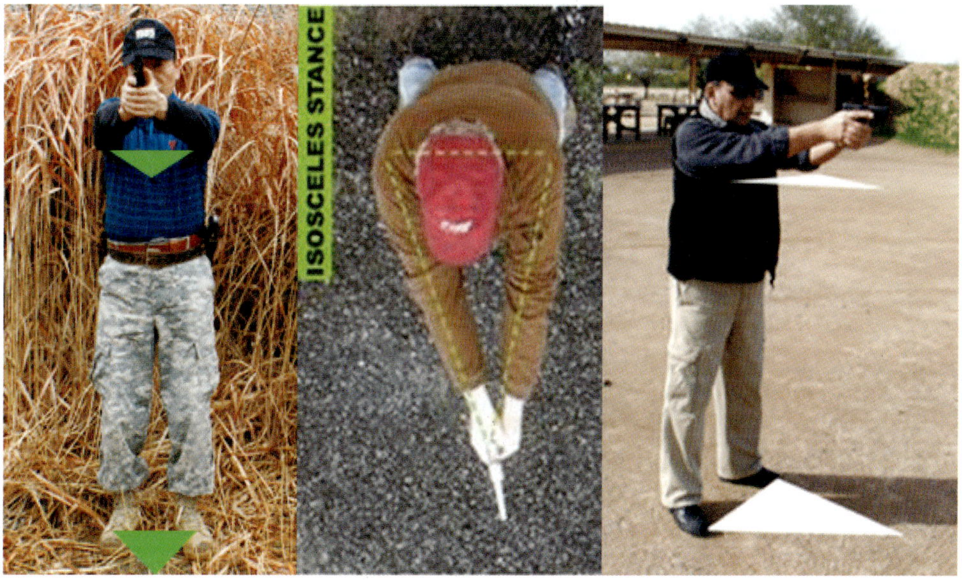

-a- -b- -c-

(사진 1-21) 이 자세는 양 팔꿈치 모두를 구부리지 않고 곧게 펴고, 발은 어깨 넓이만 큼 벌려서 양쪽 발끝과 총이 삼각형을 이루게 한다.

이등변 삼각형 자세는 양 팔꿈치 모두를 구부리지 않고 곧게 펴고, 발은 어깨 넓이 만큼 벌려서 양쪽 발 끝과 총이 삼각형을 이루게 한다. 전통적인 삼각형 자세는 등을 곧게 펴고 다리는 어깨넓이 만큼 벌려서 똑바로 선다. 사격장에서 자주 볼 수 있는 표준적인 자세로, 골격으로 총을 지지하고 반동을 받아내기 때문에 어느정도 반동제어가 가능한 사람에게는 안정감과 단단함이 우수한 자세이다. 그리고 허리만 회전시켜서 여러 표적과 교전할 때도 이상적이다.

삼각형 자세는 권총을 두손으로 잡고 급하게 들어서 상대를 향해 쭉 밀어주기만 하면 삼각형 자세가 완성되기 때문에 반사적인 급작 사격에도 적합하다. 그래서 이등변 자세의 가치가 재조명되고 개량 자세가 등장한다.

다만 이 자세는 정확한 팔의 삼각자세가 어느정도 숙달되기 이전엔 반동제어에 영향이 크다.[2)]

(2) 위버 스탠스(Weaver Stance)

이 자세는 1959년에 "Jack Weaver(잭 위버)"라는 미국의 사우스 캘리포니아의 보안관보가 사격대회서 양손 사격자세를 선보이면서부터 주목받게 되었다고 볼 수 있다.

(사진 1-22) 잭 위버(Jack Weaver)의 사격자세[3)]

---

2) 권총/사격술 - 나무위키

2) 파일:attachment/weaver_stance.gif

3) 출처:Jack Weaver From Wikipedia, the free encyclopedia

Jack Weaver는 1928 년 11 월 1 일 캘리포니아 주 사우스 게이트에서 태어났다.

잭 위버 (Jack Weaver)는 레이 채프먼 (Ray Chapman)과 몇몇 다른 세계적인 저격수와 함께 L.A. 카운티 보안관의 권총 팀원이었으며, 1955 년 팀과 개인은 양손 사격자세를 사용하여 톨레도, 오하이오 전투 사격에서 전국 선수권을 획득했다. 이 팀은 오랜 기간 동안 Camp Pryry에서 개최 된 National Pistol Matches 준비를 위해 연습 경기에서 다음 10 년 동안 트로피를 차지했었다.

잭 위버 (Jack Weaver)는 1979 년 카운티 보안관 (L.A. County Sheriff 's department)에서 은퇴했으며, 네바다 주 카슨 시티 (Carson City) 근처에서 사망할 때까지 거주했다.

위버 자세는 Jeff Cooper의 "Leatherslap"경기에서 경쟁하기 위해 1959 년 Jack Weaver가 개발했다. 양손 잡기, 아이리스 플립을 줄이기 위한 자세는 1982 년 연방 수사 국 (FBI)의 공식 사격 스타일로 채택되었다.

사격 자세는 왼쪽 발을 앞으로, 또는 오른발을 뒤로 자연스럽게 내딛거나 뺀다. 이때 표적방향과 1/4 가량 비껴서서 잘 사용하는 손(오른손잡이면 오른손)으로 총을 잡고 반대쪽 손으로 총을 쥔 손을 감싸쥔다. 양 팔꿈치는 긴장을 풀고 방향이 아래를 향하게 하고 몸에 가깝게 끌어당긴다.
팔을 짧게 뻗어 총을 가까이 당길 수도 있고, 좀 더 팔을 뻗어 멀리 총을 둘 수 있다. 이 자세에서는 체중을 양발의 중심에 두고 총을 든 손을 앞으로 밀고 반대쪽 손은 뒤로 끌어당겨서 당기는 힘의 균형을 이용해 사격 시 반동을 줄이게 된다.
총을 눈의 높이까지 들어 올렸을 때 사수의 눈과 총의 조준구, 표적의 조준점이 일치 되도록 한다.
사수는 몸을 바로 세워 거총한 자세에서 권총의 무게만큼의 기울기를 신체의 중심으로부터 상체를 기울여 총과 몸무게의 중심에 균형이 이루어지도록 한다.[4)]
위버스탠스의 단점은, 자연적인 자세가 아니기 때문에 자세를 취하는데 일정시간을 요하게 된다.

(3) 강성 이등변자세(strong Isosceles)

(사진 1-23) Todd Jarrett (1998 IPSC 전미국 권총 챔피언십 우승자)

4) 출처 : Jack Weaver From Wikipedia, the free encyclopedia

이 자세는 사격시 반동의 충격을 흡수하기 위해 무릎을 약간 구부리므로 무릎은 충격 흡수 장치와 거의 비슷하다는 것을 확인할 수 있다. 이때 몸무게를 발바닥으로 옮기고 총격시 발뒤꿈치에 체중의 30% 이상을 실으면 몸의 균형을 잃기 쉬운 자세이다.

(사진 1-24) -a- 위버자세 (변형이등변자세)

이 자세는 몸의 노출면적을 최소화할 수 있고 동시에 유연한 자세로 이동간 사격에 유리하다. 적이 엄폐한 코너에서 유연하게 이동할 수 있으며, 팔꿈치의 적당한 이완으로 반동제어에 우수해서 속사 시 유용한 자세이다.

(사진 2-1-25) -b- 이 자세는 몸을 앞으로 숙여주고 몸의 균형을 이루면서 정조준 권역에 총을 바로 세울 수 있는 시간을 최소화 할 수 있으며 총격반동을 효과적으로 제어해 줄 수 있는 자세로 훈련 되고 있다.

(4) 전술사격(tactical Handgun shooting) 웨버 변형자세

(사진 1-26-a) Todd Jarrett[5)]

(사진 1-27b) 줄리 골프 스키 골브 (Julie Goloski Golob)자세[6)]

---

5) 출처 : Todd Jarrett 는 1998 IPSC 전미 권총 챔피언십 우승자
_a_Todd Jarrett 는 1998 IPSC 전미 권총 챔피언십 우승자 4시간 강철 도전 한정판 세계 챔피언 (1998,2003, 2005 및 2007) 100 개 이상의 Area and Sectional Championship에서도 승리.
50개 이상의 미국 지역 선수권 대회뿐만 아니라 다른 많은 액션 슈팅 이벤트를 수상했다.
수상자 중 유일하게 USPSA National 타이틀 4개를 보유하고 있다.
6) 출처 : Julie's Website 줄리의 웹 사이드

위사진의 자세는 반동제어를 위한 것이므로, 반동이 작용하는 방향인 총구와 손-팔-어깨-눈(조준선)을 최대한 일치시키는 것이 요령이다. 그러므로 머리를 높이 들지 말고, 귓볼이 어깨에 닿는다는 느낌으로 고개를 낮게 드는 것이 이 자세의 공통된 주요특징으로 볼 수 있다.

-c- -d-

(사진 1-28 c, d) 장애물이용 사격동작

-e- -f-

(사진 1-30 e, f) 무릎쏴 동작 (Stepping Out)

-b-First Ever USPSA Triple Crown National Champion 최초의 USPSA 트리플 크라운 챔피언 (male or female) (남성 또는 여성)

무릎을 꿇는 방법에 대한 기술에는 여러 가지 유형이 있다.
한쪽 다리로 한 발을 들여 놓은 다음 무릎 꿇는 자세로 내려가려면 홀스터 옆 무릎으로 지면에 구부려야 한다. 그렇지 않으면 권총을 꺼내는데 어려울 수 있다.

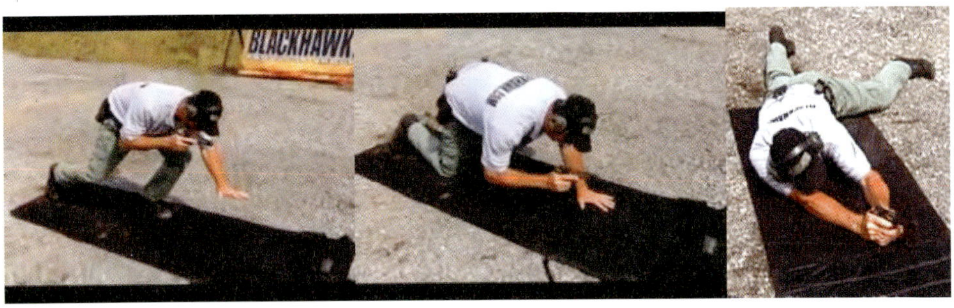

-a- -b- -c-

(사진 1-31, 32, 33-a, b, c) 엎드려쏴동작 7)

a, b, c자세를 취하면서 목표물을 지향해서 엎드리는 교전 자세는 향상 총구를 목표를 향하게 하여야 한다. 목표지향을 다른 방향을 지향을 하게 된 상태에서 격발이 된다면 목표물 이외 사고 위험이 초래되고 따라서 사격자의 머리앞에서 총구가 지면을 향하였을 때 유탄 등으로 인한 사고 우려가 매우 큰 자세이다.

제2절 파지(Pistol grip)

1 개념

탄환을 목표물에 정확하게 보내려면 기본동작에서 어느 하나 중요하지 않을 수 없다. 그 가운데 파지는 가장 안정되고 견고하게 이루어져야 한다.

7) 출처 : http://www.shootingusa.com/PRO_TIPSJARRETT2

오늘에 이르기까지 세계 각국에서 다목적으로 생산 제작되는 총기 모형의 종류는 다양하다. 특히 리볼버(회전식)식 권총과 국산 대우정밀에서 1989년에 개발 보급한 K5 반자동식 권총 등은 손잡이의 크기 · 모양이 각양이다.
서양·유럽에서 제작된 총기 중에서 특히 체격이 작은 여성들에게 인기가 있는 것도 있다. 그래서 미국도 전통적인 Colt 45구경을 작고 강하게 개발한 베레타92FS(이탈리아) 또는 Glock19(오스트리아)를 제식으로 대체하였으며, 우리나라 여자경찰관의 경우도 38구경 권총3인치(Smith and Wesson)로 대체 한바 있다.

2 파지(把持)요령

1) 한손파지

손잡이는 총을 가능한 한 편하게 파지할 수 있어야 한다. 표적을 조준할 때 정확한 자세를 취했다면 총열과 조준선이 일치 되어져야한다. 만약 그렇게 되지 않았다면 파지가 잘못되었다고 볼 수 있으며 파지 상태를 점검 수정할 필요가 있다.
올바른 파지를 위해서는 사격하지 않는 손으로 총열의 앞부분을 가볍게 올려 감싸 잡고, 파지하는 손은 엄지와 인지사이는 V자 모양으로 펴 총열을 미는듯이 손잡이 뒤 등을 손바닥으로 손금에 밀착시키도록 하고, 손가락 3, 4, 5지로 손잡이를 감싸 잡는다. 이때 3지(中指)가 방아쇠울과 몸체를 받치고 있어야 하며, 격발인지(2指)는 총열의 선에 90°가 되도록 하여 방아쇠를 작동할 수 있도록 하여야 한다.

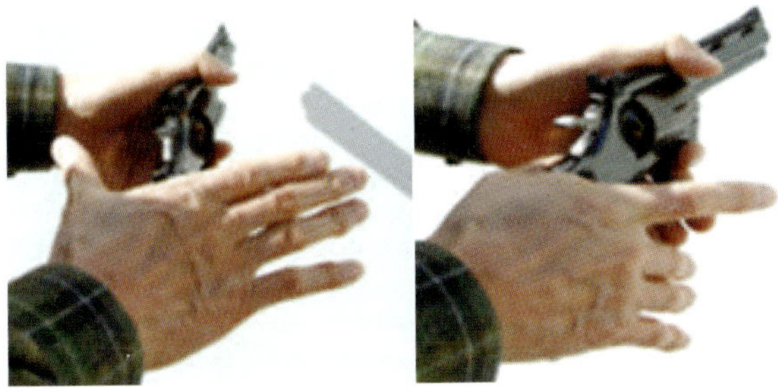

-a- -b-

a. **(사진 1-30)** V자 모양으로 총열을 미는 듯이 손바닥을 밀착한다.
b. **(사진 1-31)** -총기 반동시 파지 풀림과 동시 총구 각도는 상향이 된다.
-방아쇠의 상부 측에 인지압력이 가해진다.
-바르지 못한 교차파지가 된다.

c. 자동식 권총 파지 경우
(사진 1-32) 3, 4, 5지로 총을 살며시 감싸 잡는다.

d. 리볼버(탄창회전식)권총 파지 경우
(사진 1-33) 감싸 잡은 안쪽 손 형태

e. (사진 1-34) 3지가 방아쇠울과 몸체를 받친다.

f. (사진 1-35) 격발인지가 직후방으로 작용할 수 있도록 해야 한다.

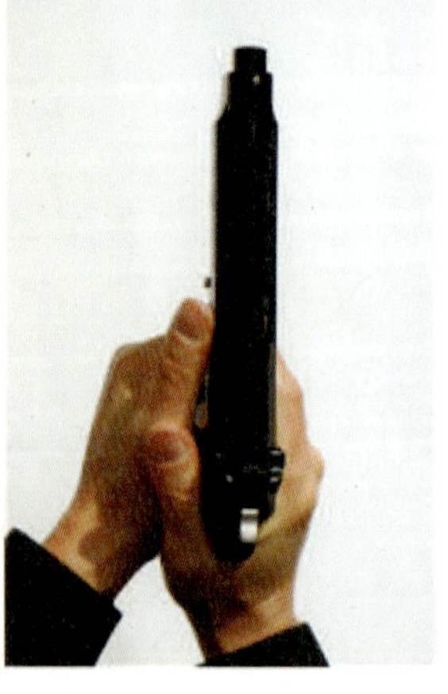

g. (사진 1-36) 격발인지가 총열의 선에 90°도가 되도록 파지한다.

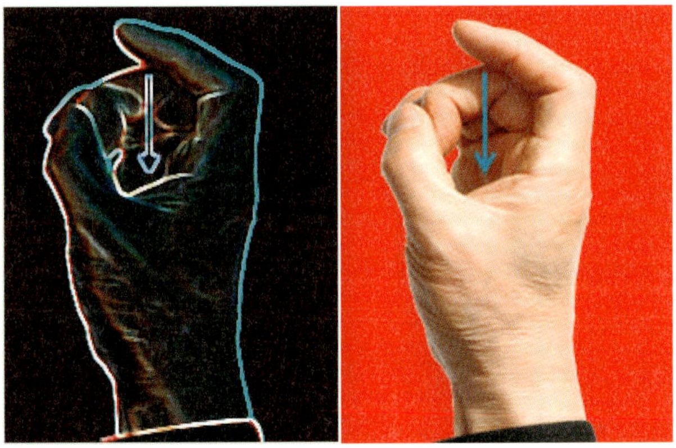

h. (사진 2-1-37) 총열선의 90°각도 직·후방으로 작동되는 인지(引指)의 올바른 압력과 파지동작

g. **반자동식 권총 한손파지**

-38-

-39-

(사진 1-38, 39) 반자동식 권총의 한손 사격술의 기본 파지법에 해당한다.

엄지 검지를 뺀 나머지 손가락으로 그립을 감싸쥐고, 엄지를 중지 쪽에 가볍게 가져다댄다.

손을 꽉 쥐었다가 힘을 풀은 정도, 반동을 이겨낼 정도로 확실히 잡으면서도 계란을 쥐듯 힘을 너무 가하지 말고, 특히 엄지가 총의 측면을 눌러서 측방으로 압력이 가해지지 않도록 주의. 검지 끝마디로 방아쇠를 당긴다. 싱글액션을 쏠 때는 끝마디 중간부분으로 당겨도 충분하며 방아쇠 당길 때도 측면으로 힘이 가해져서 좌우로 흐트러지지 않도록, 직각-정후방으로만 힘을 가한다.

h. in line, offset grip (직각-정후방 압력 파지)

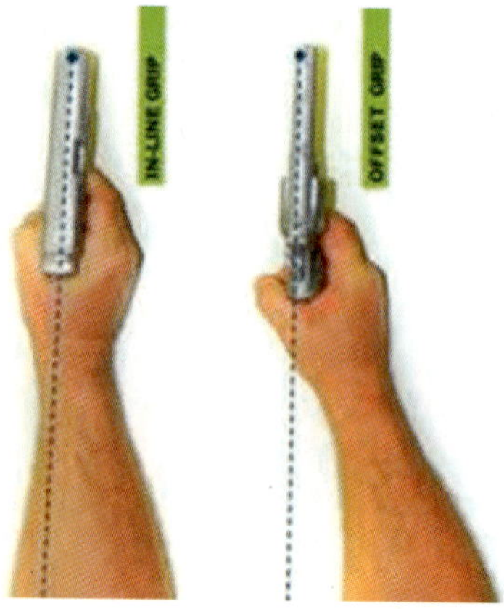

(사진 1-40) 직각-정후방 압력파지법

그러나, 방아쇠압이 강한 더블액션 권총을 여러발 사격하는 경우 계속 당기다보면 손가락 힘이 떨어져서 힘들어지기 때문에, 좀 더 안쪽 마디로 방아쇠를 당기기도 한다. 그러면 총에 압력이 강해져서 명중률은 떨어지지만 더블액션(복동식격발동작) 속사 기술의 하나로 볼 수 있다.[8)]

2) 양손파지

(1) 리볼버(회전식)권총의 교차파지

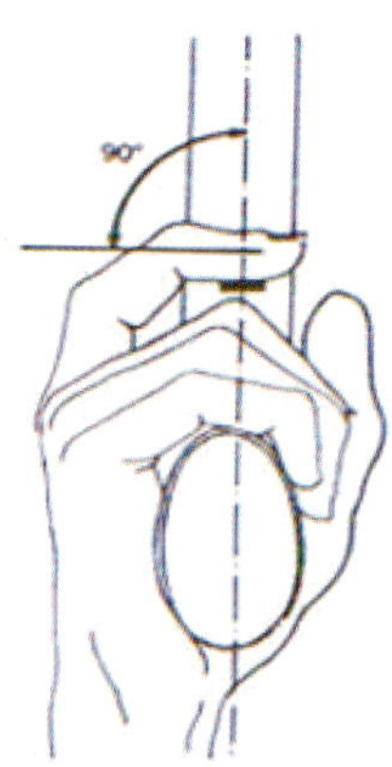

(사진 1-41) 정확한 양손 교차파지 (그림 1-3) 정확한 한손파지

8) 출처: attachment/한손그립법.jpg

a. 교차파지는 38구경 리볼버 탄창회전식 권총에서 필요로 하는 파지방법이다. 반자동식 권총의 경우 가스활대가 후퇴할 때 발생할 수 있는 왼손 엄지의 부상을 방지하기 위해서는 교차파지 방법은 부적합하다.

(사진 1-42) 리볼버식 권총 교차파지법

b. 왼손은 인지부터 네 손가락을 파지된 오른 손가락 사이사이에 감싸 잡는다. 이때 왼손 엄지는 오른손 엄지와 교차되게 위 사진과 같이 붙이면 완성된 교차파지가 된다.

(사진 1-43) 위에서 본 직 후방 격발 교차파지

(2) 리볼버식 강화파지법

강화파지는 총을 파지한 교차파지법과 동일하나 교차 파지한 엄지의 위치를 총을 잡은손 위에 올려 파지한다.

이 파지의 경우는 가스활대가 반복해서 왕복하는 반자동.자동권총을 파지할 때도 필요되는 파지방법이다.

-a- 교차파지(리볼버식) -b- 강화파지

(사진 1-44, 45) a리볼버, b리볼버

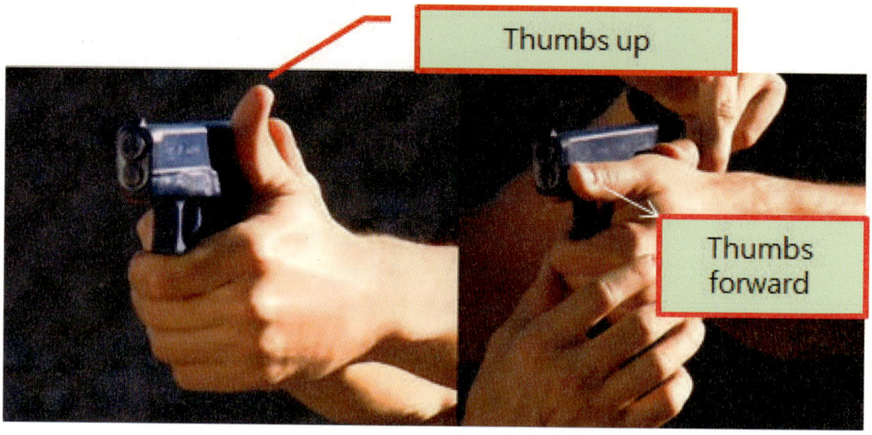

-a- - b-

(사진 1-47 a, b) 올바르지 않는 파지

a) Thumbs Up(엄지손가락이 위로 올라간 그립)

b) Thumbs Up(엄지손가락이 앞으로 치우친 Thumbs Forward
(슬라이드 전방으로 치우쳐 엄지손가락이 앞을 향하는 그립)

엄지손가락이 하늘을 보는 Thumbs Up 그립은, 사격시 총이 위로 들리게 되는데 이를 효과적으로 제어하기 부적합하다.

-c-

-d-

b, c. (사진 1-48) 올바르지 않는 파지 헐리우드 그립 '티컵(Teacup) 그립'

티컵(Teacup)그립의 경우, 거의 한손으로 총기 반동을 제어해야 하기 때문에 발사
반동 발생 마다 그립이 조금씩 풀어져 다시 고쳐 잡는 방법이다.
반동폭이 크다.[9]

가. 엄지의 위치

① 완사 시(single action) 리볼버(실린더 회전식)형 권총은 총열의 수평에서 약45° 가량 엄지마디 상부의 안쪽을 구부려 파지하고, 자동식(탄창장전식)형은 총열의 수평에서 30° 가량 엄지를 놓는다.

② 속사 시(double action) 리볼버형은 완사의 경우와 같이 위치를 하며, 반동 시 풀림 방지를 위해서 약간의 힘을 가한다.
특히, 한손파지 속사 시(복동식)에는 완사시의 가한 압력보다 총이 몸통안쪽으로 구부러진 인지의 압력이 좀 더 강해져야 한다. 그렇게 되어야 연속 자동발사 시 파지의 유격을 최소화 할 수 있다.
그러나 탄창장전식 자동권총은 양손파지 시 엄지는 총열에 나란하게 90°에 놓는다. 왜냐하면 한손으로 파지한 총 손잡이의 둘레를 고르게 밀착하기 위해서는 양손파지 시 감싸 잡는 엄지손이 포개지게 되면 파지공간이 형성되므로, 파지된 총의 손잡이 둘레는 마치 붕대를 감은 것 과 같이 내면이 밀착이 되어야 한다.

9) 올바르지 않은 파지를 하는 경우 반동 시 파지가 풀려 발사된 탄착이 분산된다.

나. 압력의 균일성

① 파지는 구부린 엄지로 일정한 압력이 없으면 총기파지의 유격을 초래할 수 있고 인지도 격발 시 총기의 몸통에 붙이지 않고 간극을 두어 독립운동을 하여야 한다.

그러나 격발 시 인지의 압력이 연동적으로 총기의 전체압력에 영향을 미치지 않는다고 볼 수 없다. 이는 파지에 가해진 압력은 방아쇠에 가해진 압력과 직접관계가 있다.

이처럼 총기 손잡이를 잡은 파지상태는 바이스 기구에 물체를 고정 시켰을 때처럼 전체적으로 압력의 균형이 고르게 분포되어야 하고 너무 강한 압력을 가하면 총의 동요가 발생한다. 또한 너무 약한 압력을 가하면 격발 시 반동으로 파지가 풀리게 되는 것을 초래한다.

② 전체적인 파지압력의 안배는 3지 : 3, 4지 : 2, 5지 : 1의 비율의 배분을 필요로 한다. 그렇지 않으면 권총의 총구가 처져 하탄의 원인이 된다.

또한, 사격도중에 파지의 긴장을 늦추고 순간 느슨하게 하여 손의 혈액순환을 원활하게 하는 것도 중요하다. 압력이 지속적으로 가해지면 손의 근육이 경직되어 혈액순환을 방해하게 되어 근육의 피로를 가중시켜 정확성을 떨어뜨리는 결과를 초래하게 된다.

a. (사진 1-49) 파지압력의 안배(按配)

b. (사진 1-50) 왼손 파지의 압력 안배

(3) 반자동식 권총 양손파지

가. 주먹손 파지법 Fist Grip(Eye Social Lease Grip)

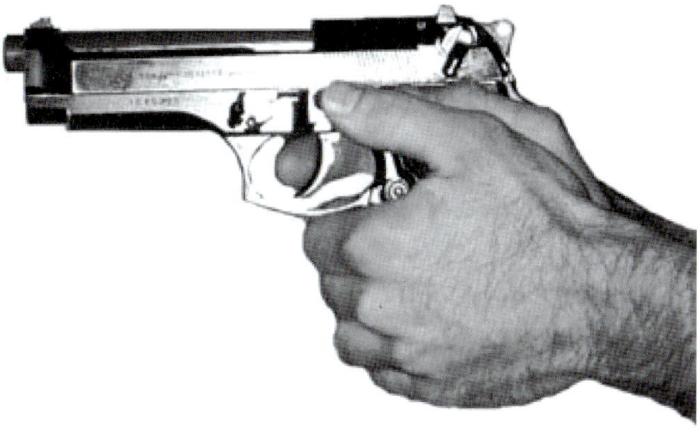

(사진 1-51) 손에 힘을 주는 비율은 왼손, 오른손 각각 6:4 혹은 7:3 정도로 주는 것이 이상적이다.

한손 파지법에다, 오른손 왼손바닥을 이 가려주지 못한 그립 측면을 덮듯이 가져다대고 왼손가락으로 오른손가락 위를 덮어준다.
그립을 확고하게 모든 방향에서 단단하게 감싸쥐고, 왼손 검지를 방아쇠울 아래쪽에 밀착시켜서 안정도를 높일 것. 왼손 엄지는 오른손 엄지 측면, 혹은 변형식으로 아래쪽에 댄다. 이때 손에 힘을 주는 비율은 왼손,오른손 각각 6:4 혹은 7:3 정도로 주는 것이 이상적이다.

이것의 변형으로 왼손을 좀 더 앞쪽을 덮듯이 해서, 왼손 엄지를 오른손 엄지보다 앞쪽으로, 트리거 위쪽에 가져다대는 것이 있는데 이를 현대식 아이소셜리스 그립 또는 썸 포워드(Thumb-forward) 파지법이라고 칭한다.

왼손 엄지로 총과 수평하게 전방을 조준한다는 느낌이 중요. 실탄 액션슈팅 선수들 이 이용하는 파지방법으로 알려져 있다.

나. 강화파지법(위버 그립)

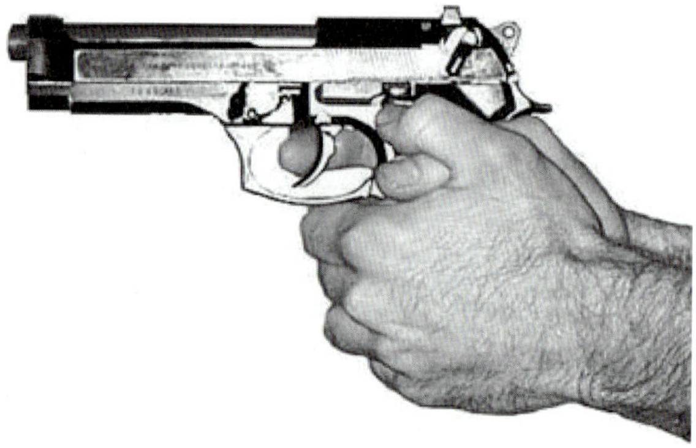

(사진 1-52) 피스트 그립의 변형법이다.

왼손 엄지를 오른손 엄지의 위에 대고 눌러서 안정감을 더하는 그립 법. 위버 스탠스와 한세트로 한때 현대 권총 사격술을 풍미한 그립법. 다만 손아귀 안에서 움직임이 느낌이 있어서 숙달되는데는 훈련이 필요하다. 엄지 손가락에 힘이 너무 들어가면 측면으로 압력이 가해져서 탄착형성에 악영향을 초래할 수 있어서 측면으로 압력을 기울어지지 않도록 훈련이 필요한 파지 방법이다.

다. 손바닥 받침 그립(Palm support grip)

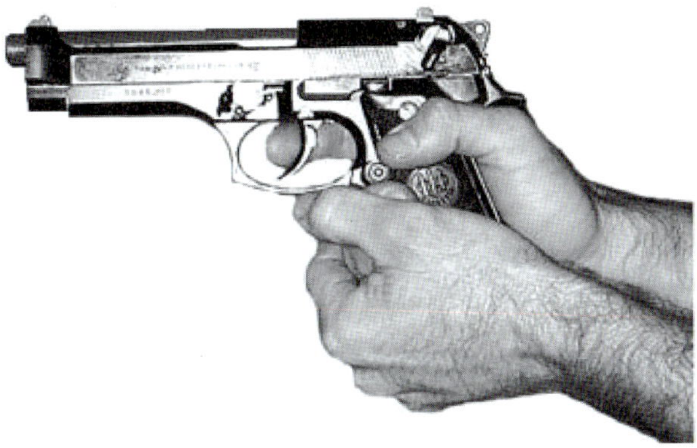

(사진 1-53) 고전적 양손 권총 사격법의 하나.

왼손으로 오른손을 덮는게 아니라, 마치 컵받침 위에 잔을 올려놓듯 총의 그립 아래, 탄창 입구를 왼손바닥 위에 권총을 올려놓듯이 잡는 법이다.
연발 사격시에는 반동제어에 안정적이지 못하지만, 단발사격 완사 시 또는 리볼버식 권총 사격 시에는 탄착형성에는 크게 지장을 주지 않을 수 있다.
왼손으로 권총 무게 자체를 받혀주기 때문에 손목에 가는 부담이 덜하며 초탄이 안정적으로 발사될수 있는 장점이 있다.
그러나 가스가 새어나오는 실린더 측면에 엄지손가락이 닿아 사고를 초래할 수 있는 파지방법이다.[10)]

10) [출처] 밀덕]]씹스압]] 권총 사격술에 대해 알아보자. JUNG BO. NO JAM
[링크] http://www.ilbe.com/814498692

라. 반동제어 파지법(fist grip과 high tang grip)

a. (사진 1-54) 손목의 중심이 총의 중심과 일치하는지, 총구가 팔꿈치 끝 까지 일직선 상에 놓여있는지를 확인하여야 한다.

b. (사진 1-55) 모든 방향에서 지지면이 견고한 파지

오른손 왼손바닥을 이 가려주지 못한 그립 측면을 덮듯이 가져다대고 왼손가락으로 오른손가락 위를 덮어준다. 그립을 확고하게 모든 방향에서 지지면이 견고한 그립으로 고정되었는지 확인하고 두 엄지 범위를 확인할 때 총을 잡은손 엄지손가락은 왼손 엄지 위에 있어야 한다.

c. (사진 1-56) fist grip과 high tang grip 이라고 하는데 이 파지방법은 현재까지 세계 실전사격 권총 선수권대회에서 오래동안 교과서적인 반동제어 파지방법으로 널리 호평받고 있다.

(4) 반동처리

가. 자동식 권총의 경우 발사 시 탄도학적 반동원리

① 방아쇠를 당기면 뒤에 있는 공이치기가 노리쇠를 치게 되고, 노리쇠는 실탄의 뇌관을 치면 실탄이 격발한다.

② 격발되면 화약의 폭발로 인해서 탄두가 비행하게 되며, 그 가스의 압력으로 인해 슬라이더가 후퇴가 된다.

③ 슬라이드가 완전히 후퇴하면 탄피는 배출구로 튕겨나가게 되고, 슬라이드가 다시 전진하면서 아래 탄창의 새로운 탄환이 들어와서 장전된다.

총의 발사원리는 격발을 하면 공이를 치고, 공이치기가 발화부분인 뇌관을 치면 화약이 점화되고, 탄환이 총구를 떠나기 시작한다. 이때 직 후방으로 똑같은 압력의 반작용이 발생한다. 팔목은 이러한 힘에 대비하여야 하고, 파지의 힘, 팔목, 팔굽이 접혀 지지 않고 곧바른 상태를 유지한 채 반동을 받게 되면 가늠쇠와 가늠자도 일치될 수 있다.

나. 반동 시 파지의 강도

격발 시 발생하는 반동을 처리하기 위해서는 어느 정도의 힘으로 파지해야 한다는 분석이 가능하다. 만약 너무 느슨하게 파지를 하면 반동 시 좌측방향 즉, 파지 한 손의 개방된 부분으로 힘이 절단되어 파지가 풀리게 된다는 것을 알 수 있다.

(사진 1-57 a) 오른손 발사순간 견고한 파지가 쉽게 풀리고 총구가 튀어오른다.

(사진 1-58 b) 왼손사격시 반동현상
(사진 a, b) 사격반동 현상(견고한 파지가 쉽게 풀리고 총구가 튀어오른다)

제3절 호흡(呼吸)11)

1 호흡조절

1) 완사의 경우

표적을 조준하고 격발을 하는 순간까지 사수는 일정한 숨을 멈출 수 있어야 한다. 평상시 와 같이 정상호흡을 하면서 총을 잡고 거총을 하게 된다면 총을 든 팔의 동요 폭이 증가할 것이다. 그래서 거총을 하기 전에는 정상적으로 몇 초간의 숨을 들어 마시도록 한다.

숨을 한꺼번에 과도하게 들이쉬게 되면 인체 심박수가 증가하게 되므로 조준할 시에는 갈비뼈와 허파가 약간의 공기를 방출할 수 있도록 신축성을 주어야 한다.

이때 횡경막을 움직이지 않도록 해야 하고 기도는 약간 열어놓는 것이 좋다.

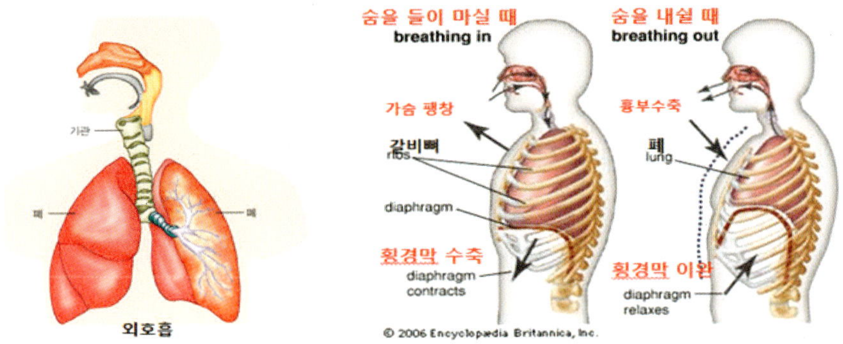

(그림 1-4) 호흡시 횡경막의 수축과 이완

만약 10초 이내에 격발이 이루어지지 않으면 팔을 내리고 몇 초 동안 숨을 들이 쉬고 그다음에 다시 시작해야 할 것이다. 그래서 평소 체력훈련을 통해 심폐활량과 혈액의 산소 용존량을 증대시킬 수 있어야 한다.

11) 제3절의 호흡은 모두 완사의 경우에 적용되는 설명이다.

2) 속사(경기사격의 급사)의 경우

급사 사격에 있어서 표적이 출현할 때 조준 구역까지 거총을 하면서 숨을 들이마신다. 표적이 사라졌을 때 다음 사격동작을 위해서 그 위치에서 숨을 내쉬고 호흡주기를 되풀이 한다. 이러한 습관적인 호흡의 주기는 권총의 사격 방식에 의해서 한정된 시간 내의 사격으로부터 비롯된 습관 된 호흡 기준이라고 볼 수 있다.

2 호흡과 생체리듬

1) 호흡작용은 혈액 속에 산소를 공급하여혈액순환, 개스대사, 물질대사 및 신경계통의 복잡한 과정으로 효과적으로 활동이 이루어지며 호흡은 뇌에 있는 호흡중추에 의해서 조절된다.

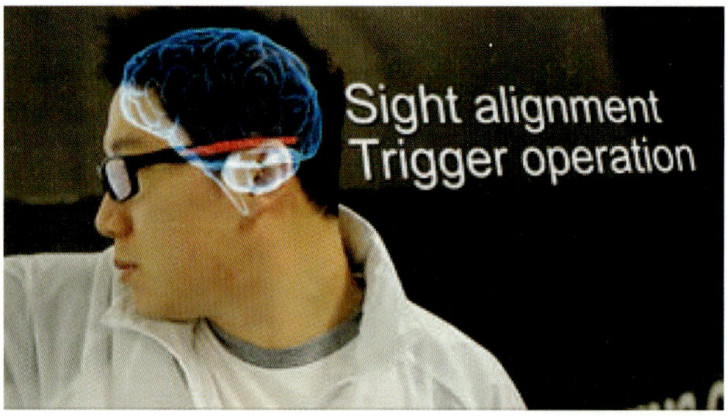

(사진 1-59) 호흡은 뇌에 있는 호흡중추에 의해서 조절된다.[12)]

2) 호흡을 하고 있는 동안은 몸이 움직이게 되는 것이 당연하다. 몸의 움직임 때문에 격발 시에는 안정된 탄착의 형성을 기대할 수 없을 것이다.
3) 그래서 불안전한 호흡은 인체의 혈액순환 및 물질대사 또는 생리과정에 밀접한 관계를 가지게 되어 사수의 컨디션에 영향을 주게 된다.
4) 호흡주기에서 평상시 인체의 정상호흡은 매 분당 평균 12-15회 이다. 1호흡

12) 출처 : 아시아사격연맹 사격 호흡법 권총레슨.유튜브

주기는 4-5초이고, 1회 보통 약500㎤의 공기를 흡입하게 되는데 최대 약 1500cm³의 공기를 흡입할 수가 있다.[13)]

5) 적절한 호흡조절 및 호흡중지

평상시 사람은 1분간에 12 - 15회 정도 호흡을 합니다. 1회 호흡시 4 - 5초가 걸리는데 흡입이 약 1초, 배기가 약 2초 그리고 약 1.5 - 2초 동안의 호흡 휴지기로 구성되어 있다.

호흡충동이 산소결핍보다 늦어 호흡충동을 느끼기 전에 산소가 결핍되어 기절하게 되는 경우의 몸속의 변화

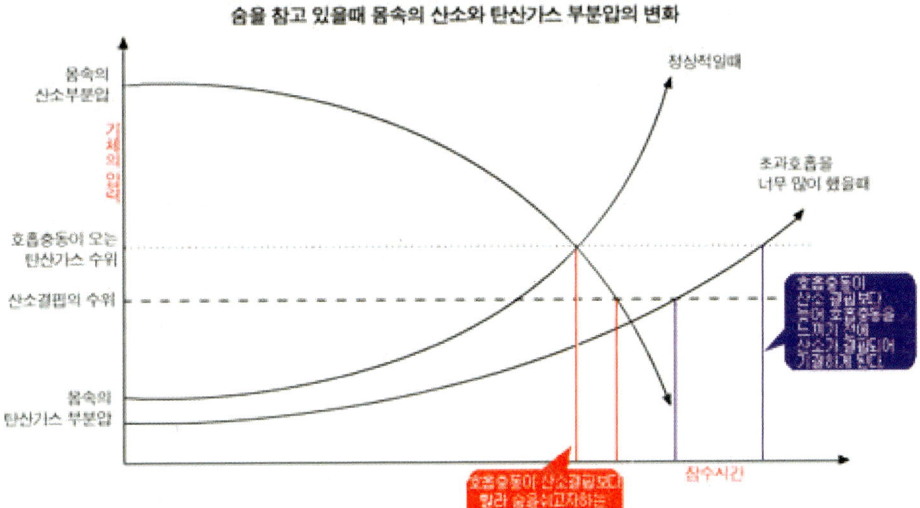

(그림 1-5) 호흡충동이 산소결핍보다 빨라 숨을 쉬고자하는 욕구가 강한 경우와 산소결핍으로 기절하는 경우 변화

6) 호흡시 착안사항

① 사격전 충분한 호흡조절을 실시한다.

② 심호흡을 2 - 3회 실시한 후에 정상적으로 호흡을 1회 실시하고 호흡을

13) (수)재난법인 한국사격진흥회 군용권총 사격술

정리한다.

③ 숨을 2/3쯤 내쉰 후에 호흡을 정지 합니다. 이때 주의할 점은 들숨 중에 중단해서는 아니된다.

④ 호흡을 배나 가슴에서 멈추지 않고 목구멍에서 멈추도록 하는 것이다.

⑤ 호흡을 정지한 후 4-6초 사이에 조준선정열, 격발이 동시에 이루어지도록 하여야 한다. (완사의 경우)

⑥ 격발한 후에도 약 1-2초 동안 호흡정지 상태를 유지해야만 총의 반동을 최소화할 수 있고 추적, 예언을 할 수 있다.

(사진 1-60) 호흡정지 후 조준선정열과 격발이 동시에 이루어져야 한다.

❸ 호흡정지요령

파지를 한 총을 내리고 편안한 상태에서 평소보다 조금 깊은 호흡을 2-3회 정도한다. 거총을 하면서 숨을 들이쉬고 표적상단에 총을 멈추면서 숨을 내쉰다. 이때 자연지향 자세를 확인해야 한다.

거총상태의 동요를 최소화 하기위하여 $\frac{2}{3}$가량의 숨을 내쉬고 $\frac{1}{3}$가량의 숨을 남기면서 기도를 개방 시키도록 하며, 입은 다물지 않고 약간 벌리고 있어야한다. 이때 최대한 동요를 줄이면서 조준선 정열과 격발이 이루어지도록 하며, 격발 후 반동을 받음과 동시에 추적의 과정이 이루어진 다음 총을 내리면서 참았던 숨을 내쉰다.

4 훈련방법

매 발 일정한 호흡주기를 반복하여 숙달한다. 호흡을 최대한 멈추기 훈련을 실시하여 심폐활량을 증가 시키도록 한다. 호흡 후 정지시간은 8-12초 사이가 이상적이며 12초를 초과하면 거총을 해제하고, 10-15초정도 휴식 후 다시 거총하여야 한다. 권총사격의 격발은 호흡정지와 동시에 격발조정으로 들어가 조준지역에서 약 2-5초 이내 격발이 이루어지도록 훈련한다.

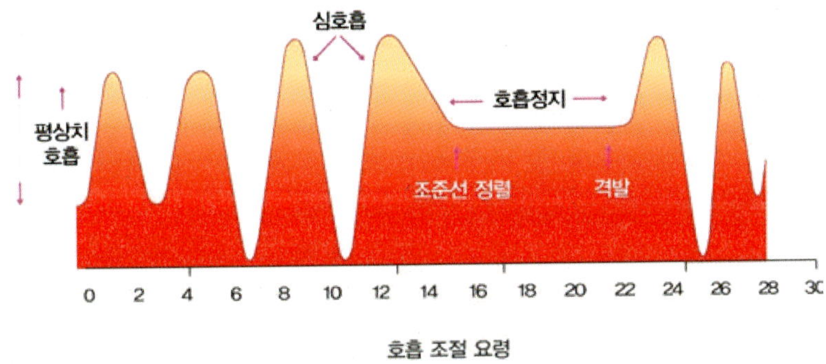

(그림 1-6) 처음부터 잘 시작한다. 즉, 사수가 2~3회 흡입 및 호흡을 시작한 다음 얕은 호흡으로 2중 호흡을 하면서 자연스럽게 호흡을 멈춘다.

제4절 조준(sight alignment)

1 조준선 정열과 정조준

총기가 휴대 혹은 거치되어 있는 상태에서 사수가 총을 사용할 수 있도록 들어 올리는 행위이다. 총의 가늠자와 가늠쇠로 이루어지는 조준선이 시선과 일치할 수 있는 위치(높이)까지 들어올리는 거총을 해야 한다.

탄환이 목표물을 향해 날아갈 수 있도록 총구의 방향을 결정하는 것이다.

조준선이 제대로 정렬하지 않으면, 사수가 보는 총구의 방향과 다른 위치에 탄착이 형성되게 된다. 정밀한 조준을 위해, 조준에서 격발까지의 순간에 사수는 대체로 호흡을 잠시 멈추게 된다.

1) 표적방식 조준선 정열

우리나라 대부분의 국가기관 교육기관에서는 권총 사격 조준 시 가늠쇠, 가늠쇠를 교차 시켜 표적에 일치시키는 기본적 조준 방식을 주로 교육되고 있다. 즉 정지된 표적에 대한 조준 방식만 훈련되고 있다.
조준선 정열은 가늠자 홈과 가늠쇠를 일치시킨 상태에서 가늠자의 좌우공간과 상하면이 좌우 대칭 및 수평이 되도록 맞추는 것을 말한다. 이는 곧 총의 조준구에서만 이루어지는 단계라고 할 수 있다.

(그림 1-7) 가늠자 홈과 가늠쇠상단을 일치한 상태

표적에 정확하게 조준이 되었다 해도 가늠선 정렬이 흐트러질 경우 결코 탄착형성이 불량한 것은 당연한 결과이다. 특히 권총사수의 경우, 훈련을 열심히 했음에도 불구하고 좋은 성적을 내지 못하는 사수가 많은데 이는 표적조준에 집착한 나머지 가늠선 정렬을 소홀히 한 결과로 가늠선 정렬의 중요성과 조준요령을 제대로 인식하지 못하기 때문이다.
조준선을 정열 한다는 것은 총을 표적중심에 정열하기 위하여 가늠자와 가늠쇠 그리고 조준점을 동일선상에 위치시키는 동작을 말한다.

-a-

-b-

(사진 1-61, 그림 1-8 a, b) 가늠자와 가늠쇠의 복합상태

(1) 조준의 이해

사수가 아무리 좋은 자세를 취해도 총을 완벽하게 정지시킬 수는 없다. 다만 좋은 자세에 따라 총의 동요를 최대한 줄일 수 있으나 총을 잘 세운다고 반드시 우수한 선수로 직결되지 않는다. 사격성적은 조준능력보다 격발능력에 따라 좌우되는 경향이 훨씬 크기 때문이다.

누구나 총을 들면 빨리 정조준을 하기위해 서두르거나 정조준이 되었을 경우 그 상태가 오래 유지되기를 희망한다. 그러나 우수선수들은 결코 정조준을 서두르지 않으며 자연스럽게 정조준이 되길 기다리며 정조준이 되었다고 해도 그 상태를 억지로 유지시키려는 노력을 하지 않는다.

자칫 힘이 들어갈 수 있고 위축 또는 급작격발로 이어질 수 있기 때문이다.

우수선수들은 자연스럽게 정조준 상태로 돌입하기를 기다리면서 완벽한 10점이 아닌 10점 권으로 진입할 때 격발을 한다. 왜냐하면 완벽한 10점 조준을 확인하고 격발을 한다면 이미 늦기 때문이다.

정조준 집착은 부드럽고 자연스런 격발을 방해하고 몸에 힘을 빼지 못해 부드러운 총기 반동을 유도할 수 없어 조준상태와 전혀 다른 탄착을 발생하게 한다.

(2) 조준요령

좋은 자세로 자연스런 정조준 상태를 유도했다면 다음으로 중요한 것은 눈의 초점이라 할 수 있다.

조준은 가늠자와 가늠쇠, 표적을 일치시키는 행위로 3곳 모두가 정확한 위치에 있는지 확인해야 한다. 다만 인간의 시력은 각각 거리가 다른 가늠자와 가늠쇠, 표적 등의 세 곳에 초점을 동시에 맞출 수 없으므로 한계를 바로 알고 그 중 한 곳인 가늠쇠를 선택하는 것을 우선으로 한다. 가늠쇠를 정확히 바라보면 가늠자와 표적이 뿌옇게 보이게 되는데 이는 매우 정확한 조준행위가 되었다는 표시로 자연스런 현상이다.

가늠쇠를 볼 경우 총의 동요가 둔해지고 느껴지지 않아 사수가 안정적인 격발을 할 수 있도록 도와주며 격발 시 총이 외부로 벗어나려는 움직임(반동)을 통제하여 성공적인 사격을 지원해주므로 매우 중요한 사격술이다.

-a-

(사진 1-62 a) 총을 표적중심에 정열

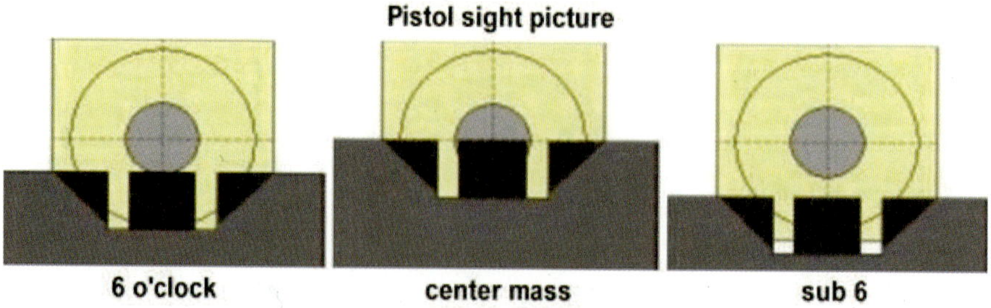

(그림 1-9 b) 권총의 조준점에 따른 구분
6시 방향 또는 하단에 조준점을 두면 눈의 초점이 표적에 빼앗기게 쉽다.

- 표적에 눈의 초점을 두면 조준선정열 어렵다.
- 가늠자에 눈의 초점을 두면 조준선 정열과 표적확보가 어렵다.
- 가늠쇠에 눈의 초점을 두면 조준선 정열과 표적확보가 용이하다.

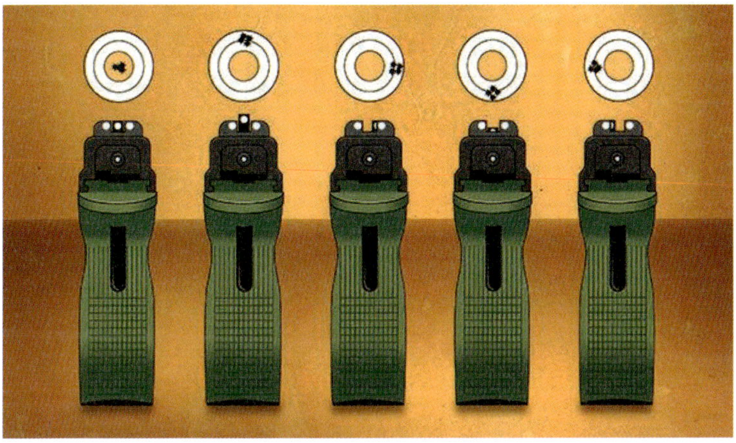

(그림 1-10) 조준선 정열의 편차는 0.1cm도 아니되는 오차로 표적의 탄착군이 달라진다.
조준과 호흡을 통해 좀 더 정밀한 사격훈련이 될 수 있도록 연습해야 한다.

사수가 아무리 자세를 정확히 취한다고 해도 총기를 완전히 고정 시킬 수는 없다. 조준은 끊임없이 총이 움직이고 있다는 것 가정 하에서 수행되어야 한다.

조준선 정열 시 가늠자 가늠쇠가 선명히 보이고 표적은 안개가 낀 것처럼 희미하게 보이는 것이 정상이다. 이때 표적을 정확히 보려고 가늠자, 가늠쇠에 대한 시선 (눈의 초점)을 놓치는 것은 정확한 사격을 할 수 없다.

(3) 조준선 정열의 중요성

눈의 초점을 표적에 두면 조준선 정열은 무방비 상태가 된다. 탄착의 편차를 줄이기 위해 눈의 초점을 가늠쇠 선단에 두면 표적은 희미하게 보이거나 가늠쇠는 뚜렷이 보이며 가늠쇠의 움직임에 눈의 초점이 계속 따라 다녀 정확한 조준선 정열을 할 수 있다.

가. 조준선 정열의 편차공식[14)]

예제 : 경기사격용 공기권총(스테이어LP10)

조준장길이:1=사거리:x

(사진 1-63) 스테이어 LP10

권총조준장길이 37cm(370mm) : 1mm=10,000mm:x

10m에서 1mm편차=27.027027mm(2.7cm)

조준선정열오류 1mm편차는 10점권에서 7점권(2.7cm)에 탄착형성

10m에서 0.5mm편차=1.35cm 8점권에 탄착형성

예제[15)] : 반자동식 권총 (베레타 92FS형) 조준선 정열의 편차는 0.1cm일 경우, 사거리 25m에서의 탄착점은? (※ 92FS 조준장(照準長) 15.5cm)

(정답) 15.5 : 0.1 = 2500 : ?

? = (0.1X2500)/15.5 = 16.1cm

(사진 1-64) 베레타 92FS형 자동권총

14) 조준장-총의 가늠자에서 가늠쇠까지의 길이

15) (주)재단법인 한국사격진흥회. 군용권총 사격술

가늠자 공간과 가늠쇠 정열상태가 1mm상하 좌우로 치우치게 되면 25m지점 표적에서는 탄착의 형성은 약 20cm이상 흩어지게 된다.[16] 그러므로 조준선 정열 방식에 있어서 눈의 초점(eye focus)이 표적에 빼앗기면 빼앗길수록 기록은 기대할 수 없다. 눈의 초점은 한곳에 집중 할 수밖에 없으므로 조준선 정열에 만 두어야 한다.

(4) 시력집중의 한계

대부분의 사수들은 좋은 눈은 뜨고 다른 눈은 감고서 한쪽 눈으로 사격을 한다.(완사)

그러나 한쪽 눈으로 사격을 하려면 집중력이 약해지고 얼굴 근육이 긴장된다. 그래서 조준할 때는 두 눈을 다 뜨도록 해야 한다.

사격에 사용되지 않는 눈은 눈가리게(사격장비)를 착용함으로 정신 분산을 방지할 수 있다.

(사진 1-65) 사격장비-눈가리게

이때에는 반투명 눈 가리게가 이상적이다.

16) http://new nonmun.com/sub-list :경호요원 권총사격 시 조준선 정열방식과 기록변화에 미치는 영향. The effects of sight alignment method 우 pistol shooting records of security guard/신승철 학위 논문

이 반투명 눈 가리게는 똑같은 정도로 양 눈에 빛이 들어오게 하면서 시력의 깊이를 더해준다. 조준할 때에는 양 눈 중에서 좋은 눈을 사용하는 것이 좋다.

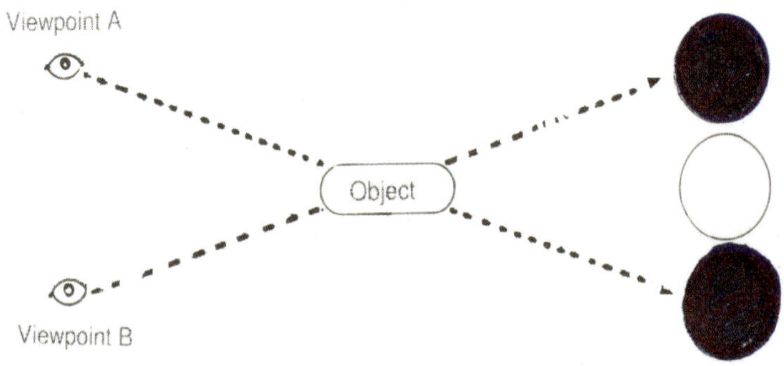

(그림 1-11) 양 눈(兩眼) 사격 시 A, B각, 보이는 표적의 상(Viewpoint A, B)

(사진 1-66) 양 눈 조준선정열자세

(사진 2-1-67) 저자: 양안(兩眼) 사격훈련

양 눈 시 우안은 좌측 상, 좌안은 우측 상으로 나타난다. 이때 오른손사격은 죄측 표적상, 왼손사격은 우측 표적상에 각각 조준선 정열이 되어야 한다. 각 눈의 목표개체(Object)는 가늠자와 가늠쇠에 집중하여야 한다. 따라서 표적은 희미하게 나타난다.

표적이 뚜렷하게 보이는 경우는 눈의 초점이 표적에 빼앗기고 있는 현상이다.

(사진 1-68) 사수가 표적에 초점이 집중 되었을 경우

사수가 양 눈을 뜨고(양안) 조준선정열에 초점을 두었을 때 표적은 둘로 보이게 된다. 오른손 사수가 왼눈을 감고 조준선 정열을 했을 때의 표적상은 좌측에 보였던 상일 것이다.

시력의 집중 한계에 있어서, 한 점을 계속 응시하는 경우 사격의 최고치를 유지할 수 있는 최초의 몇 초 동안뿐이고, 그 후는 차차 망막 상에서 영상의 명확 도가 저하되어 대상물이 보이는 상태가 점점 흐려져 심도(深度)가 희미하게 된다. 그래서 5-7초 지나면 사수의 눈은 부정확성(不正確性)을 깨닫는 상태가 되며, 최후의 정조준 단계에 들어간 조준시간은 4-5초를 초과해서는 아니 된다.

(5) 지역조준(地域照準)

'지역조준'이라함은 조준하고자 하는 곳, 즉 조준점을 선택하는 것이 아니고 보통 흑점가운데에서 사수 총의 동요만큼을 선택하여 점이 아닌 지역(구역)

을 선택하여 조준 하는 것을 지역조준 이라한다.

총의 움직임은 어느 사수에게나 나타나기 마련이다. 지역조준을 택하지 않고 조준점을 택하여 사격하다보면 초보자에게는 여러 방해요인으로 인하여 사격을 그르치는 경우가 많다. 그래서 조준을 하는 동안 권총이 약간 움직이게 된다. 이러한 움직임은 표적지 중심지역에 형성되게 되며 이것을 지역조준이라고 한다.

(사진 1-69) 표적중앙 +점에 지역조준 연습(권총 사격장)

(사진 1-70) 지역조준이 양호한 상태

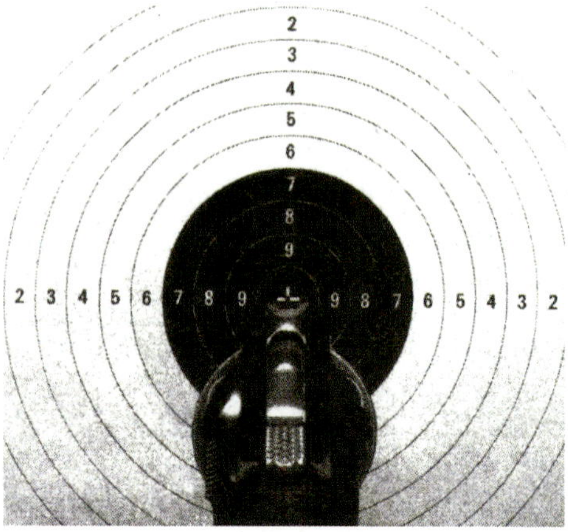

(사진 1-71) 지역조준 완사표적

2) 정조준

정조준이란 가늠자로 보이는 시야의 중심부에 가늠쇠가 위치하고 가늠쇠 중앙에 표적이 일치되어 있는 상태를 정조준이라 한다. 표적의 10점에 맞을 수 있는 정확한 조준 상태를 즉, 가늠선 정렬을 마친 후 가늠쇠의 중앙부위에 표적의 중앙이 조준된 상태를 말한다.

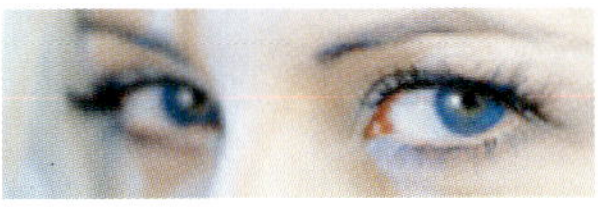

(사진 1-72) 조준 시 눈의 초점(eye focus)

(그림 1-12) 정조준상태(눈-가늠자-가늠쇠-표적)

(사진 1-73) 정조준은 일명 '표적정렬'이다.

(1) 표적정열

① 일명 '표적정열'이라고도 하며 조준선 정열이 이루어진 상태에서 표적의 중앙이 가늠쇠 선단에 접하게 되는 상태를 말하며, 이는 총과 표적과의 관계에서 일어나는 현상이다.

정조준은 권총사격을 성공적으로 행하기 위한 중요한 요소 중의 하나이다.

② 탄착점이 좌·우·상·하 탄으로 형성됨에 총기 자체의 문제인 경우와 사수의 사격 실력 문제가 있는 경우가 있으며, 좌·우·상·하 어느 한쪽에 집중적으로 탄착점이 몰리는 경우는 오조준을 할 수도 있다.

그렇지 않는 경우는 판단을 서둘러 오조준을 할 것이 아니라 총 자체의 명중률을 믿고 계속 흑점 중앙에 정조준을 해야 할 것이다,

③ 조준선 정렬의 편차와 탄착관계에 있어서 가늠쇠의 선단이 너무 표적 하단쪽으로 밀착하거나 떨어지면 사수가 조준 당시의 생각과는 다른 탄착이 형성된다.

④ 조준선 정렬시 총의 이동과 탄착점 편차 관계는 조준선의 정확성을 좌우하는 요소는 사수의 올바른 조준선을 항상 형성·유지하는 능력과 그 바른 조준선을 조준점(표적)에 일치시키는 능력인 것이다.

즉, 조준선이 정렬된 상태로 총의 평행이동에 대해서는 이동한 거리만큼 실제 탄착이 편차가 생기지만 수직이동 즉 가늠쇠의 이동은 명중탄의 편차를 훨씬 더 크게 한다.[17)]

---

17) 2004.8 중앙경찰학교 사격·진압술 35~37pp

a)

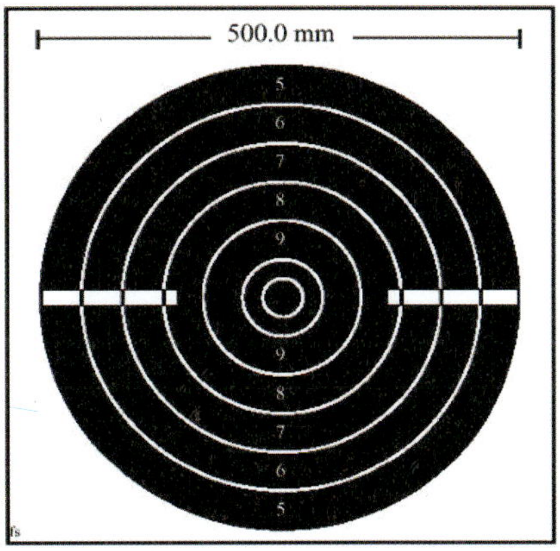

(사진 1-74, 74-a) 정조준(표적중앙에 가늠쇠 선단)

올바른 조준요령은 가늠자를 통하여 가늠쇠 선단에 시선을 집중하면 25m 전방에 있는 표적을 가상 했을 때 표적이 희미하게 보이고 조준선은 선명하게 보여야 한다. 반대로 흑점이 선명하게 보인다면 조준선은 흐려지게 된다.
이때 조준점을 찾기 위해 표적과 조준선을 번갈아 보지 않아야 하며, 실탄이 총구를 떠난 다음에도 계속 격발전의 상태를 유지하려는 노력을 반동 후에도 시선은 조준선을 따라가야 한다.

3) 지향 조준

조준선 정렬을 통한 조준사격보다는, 사수의 감각에 의존해서 지향사격을 하는 방법이다.
지향조준은 지향자세, 파지, 총구의 방향, 격발 방법 등이 혼화된 근거리 조준방식이다.

(사진 1-75) 다른 지향사격 자세보다 낮은 자세로 양 발의 앞꿈치에 무게를 싣고, 무릎을 굽혀 쪼그리는 자세(crouch)로 허리와 어깨 사이에서 팔꿈치를 고정해서 사격을 하는 방식이다.

현대지향사격 훈련방식은 점진적으로 어깨 높이 지향으로 변화하고 있다.

경호사격술을 하기 위해서는 여러 가지 중요한 요소들이 있겠지만 신속하고 정확한 사격을 위해서 가장 중요한 요소가 바로 조준방식을 어떻게 하느냐에 달렸다. 권총 사격 시 조준하는 시간이 상대적으로 많이 소요되기 때문에 조준방식에 변화를 주면 권총사격술에 많은 향상이 있으리라 예상된다.

우리나라의 일부 기관이나 우리보다 총기의 사용빈도나 역사가 오래된 해외에서는 다른 조준방식들도 교육되고 있다. 가늠쇠만 가지고 조준하는 방식과 지향조준방식을 대표적으로 교육하는데 이 조준방법들은 대부분 움직이는 표적에 대하여 좋은 결과를 나타낼 것이라 판단되어지기 때문이다.

그 이유는 기본조준방식(표적기록사격)은 가늠쇠와 가늠자를 교차시켜 표적에 다시 일치시켜야 하는 단계에서 다른 조준방법보다 많은 시간이 소요될 것이다. 그래서 다른 두 조준방식이 신속성과 정확성이 요구되는 현장에서 보다 좋은 결과를 나타낼 것이기 때문이다.

이에 국내 국가기관 중 권총사격에 익숙한 집단인 특정 국가기관요원들을

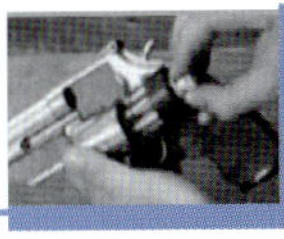

20명 선발하여 측정한 결과, 근거리인 5m에서는 지향조준방법이 가장 우수한 결과를 나타냈다. 또한 권총으로써 비교적 원거리인 15m에서는 정확성만은 기본조준방식이 가장 우수하였으나 통계적 결과분석결과는 가장 우수한 조준방식은 지향 조준방식이라는 결과를 얻었다.
물론 권총사격에 익숙하고 탁월한 능력을 지닌 집단에서 나온 결과이지만 일반 경찰이나 다른 국가기관 종사자들도 그 이상의 사격력을 가져야 하기에 본 연구의 의미가 크다 하겠다.[18]

2 훈련방법

사격을 하는데 있어 조준은 매우 중요한 요소 중의 하나이다.
사격 시 올바른 조준을 하지 못하여 좋은 결과를 얻지 못하는 경우가 아주 많다. 그러므로 평소 정확한 조준능력을 숙달 시켜야 한다.

1) 백지표적에 조준 및 사격

흑점이 없는 표적지는 총의 동요를 축소시켜 주는듯한 인상을 보여주며, 가늠쇠에 시선의 집중이 증대된다. 흑점에 의한 주의산만이 일어나지 않는다. 또한 격발이 좋지 못했을 때 가늠쇠의 움직임을 정확히 볼 수 있다.

2) 근거리조준

실 거리, 표적이 가깝고 선명한 벽 또는 물체에 조준을 해봄으로써 사수 최대능력치로 조준선을 볼 수 있다. 백지표적조준, 근거리 조준 등을 통하여 사수능력을 확인할 수 있다.

18) 저자 신승철 명학위논문(석사)권총사격 시 조쥰선정렬방식이 기록변화에 미치는 영향, 국회도서관

3) 시선 집중훈련

시선집중훈련을 통하여 어느 한곳에 시선을 집중할 수 있는 능력을 향상 시킨다.

제5절 격발(擊發 : percussion)

1 격발방식

1) 단동식 격발(Single Action 싱글액션 : 완사)

특성상 연속발사할 때마다 1발당 해머를 1번씩 잡아당겨야 할 정도로 번거로움이 있지만, 대신 방아쇠가 매우 가볍고, 일단 해머를 코킹한 다음에는 살짝 터치만 해도 바로 발사될 정도로 민감하다. 미리 코킹을 한 후 갑자기 급하게 대응할 때는 편리하지만, 오발 문제점이 있다.

(사진 1-76) 1, 2단계별압력을 구분 연습 하여 최종압력을 최소화하여 무리없는(급작) 격발을 유도한다.

-a-

-b-

(그림 1-77 a, b) 인지 손의 위치[19)]

사격에 있어서 격발이란 인간이 상황에 따라 총기를 사용하지 아니하면 아니되는 불가피하다고 인정되는 경우에 휴대장탄 총기로 표적을 향하여 정확하게 조준 발사시키는 일련의 과정이다. 섬세하지만 과감한 시도를 필요로 하며 발사에 대한 공포감과 긴장을 어떻게 극복하는가가 좋은 격발법을 습득하는 관건이다. 행위는 유연하게 그러나 마음은 냉정함을 요구하는 정신적 수련이 동반되어야 할 과정이다.

사격에 임하는 사수 누구든지 목표물에 정확하게 탄환을 보내고 싶다는 욕망에 앞서 정조준에 집착하고 그 상태를 지속시키려 하는 마음을 갖게 된다. 또한 초보사수는 대게 정조준 상태를 눈으로 확인한 후에야 격발을 시도하게 되며, 오래된 사수도 이를 고집하다 실력향상에 실패하는 경우가 의외로 많다.

사격을 할 때마다 정조준에 돌입하는 경로나 조준 유지시간이 매번 다르다는 것은 누구나 경험하게 되는데 정조준 상태가 되어도 언제 조준 구역을 벗어날지 모른다는 극도의 불안감에 휩싸여 정조준이 되자마자 급작격발에 의한 하탄의 실수를 반복하는 경우가 가장 많다.

① 단동식 격발은 리볼버식 격발장치로 공이치기를 손으로 제낀후 격발하는 것이다.

② 완사 정밀 사격시 활용하는 격발 방법이다.

19) 출처 : 2012년 4월 29일 by Erek Sanchez 0 Comments에 의해 Erek 산체스 0 Comments

③ 단동식의 경우 인지의 지문(끝마디) 중앙부분이 방아쇠에 닿도록 한다.

④ 단동식 격발에서는 오발 사고에 특히 조심해야 한다.

2) 격발의 요령

바른 격발이란, 급작 또는 인위적인 순간격발이 아닌 점진적인 압력증가에 의한 격발을 수행하되 자신이 원하는 시간에 발사가 되는 것이다. 이는 내심 신체가 자연스럽게 반응하게 되는, 수많은 훈련을 통해서만 가능해 진다. 이때에는 격발에 가장 많은 영향을 미치는 정조준 집착을 배제하고 가늠쇠에 초점을 두어야 마음에 안정을 기할 수 있으며 좋은 격발을 수행할 수 있음을 사수는 항상 망각해서는 안 된다.

격발은 권총사격술에서 가장 핵심이 되는 기술이다. 다른 기술이 아무리 완벽해도 격발이 잘못되면 소용없다. 즉 탄환이 발사되는 순간 조준이 흐트러지기 때문이다.

인지(2지)는 조준하는 눈 뒤 직선상으로 방아쇠에 압력을 가한다. 이렇게 하여 방아쇠를 첫 관절의 중심에 데면 손가락의 위치는 제대로 된 것이다. 이는 손가락의 다른 부분이 활모양으로 움직이는 반면에 끝마디는 직선상으로 움직이기 때문이다. 이때 압력이 뒤쪽으로 직접 전달되지 않는다면 총구가 빗나가게 된다. 즉 확 잡아채거나 당기게 되는 것이다.

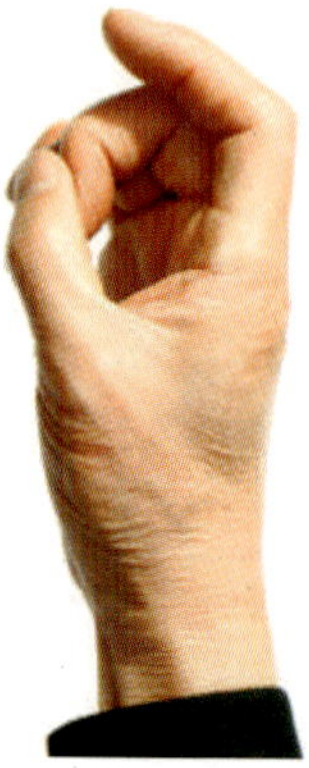

(사진 1-78) 올바른 인지동작

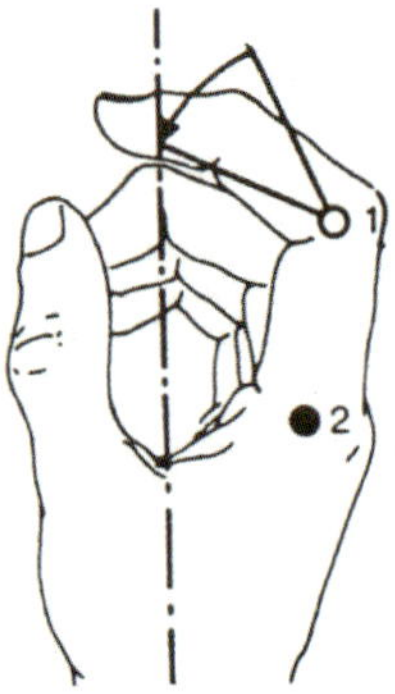

(그림 1-13) 움직임은 점 1에서 일어나고 직후방으로 압력을 가한다.

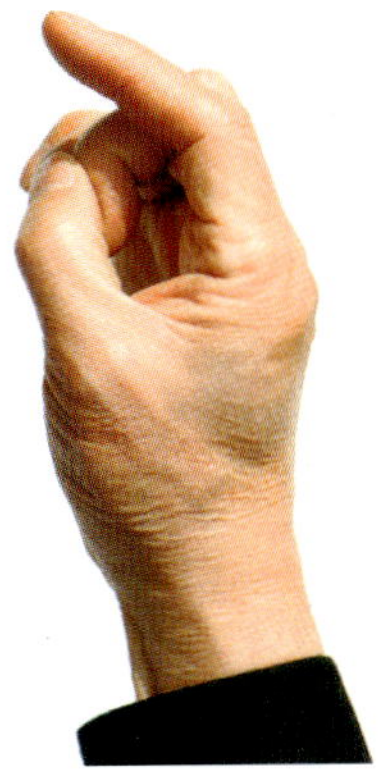

(사진 1-79) 잘못된 인지동작

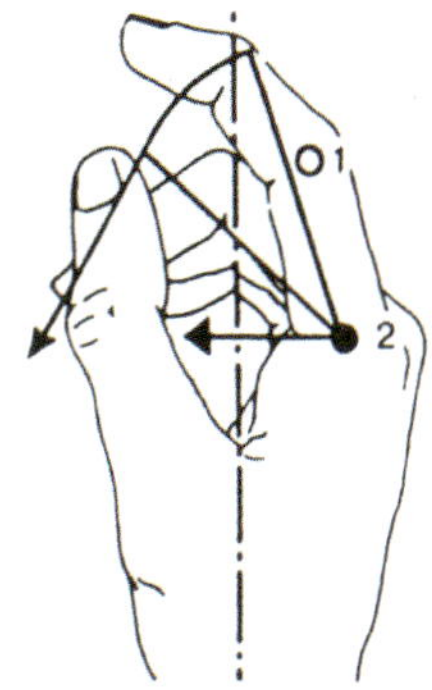

(그림 1-14) 움직임이 점 2에서 발생하고 방아쇠는 각을 이루며 당겨지고 동시에 비스듬한 압력이 몸체에 가해진다.

(1) 격발의 유의사항

① 발사 직전에 이미 충분한 사전압력을 준다.

② 최종압력은 부드럽게 점진적으로 증가시킨다.

③ 격발진행중에 조준을 포기하지 말고 더욱 정확한 조준에 몰입한다. (조준 후 격발이 아닌 격발 후 조준한다는 마음가짐이 필요)

④ 격발직전에 고조된 감정을 엄격히 억제함으로서 위축 또는 급작 격발에 의한 총의 흔들림을 최소화하여야 좋은 결과를 가져올 수 있다.

(2) 인체의 반응시간이 비치는 영향

반응시간이란 대뇌에서 어떤 변화를 직감하고 실행 명령을 내려 신체적 운동으로 반응할 때까지의 시간을 말하며 사람이 상황에 대처할 수 있는 시간은 적어도 0.17초~0.25초 정도 소요된다. 즉, 아무리 빠른 사람일지라도 조준시간을 더할 경우에는 0.3초 후에나 발사가 이루어진다.

(3) 긴장감이 미치는 영향

사수는 누구나 격발직전에 고조되는 긴장감으로 근육이 경직되거나 빨리 발사하여 긴장감으로부터 해방되고 싶은 충동을 억제하기 힘든 심리상태에 빠져버리기 쉽다. 이 때문에 격발시간을 놓쳐버리거나 급격히 서두르다 위축격발을 하여 나쁜 결과를 종종 가져오게 된다. 또한 발사시 생기는 소음과 반동 등에 대한 두려움, 결과에 대한 자신감의 결여도 지나친 긴장의 원인으로 작용된다고 할 수 있다. 따라서 평소에 많은 사격훈련을 하여 긴장감 해소는 물론 총에 대한 두려움을 이겨나가는 방안을 모색해야 한다.

3) 인지 독립운동과 위치(Finger Position and Control)

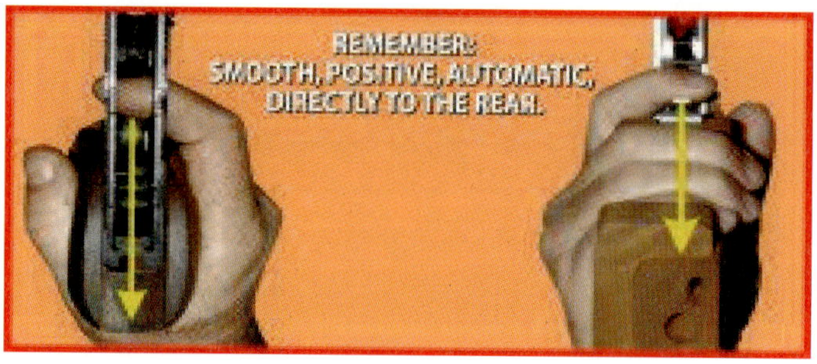

(사진 1-80) 손가락 위치 및 인지 직후방 압력

인지는 권총 몸체와 손잡이에서 떨어져 있어야 한다. 만약 가해진 압력이 뒤쪽(직후방)으로 직접 전달되지 않는다면 총구의 각도는 달라지게 된다. 인지가 몸체나 손잡이를 만지고 있다면 손가락의 밑바닥 근육은 권총의 측면에 압력을 가하게 되는 그 순간에 측면으로 움직임을 야기한다.

방아쇠를 당길 때에는 부드럽게 격발되는 순간을 의식하지 말고 당기고 발사는 최적시간 내에 이루어지도록 조절해야 한다.

(사진 1-81) 완사 단동식(single action) 격발의 인지위치

(사진 1-82) 파지한 인지의 상태

4) 격발 시 인지의 위치선정

(1) 방아쇠의 아래쪽 $\frac{2}{3}$지점에 인지를 댄다.

(2) 인지의 지문(끝마디)중앙부분이 방아쇠에 닿도록 해야 한다.

(3) 복동식 격발의 경우 손가락 첫마디 부분이 방아쇠에 닿도록 한다. 격발지의 둘째 마디를 축으로 하여 방아쇠를 당기게 되면 둘째마디를 축으로 원을 그리면 움직이는 것을 볼 수 있고, 반면에 첫째 마디의 도톰한 부분을 이용하여 당기게 되면 일직선으로 움직이는 것을 알 수 있다.

(4) 너무 끝에 닿으면 무리하게 힘이 들어가고 너무 깊게 넣게 되면 격발 힘을 가하기 쉬우니 총 몸통에 인지의 근육 부분이 닿게 되어 격발 감각이 둔해 진다.

(5) 인지의 위치가 부정확하면 방아쇠를 끌어당기거나 밀게 된다.

- 손가락을 너무 많이 방아쇠에 데면 인지의 두 번째 관절로 방아쇠를 당기게 된다.
  이때 우측 손잡이 사수의 경우에는 우 탄이 발생한다.
- 방아쇠에 손가락을 너무 적게 대면 방아쇠를 밀게 되는데 이때는 우측 손잡이 사수의 경우 좌 탄이 발생한다.

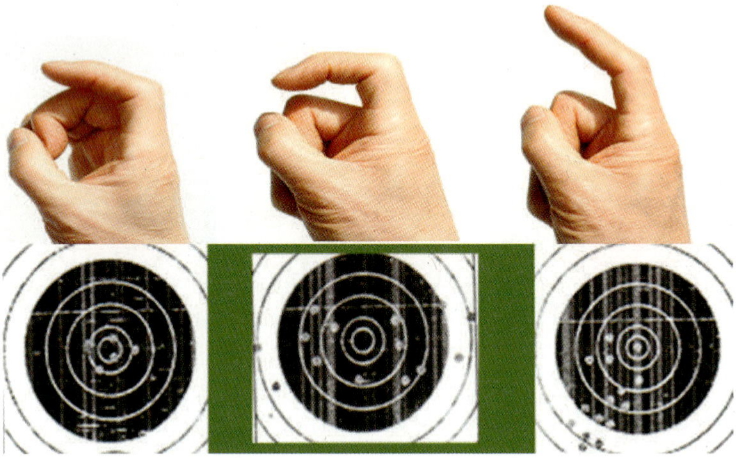

(사진 1-83) 인지의 위치가 정 · 부 정확한 경우의 탄착형성

(사진 1-84) 실탄사격의 단동식 격발(완사)

(사진 1-85) 실탄사격의 양손파지시 격발인지(단 · 복동식)

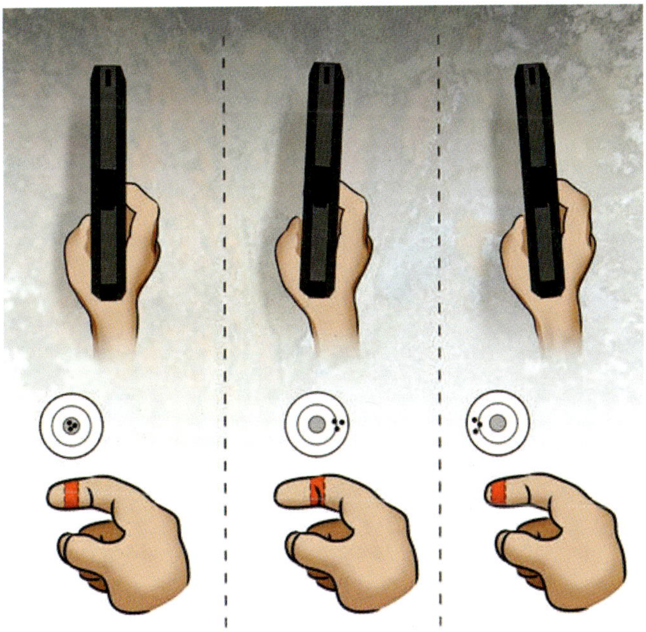

(그림 1-15) 지문중앙부분 / 인지마디 끝 / 인지 끝 마디

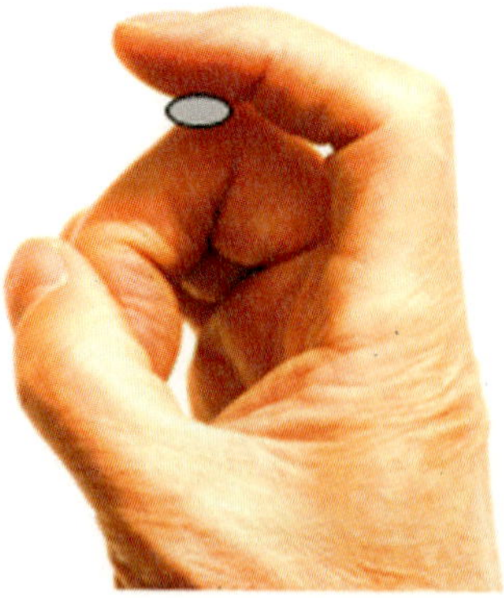

-a- Single-acting pistol trigger

(사진 1-86) 단동식 격발시 인지접점

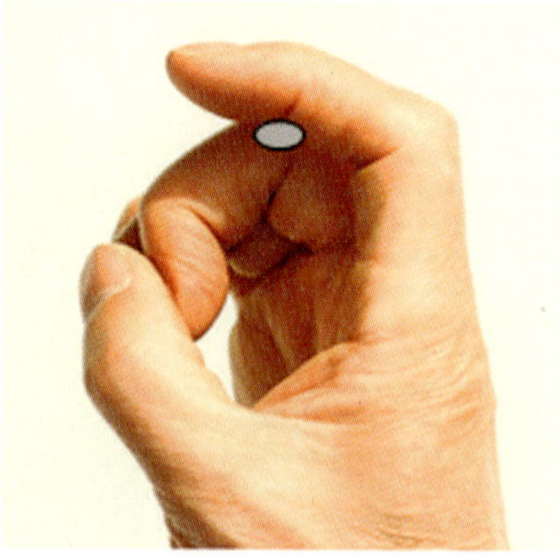

-b-Double-acting pistol trigger

(사진 1-87) 복동식 격발 시 인지접점

5) 격발시간(단동식 : 완사)

(1) 조준이 잘될 때까지 격발을 연기하면 조준이 불안정하게 되어 탄환을 발사할 때까지 권총을 잡고 있는 시간이 너무 오래 걸린다. 권총을 조준하여 파지하고 있는 것은 정적인 활동인데 반하여 방아쇠를 당기는 것은 동적활동이다. 즉, 한 손만을 사용해서 정적이고 동적인 요소를 함께 조절해야 한다. 이렇게 하기위해서는 두 작용을 함께 시작하는 것이 최선의 방책이다.

(2) 일단 권총을 조준지역을 향해 들어 올리면 조준선정렬을 하면서 방아쇠를 서서히 당기기 시작한다. 최적 격발의 간(間)은 1.5~2.5/sec 이상 소요 되어서는 안 되며, 장시간의 격발과정은 총의 동요를 불러오기 때문이다.

(3) 권총사격에 있어서 가장 범하기 쉬운 실수중의 하나는 최적 격발시간이 지났는데도 다시 시도하는 경우이다. 격발시간이 지났다고 판단되면 미련 없이 총을 내리고 심호흡 후 처음과 똑같은 자세로 시도해야 한다.

(4) 준비시간을 최대한 활용하여 거의 완벽하게 한 후 격발을 시도해야 한다.

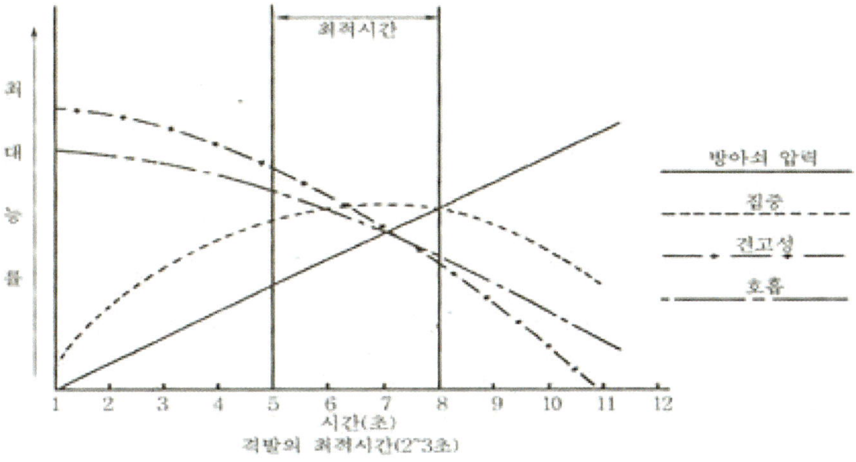

(그림 1-16 a) 호흡, 견고성, 정신집중, 방아쇠 압력

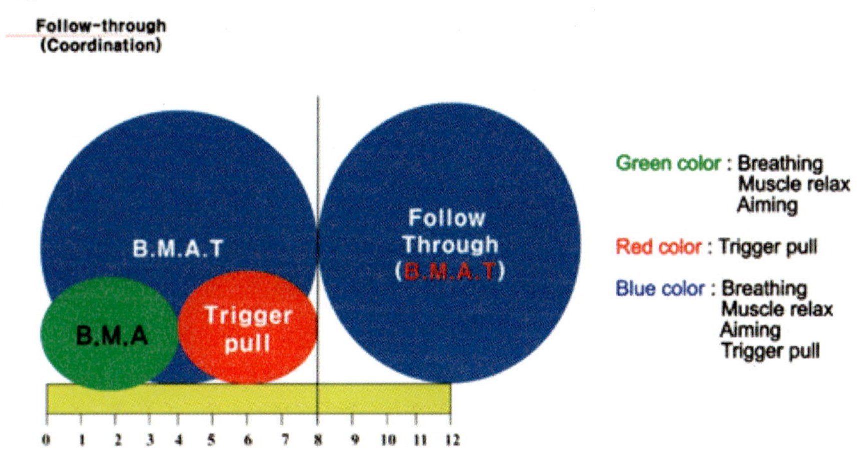

(그림 1-17 b) 호흡으로 근육긴장을 최소화, 조준선정렬을 하면서 방아쇠압력을 가한다.
〈최적 격발의 간(間) 1.5~2.5/sec+추적 · 예언〉

6) 점압적 격발(Squeeze방법)

(1) 격발하는 압력은 계속적으로 일정한 힘을 증가시켜 발사에 이르도록 하는 점압적(漸壓的)방법으로 격발이 되어야 한다.

(2) 조준지역에서 총의 움직임을 최소화 한 상태에서 방아쇠에 최초의 압력(격발압력의 70~80%)을 가한 뒤 계속해서 멈추지 않고 힘을 가하는 과정을 점압적 격발이라 하고, 이 상태에서 무의식 격발이 될 수 있도록 (즉, 자연적인 격발이 될 때까지) 부단히 기다려야 한다.

2 격발 시 범하기 쉬운 결함(Defects that are liable to foul when triggered)

1) 잡아채기 격발(Snatching)

방아쇠를 급작스럽게 잡아 당겨 여러 근육의 긴장 또는 심리적 부담으로 빨리 격발하려는 마음에서 방아쇠를 잡아채면서 격발하는 경우, 보통 파지한 손 전체에 힘이 들어가 총구가 심하게 움직임으로써 조준선 자체가 많게는 2-3cm가 움직이게 된다. 이때 탄착은 1-7시 방향으로 많이 형성된다.

2) 미는 격발(Pusing)

인지가 너무 길거나 너무 짧아서 방아쇠를 좌로 밀면서 격발하는 경우를 말한다.

3) 불규칙한 격발압력(Irregular trigger pressure)

한번에 격발을 끝내지 못하고 방아쇠에 힘을 가하다가 다시 조준상태가 흐트러지면서 힘을 빼고 정지했다가 양호한 상태가 되면 급작스럽게 당기거나 아니면 너무 오래 끌면서 격발하는 경우를 말한다.

4) 위축격발(Atrophy trigger)

반동 또는 충격에 대비한 사전의 동작으로 오른쪽어깨를 내밀거나 오른손

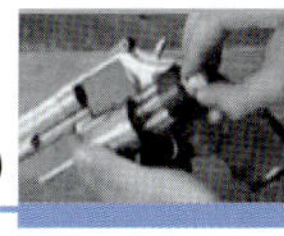

전체에 압력이나, 총신축과 평행하지 않은 방아쇠의 압력 등 여러 현상으로 인해 총의 지향을 편중시켜 명중률을 저하시키는 경우를 말한다.

5) 의식격발(Consciousness triggering)

계속적인 방아쇠의 압력을 가하는 과정에서 무의식적인 상태에서 격발이 되게 하는 것이 아니라 이제는 실탄을 내보내자 라는 생각으로 의식한 격발을 말한다.

3 복동식격발(Double Action 속사 : 더블액션)

1) 복동식격발의 개념

복동식 격발은 총기의 작동 매커니즘의 하나이다.
방아쇠를 당길때 두가지 동작을 하기 때문에 더블액션이라 부른다.
방아쇠를 당기면 해머가 뒤로 후퇴했다가(1), 풀어지며(2) 탄약이 격발되어 발사되는 원리이다.
리볼버권총(실린더회전식)의 경우 방아쇠를 당기면 리볼버의 약실이 회전하면서, 동시에 해머가 후퇴했다가 풀어진다.
자동권총의 경우 방아쇠를 당기면 그냥 해머만 후퇴했다 전진하게 된다.
방아쇠 한번 당겨 연발/단발이 가능하냐는 관점에서 보면 '반자동 권총'이라고 칭할 수 있으나 자동권총은 autoloader나 self-loading pistol으로도 칭하는데, 이런 의미로 보자면 차탄(嗟歎)을 약실에 장전하는 과정이 기계적으로 자동으로 이루어지는 권총이라는 뜻에서 자동권총이 된다.[20]
싱글액션보다 사용의 편의성이 높지만 구조가 약간 복잡해지고 방아쇠압이 비교적 무거워져 초탄 명중률이 낮아진다는 단점이 있다.
또한 방아쇠를 당기면 해머까지 동작하기 때문에 싱글액션보다 오발사고의

20) https://github.com/forkwikiman

위험성이 높다고 생각할 수 있으나, 실제 싱글액션보다 안전하다.

싱글액션은 해머를 코킹(젖혀놓고)해놓고 안전장치를 걸어둔다고 해도 해머 자체는 스프링의 압력을 받고 있는 상태이므로 혹여 안전장치에 문제가 생겨 풀려버리면 바로 해머가 전진해서 발사가 되어버릴 수 있다.

해머를 코킹하지 않고 휴대하면 이럴 일은 없겠지만, 싱글액션이라면 발사하기 전에 반드시 손으로 해머를 젖혀줘야 발사가 가능하므로 급하게 총을 꺼내 사격해야 할 때 매우 불편해진다.

더블액션이라면 이럴 일 없이 안전히 휴대가 가능하다는 게 큰 장점이다. 약실에 탄을 한 발 장전해 둔 상태로 해머를 밀어 디코킹해 두면 안전장치가 풀리더라도 해머가 전진할 일이 없고, 급하게 사격해야 하면 꺼내서 방아쇠만 당기면 된다.

보통 더블액션 권총들은 싱글액션도 가능한 형태가 많고 이럴 경우는 초탄 이후에는 슬라이드가 후퇴되면서 자동으로 계속 해머를 코킹해주므로 초탄만 더블액션으로 쏘게 되지만, 더블액션만 가능한 권총도 있다.

이 경우는 DAO(Double Action Only)라는 단어로도 표현되기도 한다.

즉 권총은 휴대성이 중시되는 무기란 게 문제다. 권총은 근본적으로 본격적인 전투용 병기라기보다는 호신용 내지는 보조용이고, 이는 평소에 홀스터에 휴대하고 있다가 급박하고 불가피한 상황일 때 신속하게 뽑아서 사용해야 된다는 의미이다. 휴대성과 안전성, 신속성 때문에 생긴 제약으로, 소총이나 기관단총 등 대부분의 개인화기가 단순하고 명중률 좋은 싱글액션을 채택했지만 권총만 유독 더블액션이 인기가 있는 이유도 그 때문이다. [21]

2) 격발 압력(Trigger pressure)

예제 : 베레타(beretta) 92f, 1911 45구경의 기종의 방아쇠압력은 5~6파운드 (2,270g)이다.

21) https://github.com/forkwikiman

(사진 1-88 a) 베레타(beretta) 92f 자동식권총 방아쇠압력

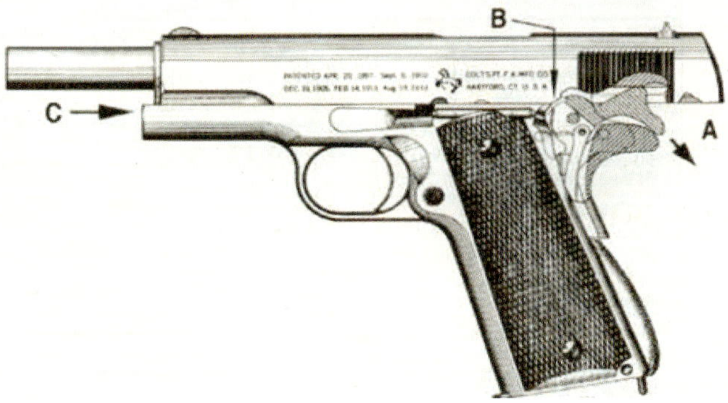

(사진 1-89 b) 1911 45구경 자동식 권총 방아쇠 압력

더블액션은 구조상 격발되는데 상당히 강한 힘이 필요하기 때문에 상대적으로 훨씬 안전한 편이다. 그래서 대부분은 별개의 안전장치가 장치되어 있지 않다. 현대 리볼버(탄창 회전식)권총 총기들은 방아쇠가 당겨지지 않은 상태에서는 공이치기가 격발되더라도 안전한 구조가 내장되어 있다. 이 구조를 transfer bar(변환막대)라고 부른다.

특히 더블액션 격발은 방아쇠의 압력 때문에 방아쇠에 인지의 위치가 직후방으로 당길 때 영향을 미치게 된다. 인지 끝마디로 깊히 당길 때 총구가 왼쪽으로, 인지의 끝에 걸리는 경우 오른쪽 또는 왼쪽으로 총구가 움직이기 때문에 견고한 파지, 인지의 독립운동, 총열이 팔꿈과 일직선이 반드시 확보되어야 한다.

복동식 격발은 연속사격 시 필요한 격발을 수행하는 것이므로 싱글액션 경우의 방아쇠 압력을 1, 2단계로 구분하는 것을 동시에 빠르게 방아쇠에 강한 압력을 가하는 것이다.

속사 사격이라 해서 급작격발을 하게 되면 아무리 견고한 파지가 확보되었어도 격발순간에 조준선정열이 심하게 틀어지게 되므로 평소 많은 훈련을 요하는 사격이다.

실탄사격 시에는 폭음 반동 등으로 인해 격발의 흠결을 발견하기 쉽지 않다. 평소에 실제로 공격발 (드라이 파이어링)훈련을 통하여 방아쇠를 당길 때 인지의 위치, 직후방의 상태, 총구의 움직임을 지속적으로 관찰, 분석을 하는 일련의 과정이 사격술 향상에 자신을 얻을 수 있다.[22]

3) 격발요령(Trigger method)

① 복동식 격발(2단격발)의 방법도 작동원리상으로는 단동식 격발과 거의 차이가 없다.

② 복동식 격발에서는 조준선정열을 하면서 주저없이 단번에 1단의 끝(압력점)까지 방아쇠를 당겨야 한다는 것이 다를 뿐, 그 뒤의 방아쇠 당기는 방법은 단동식과 차이가 없다.

③ 방아쇠 압력점(예고점)에 이른 뒤에는 단동식에서 사용하는 점압식방법으로 방아쇠를 당긴다.

④ 복동식 격발훈련이 제대로 안된 경우에는 1단까지 당기다가 오히려 급작격발로 이어질 수가 있으므로 격발시 조준선 정열을 계속보아 총의 지향을 최대한 유지하는 것이 중요하다.

4) 총의 반동처리(Recoil of gun)

① 반동은 발사하는 순간에 총탄을 밀어내는 총강 내의 힘이 생기면 자연히

---

22) 출처 : forkwikiman
Block or report user https://github.com/forkwikiman#report-block-modal

일어나는 것이며, 11시에서 12시 방향이 이상적이다.

② 반동을 자연스럽게 받아주기 위해서는 우선 자세가 몸 전체의 균형을 이룬 상태에서 몸전체로 받아야 한다.

③ 조준선정열 상태에서 시선의 초점은 조준선정열에 집중되어 있어야 큰 반동을 줄이는데 도움이 된다.

④ 반동을 받은 후 총이 다시 조준 구역으로 원위치 되는 것이 자연스럽게 느껴져야 한다.

⑤ 총의 반동을 일부러 만드는 것은 바람직하지 않다.

4 격발훈련방법(Pistol trigger training method)

1) 공(空) 격발 훈련

격발방법을 개선시키고 감각을 숙달하는 방법으로는 공 격발 훈련과 같이 좋은 훈련방법은 없다. 공 격발 훈련은 실탄사격 시 발견할 수 없는 사수 자신의 문제점을 발견하여 교정 보완할 수 있으며, 실탄을 절약함과 동시에 훈련효과를 극대화 시켜 줌으로써 사수로서의 필수훈련이다.

2) 눈감고 공 격발 훈련

총의 동요, 조준 등 격발이외의 모든 것을 보지도 느끼지도 않은 상태에서 오직 격발지(擊發指)만의 느낌으로 격발 훈련을 할 수 있다.

3) 모의탄(模擬彈 : empty cartridge) 사격

공 격발 훈련이 어느 정도 숙달된 사수에게 실탄사격을 병행시키면서 비(非)사수가 사수 모르게 실탄과 모의탄(탄피)을 장전 해주어 공 격발 되는 상태를 사수 본인이 스스로 느끼고 관찰할 수 있게 함으로써 문제점을 발견하고 교정할 수 있는 격발훈련이다.

제6절 추적 및 예언(Shot tracking and prophecy)

1 추적(追跡)

추적이란 실탄이 총구를 떠난 다음에도 계속해서 격발전의 상태를 유지하려는 노력을 추적이라 하며, 여기서 격발전의 상태란 적극적 조준과 격발 돌입 상태이다. 대부분의 사수들이 격발 순간에 자신이 표적으로 향해 탄착을 확인하고자 하는 행위를 하게 된다. 그러나 우수한 사수는 격발 후에도 1-2초 정도를 계속 가늠쇠를 주시하고 또한 총기를 격발 전 상태로까지 유지한 후 총을 내린다. 이 시간이 추적하는 시간인데 추적을 정확히 해야만 사수 자신의 문제점을 좀 더 정확히 도출해낼 수 있게 된다.

1) 반사작용 예감 (Feeling reflexes) [23)]

사수의 시신경을 통하여 정조준의 상이 뇌신경에 전달되면 뇌신경은 다시 격발지에 전달하여 격발하도록 하게 되는데 그때 필요한 시간은 0.18-0.22초라 한다. 자율 신경의 반사 작용에 의한 근육의 반사 작용이 격발이 이루어지기 직전이나 순간에 일어나지 않도록 하고자 하는 것이다.

여기서 추적을 위한 시간의 개념을 0.18-0.22초 만 생각해서는 안된다. 즉 시신경의 자극에서부터 탄환의 총구를 떠나는 시간이 검토되어야 한다. 인지 시간 0.18-0.22 + Lock Time(방아쇠를 당겨 단발 자가 공이를 치는 시간) +Barrel Time(실탄이 약실에서 총구를 떠나는 시간)을 생각하게 되면 추적의 중요성을 더욱 깨닫게 될 것이다.

이시간은 격발전이나 격발순간에 총의 조준선 정렬에 격발 폭음 섬광 반동을 예상한 반사작용을 가져오게 할 수 있어 미리 눈을 감아버리는 경우가

23) [체육]사격 추적과 예언 분석
저작시기 2006.06 |등록일 2006.05.31 한글 (hwp) | 2페이지

있다. 격발순간까지 눈을 떠 더욱 가늠쇠에 시선의 초점을 고정해야 한다. 또한 추적을 성공시키기 위하여 자율 신경의 반사 작용을 억제시키기 위해서는 조화된 내적 자세의 훈련이 필요하다.

2) 격발 후 지속지향

격발 후에 실탄이 총구를 떠났다고 해서 사격행위가 끝난 것이 아니다. 격발 후에도 권총은 표적을 계속 지향해야 하며, 실탄이 총열을 벗어나는 시간을 감안해서 사격자세를 그대로 유지시켜 주는 것이다.

다시 말하자면 격발 시 생기는 총의 반동에 의해 움직였던 권총이 다시 격발 직전의 조준 상태로 복귀하도록 추적해야 하며 이 행위가 끝나면 비로소 손을 내린다.

파지상태를 너무 일찍 이완시키게 되면 격발 전에 가늠자와 가늠쇠에 집중하기가 어렵다. 권총을 발사하자마자 팔을 내리는 사수는 격발하기 전부터 이미 팔을 내리기 시작 한 것이나 다름없다.

3) 반동예상 결함

반동을 미리 예상하고 격발을 하게 되면 팔에서 벗어나는 결과가 생긴다. 또한 안정된 파지와 가늠자, 가늠쇠에 대한 집중력이 충분하지 못하면 발사순간에 권총을 제대로 조절할 수 없게 된다. 이 두가지의 결함은 심각한 것이다.

2 예언(豫言)

눈의 초점을 가늠쇠 선반에 두어 격발 순간까지 조준상태를 지켜보고 격발순간의 가늠쇠와 가늠자, 표적의 상태를 종합 분석하여 탄착의 형성과 방향 및 위치를 예측하는 것을 예언이라고 한다. 예언은 시계 방향으 로 표기하게 된다.

추적을 하는 동안에 실탄의 예상되는 탄착점 위치를 어림잡아 보아야 한다. 격발 순간에는 조준상태를 정확히 확인하여 그 편차를 머릿속으로 측정하여 탄착형성의 방향과 위치를 관측하는 것이다.

추적과 예언에서 이루어진 탄착점과 실제 탄착점을 비교하면서 상관관계를 익혀야 한다.

정확한 예언 능력은 자신의 오류를 파악하여 수정을 기할 수 있는 바로미터이다.

추적과 예언을 잘하기 위하여 올바른 격발이 중요하다. 즉, 점증식 방법의 격발이 성공되었다면 사수는 추적을 성공시킬 수 있는 확률이 높아진다. 추적에서 무의식 격발의 성공은 정신집중 문제로서 격발이 이루어진 뒤에도 정신을 흩트리지 않고 집중하여 총과 자세를 지킬 수 있는 굳은 의지가 필요하다.

제7절 분석(分析 : analysis)

사수가 탄착점의 형성을 보고 예언과 차이가 생겼을 때 조준 장치의 이상, 자세, 호흡, 격발, 추적 등의 사격의 기본 과정에서 이상을 확인하는 것을 분석이라고 한다. 예언과 분석은 사격에서 매우 중요한 과정이다.

1 분석일반

- 분석은 탄착점의 예언과 확인으로 시작된다.
- 추적을 못하면 예언·분석을 할 수 없다.
- 예상치 못했던 탄착형성은 사수가 당황한다.
- 사격행위의 기본원칙 중 흠결을 찾아본다.
- 사격 당일 기후환경과 자신의 심신 상태를 점검한다.

2 유형별 탄착점 분석

1) 분산된 탄착점

(1) 원인

- 전문적 개인지도를 요하는 사수
- 폭발음과 총의 반동을 의식하여 격발순간 눈을 감고 파지한 손과 팔에 힘을 주면서 급작 격발
- 거총(据銃)을 한 팔과 손을 떨면서 조준선이나 격발을 제대로 할 수 없는 사수

(2) 교정방법

- 공 격발훈련을 반복 실시하고, 실탄사격은 처음부터 천천히 단계별 익혀야 한다.
- 반복된 공 격발훈련과 실탄사격으로 총소리와 반동에 적응을 해나가도록 한다.

2) 직상탄(12시방향)

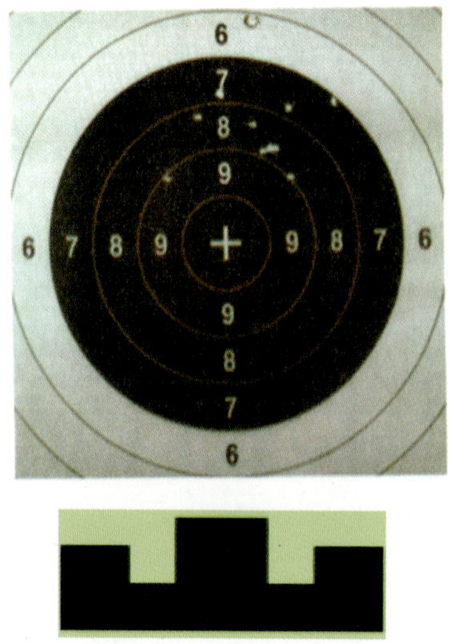

(그림 1-18) 조준선 정열상태와 탄착형성(상탄)

(1) 가늠쇠가 가늠자 수평보다 약간 올라간 경우

- 방아쇠 위 부분에 격발하는 인지손가락이 닿을 경우 격발 시 방아쇠 아래 홈 부분으로 밀리면서 발생한다.
- 손목에 힘을 과도하게 가한 경우
- 반동을 의식해 격발 순간 미리총구가 약간 올라간 경우
- 가늠쇠를 가늠자의 수평보다 높게 하여 단순히 가늠쇠 하나만 보고 사격한 경우
- 격발과 동시에 고개가 숙여지는 경우
- 격발 시 몸통 전체가 뒤로 기울어지는 경우

(2) 교정방법

- 격발 시 조준선의 수평을 최우선으로 보면서 격발순간 파지상태와 팔의 부동성을 유지하고, 격발은 인지만으로 독립적으로 이루어지도록 한다.
- 방아쇠 인지의 위치를 확인 점검 하도록 하며, 실탄사격에 앞서 공 격발 훈련이 필요로 한다.

3) 우 상탄(12-03시 방향)

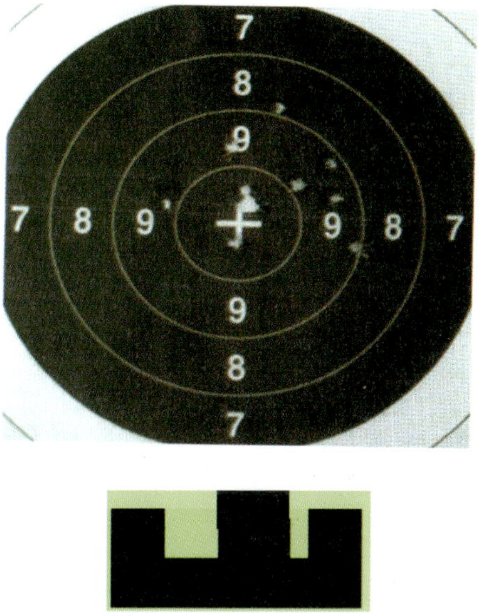

(그림 1-19) 조준선 정열상태와 탄착군 형성(우 상탄)

(1) 원인

- 가늠쇠가 가늠자 수평보다 높고, 우측 간격이 약간 좁은 경우
- 자세와 파지가 잘못되어 격발시 직후방 격발이 제대로 안된 경우
- 반동을 의식해서 팔목 관절에 힘이 들어간 경우
- 방아쇠 윗부분에 인지를 대고 격발시 밑으로 내려가면서 우측으로 약간 치우치면서 격발한 경우
- 격발 타이밍을 의식할 경우

(2) 교정방법

- 인지 끝마디 지문 중앙부분이 방아쇠 홈에 닿도록 맞춰 파지하고 인지 끝 두 마디를 이용 직후방으로 독립하여 당기는 훈련을 반복한다.
- 자연 지향자세로 공 격발 훈련을 하여 수정한다.

4) 우탄(03시 방향)

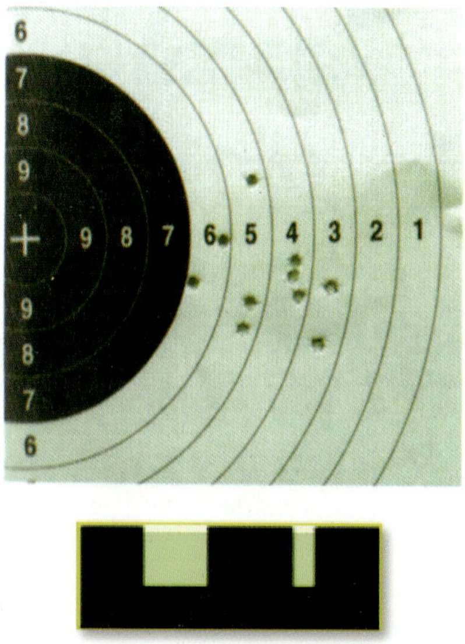

(그림 1-20) 조준선 정열상태와 탄착군 형성(우탄)

(1) 원인

- 조준선 정열의 수평은 맞고 우측간격이 좁은 경우
- 자세와 파지가 잘못되어 있을 경우
- 손목 관절이 부자연스러울 때
- 직 후방 격발이 안 되었을 때
- 방아쇠를 당길 때 인지를 안쪽으로 꺾거나, 안쪽으로 롤링이 있는 경우 또는 인지 끝마지 부분까지 넣는 경우

(2) 교정방법

- 자연지향 자세로 파지하고 격발 시 직 후방으로 인지 끝 두 마디를 이용 독립 하여 당길 수 있도록 한다.
- 조준선정열의 수평은 맞고 간격이 우측으로 1mm 미만만 좁아져도 우 탄이 발생함으로 눈의 초점은 조준선정열에 집중하고 점진적 격발에 더욱 신경을 쓰면서 사격한다.

5) 우 하탄(03-06시 방향) 계단

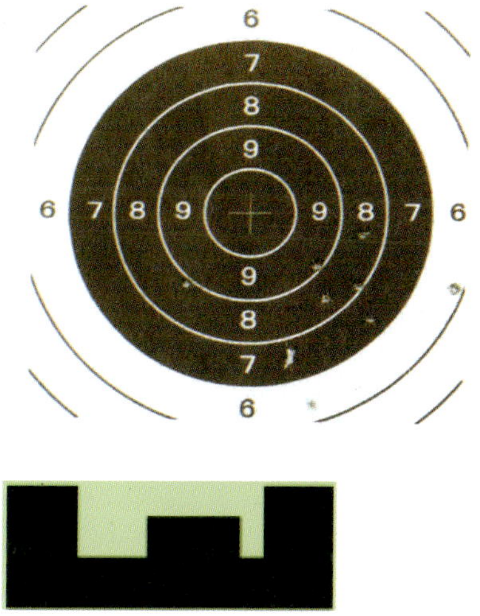

(그림 1-21) 조준선정열 상태와 탄착군 형성(우 하탄)

(1) 원인

- 조준선 정열의 수평보다 가늠쇠가 낮고 우측 간격이 좁은 경우 총소리와 반동을 의식하여 방아쇠를 인지로 갑자기 당기면서 오른손에 힘을 많이 준 경우
- 팔목관절에 힘이 조금 빠진 경우
- 격발하면서 움찔하며 잡아채고 힘으로 당기는 경우
- 방아쇠 압력을 의식한 경우
- 인지 지문의 안쪽에 방아쇠가 위치한 경우로 총의 오른쪽 옆면과 인지 첫마디가 밀착되어 독립격발이 불가능한 경우

(2) 교정방법

- 격발은 힘과 반비례한다. 그래서 남성보다 여성의 격발 정밀도가 높다.
- 지극히 힘이 세고 수련기간이 그리 많지 않은 사수에게 발생하므로 반동과 총소리를 적응할 수 있도록 실탄사격을 연속적으로 하면 교정되어 정상적인 사격을 할 수 있게 된다.
- 무의식 격발여습이 필요하다.

6) 직하탄(06시 방향)

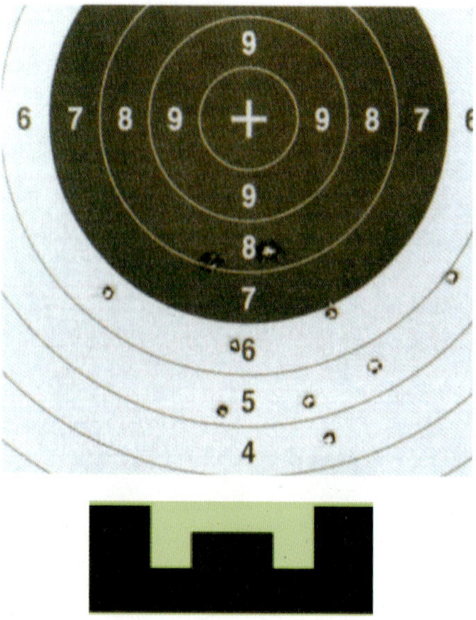

(그림 1-22) 조준선 정열상태와 탄착군 형성(하탄)

(1) 원인

- 조준선 정열의 좌우 간격은 맞으나 가늠쇠가 수평보다 낮은 경우
- 조준선 정열이 되면 방아쇠를 성급하게 한 번에 잡아채는 경우
- 격발하는 오른손 중지 이하 손가락에 같이 힘이 들어가 격발 순간 총구가 아래로 떨어짐
- 격발순간을 의식하여 너무 과감하게 당기는 경우

(2) 교정방법

- 서서히 똑같은 압력으로 당겨주어야 하며 눈을 감고 인지만으로 방아쇠를 당기는 감각을 익히는 훈련을 반복해야 한다.
- 방아쇠울에 왼손인지로 확실히 받치고 부동성을 유지하며, 직후방으로 당기는 훈련이 필요하다.
- 공 격발훈련으로 격발 당시 총구가 떨어지지를 않도록 부단한 반복훈련이 필요하다.

7) 좌 하탄(06-09시 방향)

(그림 1-23) 조준선 정열과 탄착군 형성(좌 하탄)

(1) 원인

- 조준선 정열 시 수평보다 가늠쇠가 낮고 좌측간격이 좁은 경우
- 자세와 파지가 잘못되어 조준 당시는 조준선을 인위적으로 맞추었지만 격발 당시 움직이는 경우
- 인지가 방아쇠에 깊숙이 들어간 경우
- 방아쇠 압력을 의식한 경우

(2) 교정 방법

- 자연지향자세로 파지하고 방아쇠를 당길 때 의식하지 말고 무의식적 후방 격발훈련이 되도록 한다.
- 항상 옳은 파지가 되도록 반복 훈련이 필요하다.
- 힘으로 격발을 하는 사수이므로 반동과 총소리에 적응할 수 있도록 연속적인 실탄사격 훈련을 실시하면 사격에 대한 거부감이 없어져 원하는 격발을 할 수 있다.

8) 좌탄(09시 방향)

(그림 1-24) 조준선 정열상태와 탄착군 형성(좌탄)

(1) 원인

- 조준선 정열의 수평은 맞으나 좌측 간격이 좁은 경우
- 자세와 파지가 잘못되어 있을 때
- 인지가 갈고리 모양이 안되고 펴지는 경우
- 방아쇠를 당길 때 좌측으로 밀린 경우

(2) 교정방법

- 자연지향자세로 파지하고 인지를 갈퀴 형식으로 방아쇠에 정확히 대고 손과 팔은 부동성을 유지하고 인지 끝 두 마디 만으로 직 후방 격발 훈련이 필요하다.
- 훈련 시 파지를 정확하게 했는지 항상 점검하고 격발 시 총구가 좌측으로 움직이는지 확인한다.

9) 좌 상탄(09-12시 방향)

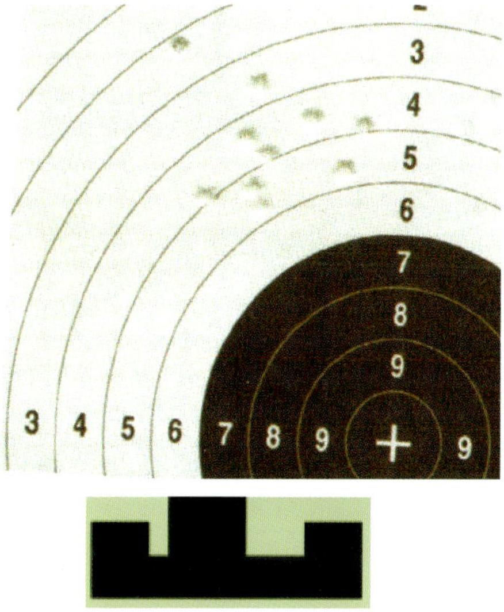

(그림 1-25) 조준선 정열상태와 탄착군 형성(좌 상탄)

(1) 원인

- 조준선 정열의 좌측 간격이 좁고, 가늠쇠가 수평보다 약간 높은 경우
- 자세와 파지가 잘못된 상태이다.

(2) 교정방법

- 격발을 시도할 때 흑점을 무시하고 조준선정열에만 시선집중토록 훈련한다.
- 조준위치에 총을 들어 조준 후 눈을 감고 1-2초 후에 눈을 뜨고 확인할 때 조준선 정열이 되어 있어야 한다.
- 만약 좌·우측에 가늠쇠가 치우쳤을 때에는 파지와 자세가 잘못 되었으므로 파지를 다시 한다.

3 결함수정(缺陷修正)

사격의 궁극적인 목적은 표적의 중앙을 맞추는 것으로 명중하지 못하는 경우가 많은데 그 이유를 살펴보면 다음과 같다.

1) 탄약에 결함이 있는 경우 : 탄창이 너무 낡은 경우나 부정확한 공정에 의해 제조된 실탄에 문제가 있다.
2) 권총에 결함이 있는 경우 : 총열에 납 탄이 남았을 때, 가늠자가 풀려 갑작스러운 움직임이 생길 때이다.
3) 사수에게 결함이 있는 경우는 다음과 같다.
   - 약실이 청결하지 못하거나 정기적으로 점검을 결한 경우
   - 대부분의 오탄은 사수의 실수에서 발생하며, 그러한 원인은 다음의 네 가지로 분류 할 수 있다.

(1) 조준불량

- 조준선 정열은 정확하게 되었지만 격발하는 순간에 조준선 정열이 흐트러지면 탄착군의 오차 결과가 발생하게 된다. 또한 조준상태의 부정확으로 인한 각도의 오차로 탄착지점은 표적중심 밖에 탄착이 형성되는 경우가 발생한다.
- 기울기와 그 영향, 탄착군은 보여 지는 것처럼 선을 따라 형성된다
- 어떤 사수들은 권총을 기울이는데, 즉 경미한 각도로 권총을 파지하고 좌측이나 우측으로 가늠자와 가늠쇠를 기우려 조준한다. 만일 이 각도가 유지되면 기울인 위치는 더 자연스럽고 긴장을 덜 하게 되지만 조준선 정렬에서 오차가 더 커지게 된다.

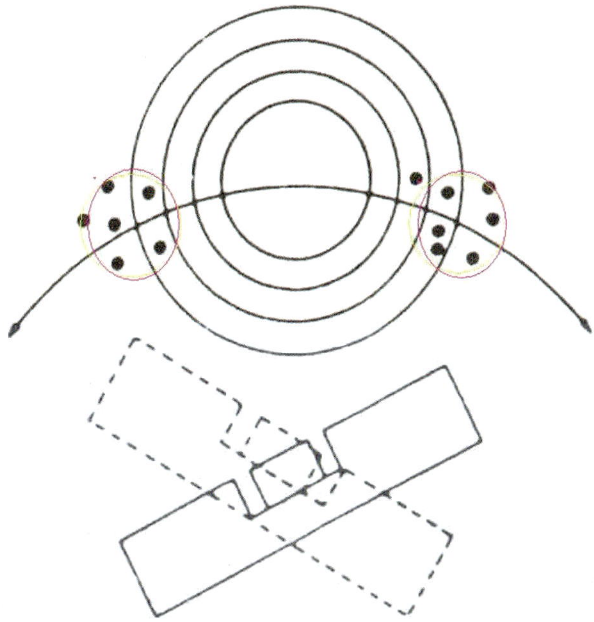

(그림 1-26) 조준각도의 오차로 탄착군은 선을 따라 형성

(2) 격발불량

- 권총의 무게중심은 방아쇠 지역에 있고, 갑자기 움직이게 되면 무게중심으로 부터 권총이 움직인다. 이결과는 사수가 방아쇠를 잡아채느냐 당기느냐에 달려있다.
- 인지가 방아쇠에 가한 압력이 바깥쪽으로 향하면 잡채기 사격이 되고, 압력이 방아쇠의 안쪽에 있으면 밀기 사격이 된다. 이 두 가지 경우 모두 다하탄이 발생하게 되는데 이는 격발 순간에 총구가 아래쪽으로 쳐져 우하, 좌하 탄이 발생하게 된다.
- 유사한 오차가 의식적인 격발로 인하여 야기되며, 격발을 의식함으로써 팔과 어깨의 근육이 긴장하게 되고 탄알은 왼쪽을 향하게 된다. 또한 추적의 부족으로 상탄이 발생하게 되는 경우가 있는데, 이 경우 손목이 이완되면 우탄이 발생하고, 팔꿈치 관절이 이완되면 좌 탄이 발생한다.

– 인지의 위치가 부정확하면 방아쇠를 끌어당기거나 밀게 되며, 인지를 너무 많이 방아쇠에 대면 인지의 두 번째 관절로 방아쇠를 밀게 되는데, 이때 오른손잡이 사수의 경우에는 우탄이나 우하 탄이 발생하며, 방아쇠에 인지를 너무 작게 대면 방아쇠를 끌게 되는데 이때에는 오른손잡이 사수의 경우 좌 탄이나 좌 하탄이 발생한다.

좌상탄(북서쪽)

우상탄(북동쪽)

(그림 1-27, 28) 추적을 하지 않은 결과의 탄착군

좌하탄(남서쪽)

우하상탄(남동쪽)

(그림 1-29, 30) 격발의 오류로 인한 탄착군

(3) 자세와 파지불량

- 자세가 부정확하면 균형이 흐트러지기 쉽고, 정확한 조준을 하기 위해서는 근육을 긴장시켜야 한다.
- 파지가 원활하지 않거나 결함이 있게 되면 탄환의 방향은 빗나가게 된다.
- 느슨한 파지는 총의 무게가 총의 개방된 쪽으로 빠져나가기 때문에 총열이 하단 좌측으로 움직이게 된다.
- 반면에 파지에 너무 힘을 주게 되면 손이 기울어져서 우 상향으로 총이 움직이게 된다.
- 피곤할 때는 자연스러운 자세로 손을 움직여서 표적의 탄착군을 알맞게 이동 시켜야 한다.

(4) 정신집중 불량

- 격발불량의 가장 많은 원인은 정신집중의 결여이며, 정신불안의 상태에서는 정조준에서 생기는 잘못을 발견해내지 못하게 된다. 따라서 사격결과가 좋지 않게 된다.
- 외부적인 요인 즉 소음, 빛의 변화, 바람, 선입관, 점수에 대한 집착, 시간부족 등의 이유가 사격술에 정신을 집중하는데 방해하며, 스트레스에 대한 반 작용으로 심한 정신산만이 발생한다.

  정신집중을 하지 않고 사격을 하게 되면 특정한 리듬이 없이 무차별 사격이 초래된다.

  과오한 원인을 규명하기 위해서 결과를 분석하고 그 재발을 방지하는 것은 필연적이다. 항상 그 과오를 주의 깊게 분석하되 맹목적으로 과오를 받아들이지 말아야 하고, 과오의 대부분은 기술 불량으로 부터 오는 데 실탄에 이상이 있거나 권총에 결함이 있을 수 있는 가능성도 배제할 수 없다.

  격발과 추적 후에 필히 분석을 해야 하고, 점점 어떻게 하면 사격을 잘 할 수 있을까 하는 잠재의식적인 영상을 마음속에 그려 보아야 한다. 일단 이 잠재의식 속의 영상이 마음속에 자리 잡히면 부정확한 정조준을 찾아내는 것은 훨씬 쉬운 일이다.

운 좋게 잘 맞는 경우를 생각하지 말아야 하고, 대신에 항상 완벽한 사격을 하고자 해야 한다.
조금이라도 격발준비에 잘못이 있으면 전 과정을 다시 반복해서 시작해야 한다.

흩어진 탄착점

(그림 1-31) 정신집중의 부족으로 인한 흩어진 탄착군

4) 훈련방법

(1) 공격발 및 실탄사격 시 결발 후 탄착을 확인하기 전에 사수로 하여금 격발 순간의 조준선 상태를 종합 판단하여 시계방향으로 예언하도록 한다.
(2) 예언분석표를 할용하여 공 격발 및 실탄사격 후 탄착을 학인하기 전에 예언사항을 항목별로 기입토록 하고 실제 탄착과 비교한다.

(3) 예언분석표(豫言分析表)

발수	예언점수			실제점수	예언 정확도	행위분석(개인)
	방향	점수	방향	점수		
1	12	10	6	10	×	격발순간 시선집중 못함 격발순간 가늠쇠 쳐짐
2	9	10	9	10	○	격발순간 시선집중 양호 직 후방으로 격발시킴

(표 1-1) 예언분석표

제2장 경호사격술 훈련

제1절 기초 완사격(Slow Fire) 훈련

1 목적

사수는 누구나 격발직전에 고조되는 긴장감으로 근육이 경직 되거나 빨리 발사하여 긴장감으로부터 해방되고 싶은 충동을 억제하기 힘든 심리상태에 빠져버리기 쉽다. 이 때문에 격발타임을 놓쳐버리거나 급격히 서두르다 위축격발을 하여 나쁜 결과를 초래하게 된다.

또한 발사 시 생기는 소음과 반동 등에 대한 두려움, 결과에 대한 자신감의 결여도 지나친 긴장의 원인으로 작용된다고 할 수 있다. 그러므로 평소에 사격의 기본기술을 익히고 많은 훈련을 하여 긴장감 해소는 물론 총에 대한 두려움을 이겨내는 방안을 모색해야 한다.

2 사격술 훈련 방법

1) 완사격 교습

(1) 기초연습에는 자세, 파지법(한손, 양손), 양눈 뜨고 조준, 격발(완사, 복동식)로 한다. 여기에는 한손·양손사격을 병행한다.

(2) 사수에게 사격술 예비훈련의 기초단계인 자세, 조준, 격발 연습을 중심으

로 사수자신이 총기에 대한 감각을 조절, 적응시키는 훈련하여야 한다.

(3) 38리볼버 · 자동식 권총 완 · 속사 사격거리는 15, 25m로 한다.

2) 종합화 연습

(1) 기초연습이 숙달된 후에 시작하여야 한다.

(2) 이 연습은 기초연습 단계가 자연스럽고 연속적으로 이루어지도록 훈련해야 한다.

(3) 이 연습은 기초연습의 각 단계가 개별적으로 중점을 두어 이루어지는 것이 아니라 전체적으로 연속성 있게 조절, 적응 시키는데 중점을 두어야 한다.

3) 적응연습

(1) 사수는 웨버 준비자세를 취한다.

(2) 총구는 항상 표적 쪽으로 향한다.

(3) 총을 눈높이까지 들어 올렸을 때 표적방향과 자연스럽게 일치 되도록 한다.

(4) 긴장을 풀고 호흡을 고르게 조절하면서 몸을 편안하게 한다.

(5) 사수는 준비단계에서 2, 3회 심호흡을 하여, 혈류 속에 산소의 일정 함유량을 유지한다.

(6) 사수는 호흡을 조절하면서 사격의 각 단계 즉 자세, 조준선 정렬, 정조준을 마음속으로 계속 연습을 해야 한다.

(7) 이때 자세를 흩트리지 않고 눈을 표적에서 가늠쇠 선단으로 자연스럽게 옮기면서 격발 동작을 머릿속으로 그린다.

4) 완 사격 순서

(1) 총을 올리면서 호흡을 조절(한손 · 양손 사격병행)

(2) 최소의 동요 폭을 획득

(3) 조준점에 조준선 정렬

(4) 최초의 방아쇠 압력

(5) 호흡중지($\frac{1}{3}$ 내쉰다)

(6) 조준선 정렬과 최소의 동요 폭을 유지

(7) 점차적으로 방아쇠 압력을 가한다.

(8) 가늠쇠 선단에 눈의 초점을 집중한다.

(9) 제1격발 후 추적과 예언을 한다.

제2절 속사격 연습

1 속사격의 개념

속사격 또는 연속사격 연습은 제한된 시간 내에서 규칙적인 짧은 간격으로 조준하여 격발하는 요령을 연습하는 과정이다. 이 연습은 보다 신속하고 정확하게 사격할 수 있는 능력을 연마하기 위하여 훈련하는 것이다. 경호사격은 시간적 여유가 없는 '판단과 발사'라는 급박한 돌발 상황에 대처하기 위한 사격이다.

2 인체의 반응시간이 미치는 영향

무엇보다도 경호사격에는 최소한 0.725~1.0/sec이내 상황처리 마무리(setup)라는 명제가 놓여있다. 인체의 대뇌에서 어떤 변화를 직감(直感)하고 실행명령을 내려 신체적 운동으로 반응할 때까지의 시간은 곧 급박한 돌발 상황에서의 "판단과 발사"에 미치는 영향이라 할 수 있다.

인간이 상황에 대처할 수 있는 인체의 반응시간은 최소 0.17~0.25/sec 정도 소요된다.[1] 즉 아무리 신속히 대처하는 사람이라도 총집(Holster)에서 총을 뽑고, 위해범 또는 물체를 향해 조준·격발하는 시간을 더할 경우에는 0.3~0.725/sec 후에 나 발사가 이루어진다.

3 속사격의 요령

1) 완사격의 단계별 사격 동작을 연속적으로 조준, 격발에 이르도록 훈련하여야 한다.
2) 웨버자세, 양손파지, 양눈뜨고 조준, 점압적, 복동격발(Double action)방법으로 연습한다.
3) 속사격을 완사격과 같이 보다 더 정확한 사격을 기하려면 다음의 세 가지 요소를 고도로 종합화하여 발사시간을 최소한으로 줄이게 된다.
   ① 조준 시 동요 폭 최소화
   ② 안정된 자세와 균형유지
   ③ 직 후방(점압적)격발이 이루어져야 한다.

4 속사격 순서(권총 경기사격의 경우)

① 총을 눈높이 까지 들어 올리면서 호흡조절
② 조준선 정렬· 눈의 초점은 가늠쇠 끝에 집중
③ 정조준 심호흡
④ 동요 폭 최소화
⑤ 가늠쇠 끝에 눈의 초점을 두고 일부 숨을 내쉬고 호흡중단
⑥ 방아쇠 압력
⑦ 조준점에 조준선 정렬유지

---

1) http://www.liounddog.co.kr/technote/read egi:board /경호사격 및 권총술, 강민완저·정담미디어 2003

⑧ 적극적인 방아쇠 압력으로 '사격개시' 조준선 정렬에 집중 하면서 제1탄을 격발한다.

⑨ 제한된 시간을 염두에 두고 연속적으로 조준선 정렬을 하면서, 동시에 격발이 될 수 있도록 반복한다.

제3절 경호원과 근접사격

1 근접사격과 훈련

근접사격(Close Quarter Shooting)은 주로 완벽한 경호원(BG) 프로그램의 일부로 알려져 왔으며, 이상적 사정거리 내에서의 조준사격과 공통점이 거의 없다고 할 수 있다. 이는 매우 현실적인 부분으로 경호원들에게는 기본적인 능력들을 자유롭게 구사할 수 있기 전까지 고도의 근접사격 프로그램을 훈련하는 것은 의미가 없다고 할 수 있다.

여기에서의 기본적인 능력이라 함은 적당한 속도로 약 7m에서 약10m정도 떨어져 있는 하나의 표적에 명중시킬 수 있어야 한다는 것을 의미하며, 이러한 최소한의 기술 단계를 입증하고 나면 다음 단계의 근접사격 및 무기훈련 프로그램을 진행할 수 있을 것이다.

모든 경호원들은(심지어 세계 제1의 명사수조차도) 자신의 기술에 있어서 결점은 가지고 있기 때문에 이러한 결점을 보완하거나 잘못된 습관을 극복하는 것이 무엇보다도 제일 중요하고 필요한 시작요소라고 할 수 있다. 스스로가 사격에 대한 흔히 알고 있는 잘못된 생각을 버리려고 하고, 훈련과 연습을 좋아하며, 실력을 쌓아가는 것을 즐기고, 또한 자신의 한계를 극복하려는 의지가 있다면, 경호원은 속도와 정확도에 있어서 과거에 이루지 못했던 많은 발전을 할 수 있을 것이다. 하지만 그러기 위해서는 시간과 노력 그리고 많은 탄약과 양질의 지도가 필요할 것이다.

2 근접사격의 원칙

경호현장에서는 정지되어 있는 표적보다는 움직이는 표적이 더 많다. 장차 경호상황에서 예상되는 우발 상황 시 경호요원이 어쩔 수 없는 상황 하에서 위해자에 대하여 제압사격을 할 때 대부분의 위해자들은 대응을 하기 위하여 이동을 하거나 회피를 하려 할 것이다.[2] 이러한 상황에서 근접사격이 훌륭한 경호원이 된다는 것은 단지 좋은 시야와 안정적인 손힘을 가지는 것 이상이 필요하다. 기본적 전술, 육체적 민첩함, 경쟁적인 기질, 그리고 평균 이상의 사격기술이 추가로 필요하다고 할 수 있다.

잠재적인 납치나 습격과 대면했을 때 경호원들은 무장한 공격자들과 상황을 판단할 수 없는 아주 짧은 시간에 매우 근접한 거리에서 조우하게 될 것이다. 만약 경호원이 그 상황을 신속하게 대처하지 못하고 대응사격을 하지 않는다면 경호원은 그저 이론에만 충실한 것으로 경호 실패 상황으로 종료될 것이다.

경호임무 수행 중 근접에서 발생하는 전투사격의 원칙은 전술, 정확성, 힘, 속도의 네 가지 중요한 요소로 구성되어 있다.

- 전술: 이것은 경호원의 사격술이 얼마나 좋은지가 중요한 것이 아니라 전술적인 오류가 문제가 될 수 있다는 것은 의미한다.
- 정확도 : 정확도는 어떻게 인체의 치명적인 부위를 가격하는가를 의미한다.
- 힘(파괴력) : 힘은 무기체계에서 고유의 요소인데 탄약의 종류와 발사된 탄약의 개수, 그리고 신체의 어느 부위에 가격이 되었느냐가 중요할 수 있다.
- 속도 : 속도는 중요한 요소이지만 근접도, 목표물의 크기, 위험요소와 개인의 능력에 따라서 결정 된다.

2) 이상철 · 신승철(2007), 경호요원 권총사격시 조준선정렬방식과 기록변화와의 관계, 한국경호경비학회지 제14호, 한국경호경비학회, p.368.

3 근접사격방법

근접사격에서 정확도를 유지하면서 사격을 빨리 할 수 있기 위해서는 일반적으로 알고 있는 목표물 사격의 기초에서 약간의 변화가 필요하다. 즉, 서 있는 자세, 권총을 뽑는 자세, 무기를 쥐는 법, 시야, 호흡법, 그리고 방아쇠 당기는 법 등을 상황에 적합하도록 훈련해야 한다.

1) 자세

자세에서 중요한 포인트는 편안하고 안정적이며 전투 상황에서 민첩한 움직임에 매우 용이한 자세를 취해야 한다. 사격을 할 때 보통 무릎을 약간 구부리는 일반적인 경향이 있는데 이 자세는 과장되어서는 절대 안 되고, 옛날 FBI[3]처럼 허리를 앞으로 완전히 구부리는 자세도 좋지 않다. 즉, 이등변 자세(Isosceles Stance)[4] 와 위버 자세(Weaver Stance)[5]의 이점을 취하여 경호대상자를 위해자의 조준으로부터 차단이 가능한 강성(변형)이등변 자세(Strong Isosceles)[6] 를 취하는 것도 바람직하다.

2) 총기를 빼는 동작

경호원이 사격을 위하여 권총을 잡아 빼는 동작은 기본 훈련에서 매우 중요

3) 권총사격은 10m 이내에서 벌어지며 즉각적인 사격과 대처가 중요하다는 점을 강조하고 있다. FBI 크라우치의 특징은 다른 지향사격 자세보다 낮은 자세로 양 발의 앞꿈치에 무게를 싣고, 무릎을 굽혀 자세를 낮추는 쪼그리는 자세(crouch)라는 점과 허리와 어깨 사이에서 팔꿈치를 고정해서 사격을 실시하는 것으로 현재는 잘 이용하지 않는 자세이다.

4) 이등변 자세는 양발을 어깨넓이로 벌리고 표적을 향해 평행하도록 서서 두 손으로 권총을 잡고 팔을 정면으로 쭉 뻗어서 목표를 조준한다. 팔을 너무 쭉 뻗는 자세다보니 단발 사격에는 유리하지만 더블탭, 트리플탭 같은 속사 시의 반동 제어가 불리하고, 유연성이 부족해서 전후방 이동에는 괜찮지만 측면으로 코너를 돌거나 하는 이동간 사격에는 단점이 있다.

5) 사격을 하는 손의 발은 뒤로 위치하고 반대쪽의 발을 앞으로 위치하며, 총을 등 손을 앞으로 밀며 반대손으로는 권총손잡이를 감싸듯이 잡은 그립을 통하여 당기는 밀고 당기는 힘의 균형을 통해서 반동을 제어하는 자세이다. 더블탭, 트리플탭 같은 속사에 유리한 자세이다.

6) 변형(강성) 이등변 자세는 다리 넓이를 약간 더 넓게 하고 한쪽 다리(보통 오른발)를 뒤로 빼주어 몸이 약간 앞으로 쏠리는듯한 느낌으로 내밀어서 표적을 조준하는 자세로 다수의 목표를 쏠 때는 허리를 터렛처럼 돌려서 사격에 유리하다. 위버 스탠스와 이등변 자세를 섞은듯한 공격적이고 직관적이면서 반동제어에도 유리한 자세이다.

한 부분이다. 권총집(Holster)은 경호원이 빠르게 무기를 꺼내서 쏠 수 있도록 처음 잡는 손잡이에서 총을 다시 잡지 않고 바로 쏠 수 있게 고안되었다. 총이 꺼내어지면 곧바로 권총집에서 목표물을 향할 수 있도록 해야 한다.
경호원들은 사복 정장을 입고 다니는 경우가 대부분으로 허리에 찬 홀스터에서 권총을 빼기 위해서는 먼저우선 상의자락을 걷어내야 하기 때문에 정장 상의의 단추는 항상 미리 풀러 놓은 상태로 다닌다. 총을 뽑을 때 새끼손가락을 뻗어 허리띠에 대듯이 하고 배꼽에서 옆구리로 새끼손가락으로 상의자락을 걷어내고 홀스터에서 권총을 뽑게 된다. 이 동작에서는 무조건 빠른 것보다는 부드럽게 움직이는 것이 바람직하고 옳은 행동이다.

3) 파지

권총을 쥐는 방법은 정확하게 잡아야 하지만 너무 긴장해서 쥐면 절대 안 된다. 권총에 지나친 압력을 가하는 것은 정확도에 반대로 영향을 미칠 것이다.

4) 지향사격

시야의 확보는 낮은 조명의 상태 또는 빨리 움직여야 하는 상황, 힘든 목표를 조준하는 상태에서는 때때로 어려움에 처할 수 있다. 또한 무장한 공격자와 대면했을 때의 일촉즉발의 상황에서 주의를 모으기란 쉽지 않은 것이기에 근접한 거리가 매우 가까울 때에는 무력과 자연적인 무기에 의존해야 할 때도 있다.

5) 호흡

호흡은 인체의 투쟁-도주 반응(fight or flight response)[7]에 의해서 극적

---

7) 어떤 위험이 인지되면 대뇌는 자율신경계라고 하는 신경조직에 위험에 대한 정보를 보내게 된다. 자율신경계는 교감신경계와 부교감 신경계로 나누어지는데 교감신경계는 에너지를 방출하고 신체가 행동할 준비를 시키는 응급 투쟁 및 도주 반응체계이고 부교감심경계는 반대로 신체가 정상 상태로 되돌아오게 하는 회복체계이다. 다시 말해서 공황 시에 나타나는 신체증상들 예를 들어서 맥박이 빨리 뛰고, 호흡이 거칠어지고, 식은땀을 흘리고, 현기증을 느끼고, 침이 마르고 메스껍고 피로감을 느끼게 하는 증상들은 위험을 감지하고 '투쟁 도주 반응'으로 나타나는 자율신경계의 항진 증상들이다.

으로 증가하게 될 것이다. 급박한 스트레스 상태에서 호흡을 조절하는 것은 매우 무의미한 행동이다. 대부분의 경호원은 자신의 흥분을 가라앉히면서 자연스럽게 숨쉬는 정도만 할 수 있을 것이며, 사격이 멈췄을 때에서야 비로소 자신을 진정시키고 호흡을 고를 수 있을 것이다.

6) 격발

방아쇠 조정 또한 적절히 조절되어야 한다. 기습공격을 할 때에 방아쇠를 천천히 당기고 있을 여유 시간은 없다. 전투상황에서 경호원이 정확한 조준을 하는 동시에 방아쇠를 당겨야 하며 이는 위해자가 먼저 쏘기 전에 이루어져야 한다.

올바른 사격 훈련을 통하여 방아쇠 당기는 손가락이 시각적 반응에 곧바로 대응하도록 훈련되어야 하며 적은 힘으로도 방아쇠를 당길 수 있게 되어야 할 것이다. 이 사격은 오발이 나오는 급작스러운 사격이 아니라 빠르고 간결하게 사격을 하는 능력을 의미한다.

다수의 목표물에 대응할 때에 경호원은 빠른 무기의 반응과 잠재적으로 방아쇠를 당기게 되지만 멀리 있는 작은 목표물에 대한 사격은 더욱 세밀하고 이성적인 시야와 신중한 방아쇠 격발이 요구될 것이다.

7) 조준

사격을 하는 속도는 목표물까지의 거리, 목표물의 크기, 그리고 경호원의 개인적인 능력의 3가지 요인에 의해서 결정될 것이다. 경호원은 자신이 맞힐 수 있는 이상으로 빠르게 사격을 해서는 안 된다. 실전에서 오발은 결코 용납될 수 없는 심각한 문제이기 때문이다. 때문에 멀리 있는 목표물을 사격할 때에는 목표 부위를 조준하고 더욱 신중하게 쏴야 한다.

8) 제2의 공격 대응

마무리 동작은 근접사격에서 중요한 기본 요소 중 하나이다. 오랜 연습과 경험으로 경호원은 빠르게 쏠 수 있는 자신감을 기르고 목표물을 확인하려 멈추지 않아도 될 정도로 발전할 것이다. 경호원은 목표물에 명중했는지 알 수 있게 될 것이고, 곧바로 다음 목표물에 집중할 수 있게 될 것이다. 작전적으로는 위험요소가 무력화되거나 쓰러졌을 때까지 사격을 가해야 하지만 멈춰 움직이지 않는 목표물에게도 경호원은 사격 후 움직이는 능력을 길러야 한다.

근접사격은 근접전 또는 급박한 상황에서의 시간적 여유가 없을 때 신속하고, 정확하게 사격할 수 있는 감각과 능력을 연마하기 위하여 훈련의 중요성이 요구된다. 이 사격은 사거리가 7m, 15m, 25m 내에서 위해 범이 총을 이미 뽑아 계획된 선제공격을 해왔을 때 조준할 시간여유가 없는 상황에서 대응하는 사격이다. 근무요원은 어떠한 상황에서도 위험이 있음을 심적 대비하고 총기를 뽑을 준비가 되어있는 훈련을 거듭하여야 한다.

4 일반적인 근접사격훈련

사격장 프로그램은 실제 상황을 가능한 많이 반영할 수 있도록 설계되어야 한다. 경호원들은 또한 무기를 사용하는데 매 순간 최선을 다해야 하며, 마치 실제 상황을 대하는 것처럼 일관된 자세를 가져야 한다. 다음의 사항들을 중심으로 실제와 같은 훈련을 통하여 근접사격 능력을 발전시켜야 한다.

- 약실확인(Press check) : 경호원들은 실제 상황과 유사한 훈련에 들어가기에 앞서 약실을 확인하는 습관을 들이는 것이 필요하다. 이 과정은 'press check'라고 부르며 슬라이드를 약 4분의1 인치 정도 뒤로 당겨서 총기 내부를 볼 수 있도록 하는 작업을 말한다.
- 총기를 빼는 동작(Draw) : 많은 경호원은 총을 잡아 빼는 연습을 할 때 그냥 자신들의 실력에 적당히 만족하게 된다. 좋은 습관을 들이기 위해서는, 드로우 동작은 항상 효율적이고 활발한 움직임으로 손가락은 방아쇠에서 떨어지게 유지하는 것이 중요하다.

1) 권총 뽑는 요령(Out Holster)

권총을 뽑아 앞굽이형 근접사격자세를 취한다.

① 양손으로 권총잡기

오른손은 권총손잡이를 잡고 왼손으로 총집 단추를 연다. 이때 방아쇠울 안에 인지가 들어가면 위험성이 있으므로 인지는 반드시 방아 쇠 바깥쪽에 위치한다.

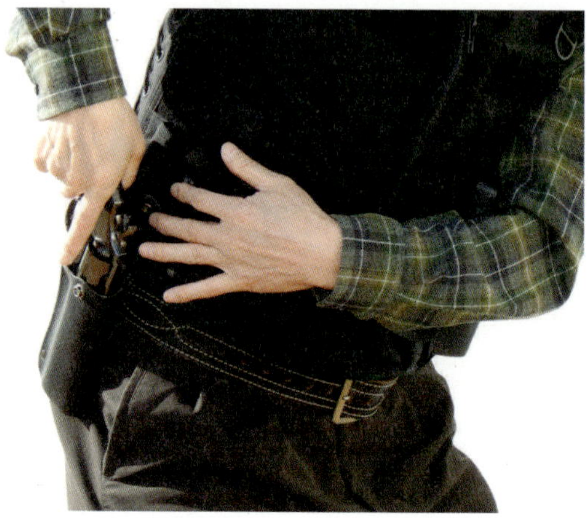

(사진 2-1 저자) 홀스터로부터 왼손은 잠금단추 덮게를 잡고, 총을 정확한 파지가 된 상태에서 뽑는다.

(사진 2-1a) 방아쇠울 안에 인지가 들어가면 위험성이 있으므로 인지는 반드시 방아 쇠 바깥쪽에 위치한다.

② **총 뽑기(Holster training)**

오른손으로 파지한 총을 홀스터(Holster)에서 뽑는다.

-a-

(사진 2-2) 권총 위로뽑기

-b-

(사진 2-3) 보조 왼손은 앞으로 내밀어 양손파지를 할 준비 자세를 취한다.

③ 총을 뽑은 팔은 표적을 향해 부드럽게 뻗으며, 이때 어깨, 팔에 힘이 들어가지 않도록 한다.

④ **앞굽이형 근접사격자세**

앞굽이형 근접사격자세를 취하면서 표적을 향하여 조준한다. 이때 방아쇠울안에 인지를 집어 넣으며 양손파지를 완성시킨다.

-a- -b-

(사진 2-5.a) 팔은 표적을 향해 부드럽게 뻗으며, 팔에 힘이 들어가지 않도록 한다.

(사진 2-6) 보조 손(왼손)은 가장 신속한 파지가 될 수 있도록, 총을 뽑는 순간 거의 동시에 앞을 내민다.

- 제압한 목표물의 재확인(Target cover) : 경호원들은 사격 후에 곧바로 권총을 케이스에 담아서는 안 된다. 위험한 위해자를 쏘고 난 후에 잠깐 동안의 확인할 수 있는 시간을 가져야 한다. 목표물을 조준하고 난 후에 사격수는 계속해서 용의자를 주시하고 총구를 목표물의 허벅지 정도에 대고 있어야 한다. 목표물이 위험요소가 아님이 확인되면 그때에는 무기를 다시 케이스에 넣어서 보관할 수 있다.

2) 터널시야(Tunnel vision)[8)]

경험을 통해서 우리는 생명의 위협을 느끼는 상황이 경호원에게 몇 가지 신체적 영향을 미친다는 것을 알 수 있다. 그 중 하나가 스트레스로 인하여 좁아지는 시야이다. 경호원들이 이 증상을 극복하기 위해서는 전체 구역을 쭉 훑어보고 적어도 사격 후에 목표물을 여러 방면에서 응시해야 한다. 이 동작은 사격수들이 주변상황이나 다른 위험 요소를 인지하는데 도움이 될 것이다.

3) 재장전(Reloading)

전투화기 훈련에서 지도자는 재장전 해야 할 시기를 경호원들에게 이야기해줄 필요가 없다. 재장전은 필요할 때 이루어져야 하며 훈련 중간에 알아서 탄창을 교체해야 하는 것이다.

(사진 2-7.a) 이동사격 훈련 중 탄창을 교체하고 있다.

훈련 도중에 경호원들은 전술적으로 상황에 따라서 재장전을 할 것이다. 전투 중 장전은 위험한 상황에서 탄약이 떨어졌을 때 매우 신속하게 장전을 마치는 것을 말한다.

---

8) 대상물이 마치 긴 굴을 통하여 보는 것처럼 시야가 매우 좁아진 특징을 갖는 상태.

(사진 2-8a) 빈 탄창은 곧바로 무기에서 바닥으로 떨어지고 새로운 탄창이 끼워진다.

빈 탄창은 곧바로 무기에서 바닥으로 떨어지고 새로운 탄창이 끼워지며, 동시에 1발 장전이 이뤄진다. 전술적 장전은 전략전 휴식이나 엄호 하에 있을 때 이루어지는 더욱 세심한 장전이라고 할 수 있다.

부분적으로 소모된 탄창은 빼내고 새로운 것으로 교체하며, 약간 남아있는 탄창은 나중을 위해서 주머니에 보관하도록 한다.

4) 기능불량(Malfunctions)

전술훈련에서 사격훈련은 무기의 고장으로 중단될 수 없기 때문에 경호원들은 급박한 상황에서 고장을 처치할 수 있는 능력을 길러야 한다. 두 가지의 흔한 고장이 있는데 하나는 'Tap, Rack, Bang'이라 불리는 불발문제이고, 다른 하나는 총열에 문제가 생기는 'Sweep' 또는 'Invert and Slingshot'이라는 문제이다.[9]

9) Mark V. Lonsdale(1995), Bodyguard "A Guide to VIP Protection", Specialized Tactical Training Unit, pp.125-133.

-a-

(사진 2-9) 사격중 탄창실에 실탄이 걸려 발사되지 않는 상태

-b-

-c-

(사진 2-10 b) 슬라이드를 후퇴 시킨다.

(사진 2-11 c) 슬라이드를 후퇴시키고 놓으면 약실 속에 있는 실탄이 밖으로 제거된다.

5 경호원의 근접사격프로그램 훈련(Close-fire training)

경호원의 양성과정에서 무기 사용을 교육할 때 교전기술의 기본에 대한 중요성을 강조해야 한다. 예를 들어, 총기를 휴대한 인원들을 교육함에 있어 사격 상황이 예상될 때는 주의(attention)에 대한 기본적인 자세가 효과적인 보호를 위해 갖추어져야 한다. 또한 근접경호에 있어서 경호원은 바른 위치를 유지하고 경호대상자를 몸으로 보호하는 훈련이 되어있어야 한다. 결과적으로 경호원은 자세를 똑바로 유지하고 자신의 몸을 위해요소와 경호대상자의 사이에 위치하는 동시에 사격하는 훈련이 필요하다.

1) 권총 이동사격 기본자세

Pistol Movement Shot Basic Attitude

(1) 전진 이동사격(Forward moving position)

① 구부려 쏴 사격자세에서 앞발을 끌듯이 앞으로 한 족장 이동하고 뒷발을 신속히 앞으로 당겨서 사격자세를 취한다.
② 이동시 발을 끌어주는 이유는 노면의 장애물에 걸려 넘어지는 위험을 방지하기 위함이다.

② ①

(사진 2-12) (전면관찰. 전진 이동동작)

(2) 후퇴이동사격(Move backward position)

① 뒤로 이동은 앞으로 이동을 반대로 행한다.
② 앞굽이형 사격자세에서 먼저 뒷발을 끌듯이 뒤로 한 족장 이동하고, 앞발을 신속히 뒤로 당겨서 앞굽이형 사격자세.
③ 특히 뒤로 이동시 넘어지는 일이 없도록 몸의 균형을 유지한다.

(사진 2-13) 좌측면 관찰 후퇴이동 동작

(3) 좌로 이동사격(Move to left position)

① 앞굽이형 사격자세에서 앞발을 끌듯이 좌측으로 반 족장 넓이만큼 이동하고 뒷발을 신속히 좌로 당겨서 앞굽이형 사격자세를 취한다.
② 상황에 따라 이동 폭의 넓이를 증감할 수 있다.

(사진 2-14) 좌 이동 동작.(전면관찰: 좌측 발을 넓게 옮겨놓은 동작)

(4) 우로 이동사격(Move to right shooting position)

① 앞굽이형 사격자세에서 먼저 우측 발을 끌듯이 우측으로 반 족장 넓이만큼 이동하고 왼발을 신속히 우로 당겨서 앞굽이형 사격자세를 취한다.

② 우로 이동할 때에도 상황에 따라 이동 폭의 넓이를 증감할 수 있다.

(사진 2-15) 전면관찰. 우로이동 동작

(5) 좌우추적사격(Left-right tracking shooting posture)

① 위해 범이 시야 범위 내에서 좌우로 공격할 경우 취하는 자세이다.

② 앞굽이형 자세에서 상체만 좌우측으로 이동하면서 범인과 대치한다.

③ 좌우추적은 클레이 사격의 이동목표물 추적동작 과도 같으며, 사수는 상체만 움직이고 하체는 움직이지 않는다.

-a- -b-

(사진 2-16 a, b) 좌, 우 추적동작

(6) 좌로90˚ 회전사격(Left 90˚ Shooting Position)

① 앞굽이 형 사격자세에서 좌측 발을 축으로 몸을 좌로 90˚돌린다.
② 상체회전 · 뒷발이동 · 양발회전 등 분리 동작은 한 동작으로 이루어져야 한다.
③ 좌회전 시 좌로 추적 자세처럼 총구와 시선을 먼저 돌린 다음 방향전환을 실시하되 단계별 또는 구분동작으로 되어서는 안 된다.
④ 뒷발은 몸의 균형유지를 위해 지면을 스치면서 앞쪽으로 이동한다.
⑤ 상체의 균형을 유지하고 총구가 흔들림이 없이 표적물을 지향한다.

(사진 2-17) 전 · 측면관찰

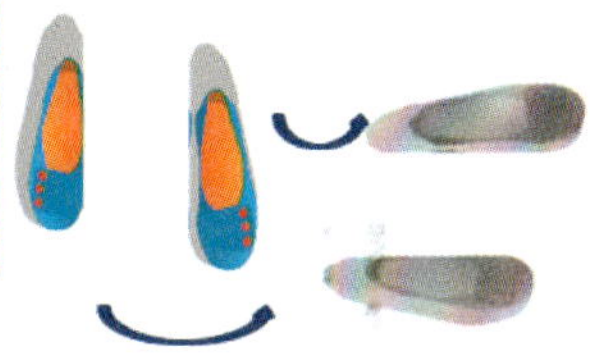

좌 전향 동작

(7)) 우로90˚ 회전사격(Right 90˚ Shooting Position)

① 앞굽이형 사격자세에서 좌측 발을 축으로 몸을 뒤쪽 우로 90˚돌린다.
② 상체회전 · 우측발이동 · 양발회전 등 분리동작은 한 동작으로 이루어져야 한다.
③ 우로 회전 시 우로추적 자세처럼 총구와 시선을 먼저 돌린 다음방향 전환을 실시하되 단계별 또는 구분동작으로 되어서는 안 된다.
④ 우측 발은 몸의 균형 유지를 위해, 지면을 스치면서 뒤쪽으로 이동한다.
⑤ 상체의 균형을 유지하고 총구가 흔들림이 없이 표적물을 지향한다.

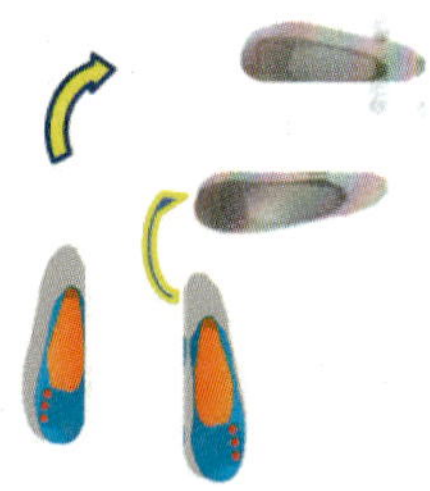

(사진 2-18) 전 · 측면에서 관찰.　　우 전향 동작

2) 도보이동시 사격훈련(Walking Shot Training)

경호팀의 지속적인 훈련 중 사격연습의 하나는 도보로 이동하는 상황에서의 사격연습이다. 이 기술은 '튀어 오르는 표적(pop-up targets)'의 이용이 가능하다면 가장 효율적으로 훈련할 수 있다. 그렇기에 시가지 모형의 훈련시설 내에 여러 가지의 상황에 적합한 표적들을 창문이나 문, 골목의 곡각지 근처 그리고 여러 다른 은신처에 설치하여 갑자기 나타나게 함으로 즉각 사격할 수 있는 시스템의 구축이 필요하다.

-a-

-b-

(사진 2-19, 20 a. b) 시가지 모형의 훈련시설 내에 '튀어 오르는 표적(pop-up targets)'의 사격방법이다.

(1) 방향전환자세(Shoot the posture change direction)

표적 정면에서 왼발을 중심회전축(軸)으로 하고 표적의 출현에 따라 우측 발을 이동한다.

이때 양발을 자연스럽게 어깨넓이만큼 벌리고 표적을 향해서 양손파지 사격자세를 취한 왼발을 중심회전축(軸)으로 하고 표적의 출현에 따라 우측 발을 이동한다.

(사진 2-21 a, b) 방향전환자세

(2) 전진이동 자세

(사진 2-22) 전진이동 구부려 쏴

근거리 돌연 표적에 신속히 사격할 때 사용하는 것으로 상체를 앞으로 하고 양 무릎은 구부린 다음 표적을 향해 전진할 수 있도록 취하는 자세로 어떠한 방향으로도 즉시 이동할 수 있는 자세이다.

(3) 이동표적 사격 자세(Shoot the moving target position)

(사진 2-23) 이동표적 사격자세(우측 팔은 뻗는다)

① 복도, 통로 등 이동시 고정된 상태로 돌발적으로 출현하는 범인에 대하여 지면에서 발을 떼지 않고, 몸의 떨림을 최소화하면서 정확하게 사격을 하는 것이다. 이 는 전·후·좌·우 및 모든 방향으로 신속히 전환사격 할 수 있는 실전 경험에서 보완된 사격자세이다.

-a- 전후좌우 전환사격동작　　　　　　-b- 저자 (경호사격훈련 시범)

(사진 2-24, 25 a, b) 전·후·좌·우 및 모든 방향으로도 신속히 전환사격 할 수 있는 실전 사격동작

② 이동표적의 사격원리 : 실탄의 비행속도와 목표물의 이동속도를 예측하여야 정확한 조준점을 찾아 리드 사격을 할 수 있다.

③ 실탄의 비행속도 예측 : 실탄이 총구에서 목표물까지의 속도는 종류에 따라 각각 다르나 엽총의 경우 약 200~400m/sec 이므로 목표물의 이동방향 전방에 일정거리를 띄어 발사하는 리드 사격을 해야 한다.

(사진 2-26) 레일을 타고 이동하는 목표물 전방 에 일정거리를 띄어 리드 사격을 하고 있다.

(4) 무릎쏴 자세(Shoot knees posture)

원거리 및 정확한 사격과 낮은 은폐물을 이용하거나 초탄 불명중 시 '서서쏴' 자세에서 신속히 무릎쏴 자세로 전환함으로써 자신을 보호할 때 사용한다.

-a- 좌측면 관찰동작

-b- 후방 관찰동작

(사진 2-27, 28 a, b) 좌 · 후 방향에서 관찰되는 무릎쏴 동작

이 자세는 더블액션 코스에서 사용되며 우측무릎을 지면에 대고 상체를 약 15° 가량 앞으로 향해 팔을 내밀듯이 뻗는다.

(사진 2-29) 몸을 낮춘 무의탁 무릎쏴 자세-우측방향 관찰

(5) 쪼그려 쏴(Shoot squatted posture)

① 우측 무릎을 꿇고 좌측팔꿈치를 무릎 바깥부분에 세운다.

② 우측다리의 장 단지와 뒷꿈치에 상체중심을 둔다.

③ 무릎으로 의탁한 정확한 선별 사격 시 사용하는 방법이다.

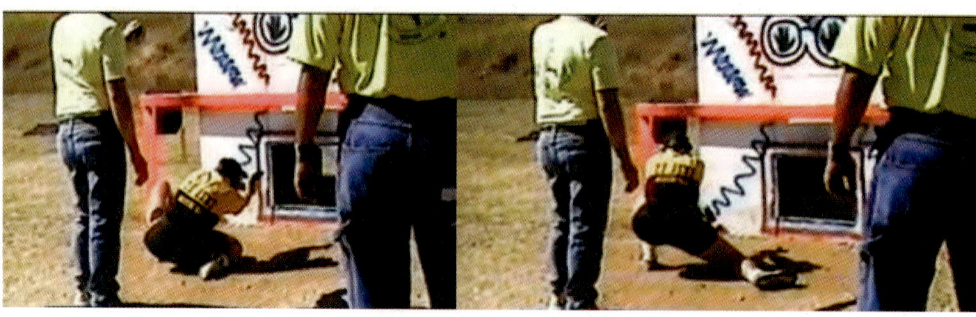

(사진 2-30, 31) 쪼그려 쏴(무릎의탁)

(6) 엎드려 쏴(Shoot down position)

① 안정된 자세로 정확한 사격이 요구될 때 양손 파지법으로 사격하거나 주로 경계 임무수행 시 사용한다.

(사진 2-32) 경호사격훈련 시범사격(저자 : 엎드려쏴 자세)

② 전방을 향해 누운 다음 다리를 벌려서 발꿈치를 땅에 붙여 수평으로 하고 몸과 머리는 표적과 일직선이 되도록 한 후 양손으로 권총을 파지한다.

-a- -b- -c-

(사진 2-33 a, b, c) 엎드려쏴 동작[10)]

a 엎드릴 때 총이 그 표적을 겨냥하고 있는지 확인하여야 한다. 지면에 발사하면 파편이 사수에게 유탄으로 돌아올 수 있다. 총구는 반드시 목표물로 향하여야 한다.

b 총이 내 얼굴 앞에서 바로 아래로 올 수 있게 해야 한다.

c 엎드렸을 때 몸의 자세는 45도 각도를 이루어지도록 하여야 한다.

10) www.shootingusa.com/.../TODD_JARRETT/todd_ja

(7) 장애물 사격

어떤 장소에서라도 장애물 극복능력 배양을 위한 사격연습을 말한다.

① 장애물 좌 · 우측면 이용사격

−a −b

(사진 2−34, 35) 좌. 우 장애물 이용 동작

② 창문틀 이용 사격(15m)

(사진 2−36) 창문 밖 이동 표적사격 동작

③ **원통나무 장애물 회전 낙법 후 사격(25m)**

(사진 2-37, 38) 장애물 회전낙법 사격동작

④ **출입문 개방 후 사격(15m)**

(사진 2-39) 출입문 개방후 표적사격동작

⑤ **계단이용 출입문 개방 후 사격(15m)**

(사진 2-40) 계단이용 사격동작

⑥ **자동차 이용 좌 · 우측면 사격(25m)**

(사진 2-41) 자동차 좌우 측면 사격동작

⑦ **원통형(타이어)을 이용 사격(15m)**

(사진 2-42) 타이어 이용 무릎 쪼그려 사격동작

⑧ **요철(창문틀) 홈 이용 사격(25m)**

(사진 2-2-43) 창문틀 이용 사격동작

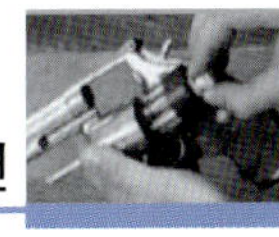

3) 즉각적 행동 훈련(Immediate Action)

보행 이동 중 대형에서의 사격연습은 기본적으로 경호팀이 경호대상자로 분장한 팀원을 동행하여 진행된다. 위협이 나타났을 때, 위협에서 가까이 있는 경호원은 자신의 몸으로 위협을 차단하고, 나머지 팀원들이 경호대상자를 대피 시키는 동안 전투에 임한다. 만약 여러 명의 위해자와 마주치는 훈련 시나리오에서는 가까이 있는 두 명의 경호원이 나머지 팀원들이 경호대상자를 안전하고 신속하게 대피할 수 있도록 전투를 실시한다.

4) 사격을 통한 방어 훈련(Covering Fire)

오직 경호대상자가 위협요소(Kill zone)로부터 안전해졌을 때에만 전투 중이던 경호원은 사격을 중지한다. 왜냐하면 경호대상자가 안전해지기까지는 수 십초가 걸릴 수도 있으며, 위해자들은 그들의 탄약이 너무 빨리 떨어지지 않도록 시간을 배분하여 점사를 하도록 훈련받았을 수도 있기 때문이다. 가능하면 많은 횟수로 빠르게 공격자들에게 사격을 가하는 것이 경호대상자를 위협으로부터 보호하는 것이 일반적인 방법이라고 할 수 있다.

5) 한 손을 이용한 사격훈련(One-handed Shooting)

비록 대부분의 경호원이 위버 스탠스(Weaver stance)의 두 손을 이용한 사격을 교육받지만 때로는 경호원 자신의 뒤에 경호대상자를 위치시키고 다른 손으로 사격하며, 경호대상자를 위협으로부터 밀어내거나 차량 안으로 밀어 넣어야 할 경우도 있기 때문에 한손으로 사격하는 법도 훈련해야만 한다. 한손으로 전투하는 것은 대개 총을 뽑는 것과 결합되어 있는데 경호원이 경호대상자의 위치가 위해자와 마주한다는 것을 알았을 때 즉시 총을 뽑고 사격하는 것에 익숙해지기 위한 훈련이다.

(사진 2-44, 45 a, b)　a- 왼손사격　　　　b-오른손사격

6) 잘 쓰지 않는 손을 이용한 사격훈련(Use of ‘Weak’ hand)

한 손으로 사격하는 연습은 또한 잘 쓰지 않는 다른 손(왼손)으로 사격하는 것도 포함한다. 만약 바른 손이나 팔, 어깨에 상처가 났을 경우 경호원은 잘 쓰지 않는 다른 손으로 사격해야만 하는 경우가 발생한다. 또는 바른 손이 경호대상자를 안전한 장소로 옮기는 용도로 쓰였을 때, 또는 적절한 대응을 하기 위해서는 잘 쓰지 않는 손을 사용하는 것이 나은 경우에 대비하여 훈련한다. 이러한 경우에 대비하여 보통 Second Handgun은 안 쓰는 손이 쉽게 뽑을 수 있도록 휴대한다.

(1) 파지법

권총을 파지하는 방법은 한손파지와 양손파지로 구분할 수 있으며, 좌, 우 모든 손을 자유자재로 사용할 수 있어야 한다.

① 한손파지

- 권총의 손잡이 뒷부분을 엄지와 인지사이의 V자 홈에 견고하게 밀착시킨다.
- 엄지와 인지를 제외한 나머지 3지로 감싸 쥔다.
- 엄지는 손잡이 부분을 가볍게 감싸고, 인지는 직 후방 압력을 가할 수 있도록 위치한다.
- 좌·우 모든 손에 적용할 수 있다.
- 총구방향을 목표와 일치시키기 위하여 팔과 손목을 쭉 펴야 한다.

② **왼손파지**

이동 간 복도교차로 등에서 우측 손을 사용하여 문을 개방하거나, 협소한 공 간 내에서 신체노출을 최소화할 시에 왼손으로 권총을 파지하여 사격하는 것이 유리하다. 또는 우발사태 대응사격 시 우측 팔에 총격을 입었을 경우와 신속히 몸을 돌려 사용을 하고 그 밖에 파지한 우측 손을 사용 할 수 없을 경우이다.

(사진 2-46) 오른손파지

(사진 2-47) 왼손파지

7) 지근거리에서의 격투훈련

지근거리에서 사격기술은 백병전 기술과 연계되어 사용 되어질 가능성도 있게 된다. 매우 가까운 거리에서는 대개 무장한 위해자를 총을 뽑아 저지하기에는 시간적으로나 공간적으로 충분하지 않을 수 있다. 이러한 경우에는 격투기의 무장해제 기술이 더 효율적일 수 있으며, 반면에 훈련된 경호원이 무기를 가져올 시간을 얻기 위해서 격투기 기술을 사용할 수도 있다.

또한, 어떠한 경우에 위해자가 무기를 뽑고 지근거리에서 발사되는 순간 경호원이 공격자의 중심을 무너뜨리는 것으로 경호원은 위해자의 총잡은 손을 잡고 위아래로 힘을 가해 공격자의 균형을 빼앗고 총을 뽑아 다른 손으로 사격하는 것이다. 하지만 일반적으로 위해자의 총잡은 손을 제압할 때 양손이 모두 필요하기 때문에 총을 뽑는 것은 매우 힘들기에 확실하게 제압할 수 있는 훈련이 필요하다.

6 고급훈련

경호원이 사격의 기본기들을 모두 숙달하고 기준치 이상의 실력을 성취하면, 눈에 보이는 실력 이상으로 더욱 자연스럽고 즉각 대응이 가능하도록 사격을 할 수 있게끔 높은 단계로 가도록 노력해야 한다.

충분한 사격 훈련으로 총기가 자신의 몸의 일부가 되는 단계까지 왔다면, 방아쇠를 당기는 힘이 더욱 자연스럽고, 목표물을 보는 시야도 무의식적으로 될 것이며, 총기 또한 모든 상황이 정리되었을 때 내려놓을 것이다. 이는 다른 분야와 마찬가지로 상위의 경쟁자들이 갖게 되는 기술의 단계와 마찬가지이다. 총격전에서는 2인자란 있을 수 없는 것이다.

이러한 수준은 실제 훈련에서 경호원이 총을 뽑아서 다수의 목표물을 조준하고 모두 가운데에 명중하는데 이 모든 상황이 자연스러운 시야에서 이루어졌다는 것을 통해 확인할 수 있다. 실제로 경호원은 잠재적으로 시야를 보고 모든 정보를 예민하게 관찰한다. 이것은 마치 탁구 선수가 빠른 공을 의식하지 않고 느낌으로 쳐내는 것과 같다.

빠르고 정확한 사격과 좋은 실력은 본능적인 사격이라고 불리는 것과 혼동되어서는 안 된다. 사람은 총기를 다룰 줄 아는 본능적인 능력을 갖고 태어나지 않았다. 개개인은 총기에 대한 각각 다른 시야와 반응력과 소질을 갖고 있지만 능숙한 조준사격은 훈련을 통해 얻어지는 기술이다.

가늠쇠를 사용하지 않는 조준 사격은 몸이 습관을 들일 때까지 지속적인 반복훈련을 통해서 터득할 수 있다. 무기가 조준 위치에 맞춰져 있고, 적절한 눈높이와 충분한 시간이 있다면, 결과적으로 목표물에 초점이 맞춰 있어도 조준한 곳으로 나가게 될 것이다. 이건은 본능적인 능력이 아니라 단순히 집중력과 인체의 습관 그리고 지속적인 훈련의 결과라고 할 수 있다. 어느 경호원이라도 충분히 조준하고 사격하면 가늠자가 잘 안보이더라

도 목표물을 맞힐 수 있는 가능성은 올라간다.[11]

속도는 또 다른 중요한 요수 중 한 가지로 많은 사격지도자들은 훈련생들에게 시간에만 의존하도록 지시하며 신속한 사격에만 너무 강조하는 경우가 있다. 이러한 지도자들은 새로운 훈련생에게 매우 좋지 않은 영향을 미칠 수가 있는데, 이는 훈련생이 부드럽게 총기를 빼거나, 명중하는 법을 무시한 채 단순하게 모든 사격을 시간에 쫓겨서 할 수 있기 때문이다.

사격을 하는 시간은 목표물의 크기와, 목표물까지의 거리, 그리고 제일 중요한 것은 개인의 실력차에 따라서 각자 조절해야 한다. 이것을 염두에 두고 모든 경호원들은 엄격한 시간제한에 따른 부담감을 갖고 사격에 소요되는 시간을 각자 정하는 것이 좋다.

하지만 이러한 것들은 초기 훈련에는 별로 중요하지 않은 것들로 초기의 중요한 점은 정확도와 명중률에 있다. 정확히 가운데를 연속으로 맞추면서 기른 자신감으로 경호원은 점차적으로 한계를 넓혀나가서 정확도를 유지하면서 속도를 높일 수 있게 된다. 실제 총격전에서의 속도는 두려움과 흥분감에 자연스럽게 나타나게 된다. 경호원이 가장 중요하게 생각해야 할 점은 첫발부터 실수를 하지 않고 명중하느냐 하는 것이다.

1) 웨버식 파지법훈련

① 한손파지의 원칙에 따라 다른 한손을 보조로 사용하는 파지방법은 사수에 따라 보조 손의 위치가 상이할 수 가있다. 양손파지의 기본은 왼쪽 손으로 오른쪽 손을 고정시키기 위해 강화된 파지 방법이다. 총을 든손으로는 앞쪽으로 밀듯이 힘을 가하고 받쳐주는 왼손을 안쪽으로 당기듯이 힘을 가하여 양손에 주는 힘을 균등하게 하여야 한다.

이러한 파지방법은 총을 견고하게 고정 시킬 수 있고, 발사 시 반동도 줄이게 된다.

---

11) 신속한 조준을 위하여 사수의 몸과 시선, 그리고 권총의 방향을 한곳으로 같이 움직이게 하여 위험상황 발생 시 사수의 시신이 향하는 곳이 바로 권총의 탄착점이 되도록 하는 지향조준방식을 의미한다.

(사진 2-48) 양손 교차 파지법(우측면), 보조 손의 파지형태

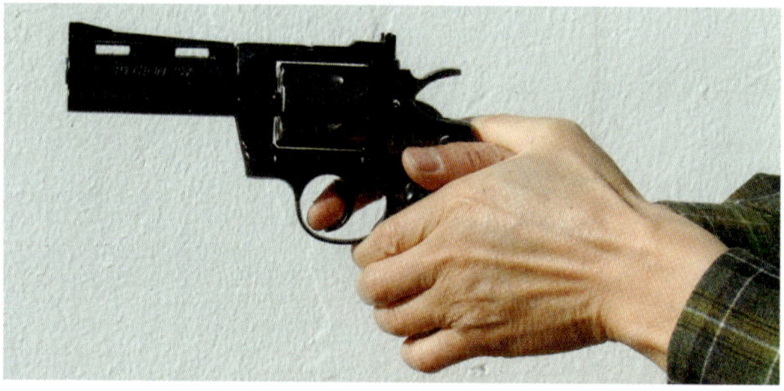

(사진 2-49) 양손 교차 파지법(좌측면), 보조 손의 파지형태

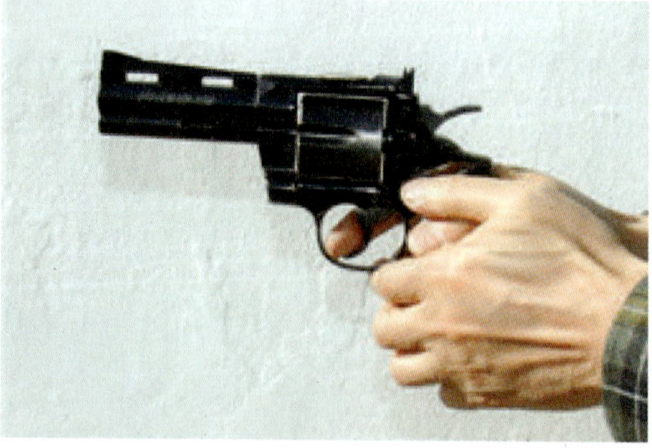

(사진 2-50) 양손 강화 파지법(리볼버식), 보조 손의 파지형태

② 이때 총을 파지한 손은 쭉 펴서 반동 축으로 사용하여야 한다.

(사진 2-51) 양손파지 사격자세

(사진 2-52) 양손파지 사격형태(자동권총)

③ 자동권총인 경우에는 오른손을 지지하는 왼손의 엄지가 총열부위에서 닿아 슬라이드가 전진·후퇴하는 기능을 방해하지 않도록 한다.

2) 웨버식 자세훈련(Weaver Position)

세계 사격연맹(ISSF/International Shooting Sports Federation)에서 채택하는 규정을 적용한 권총경기사격의 기법을 토대로 한 훈련과정이 일정 수준에 이른 후에야 반드시 경호사격 또는 전투사격 훈련에 접근하여야 함은 필연적이다.

웨버사격술은 미국에서 실시한 경호사격 및 전투사격 권총 사격대회에서 여러 차례 챔피온을 석권했던 캘리포니아 잭·웨버(Jack Weaver)씨가 최초로 사용 보급하게 된 자세 및 파지방식을 도입하였다. 웨버식 사격술의 특징은 사격 시 권총의 반동을 최소화하고 발사속도를 높이기 위한 장점이다.

웨버 사격술은 미국 FBI요원의 리벌버 권총사격술의 훈련지침서라고도 한다. 특히 웨버식 자세는 근접사거리(15·25·50야드) 사격기법의 숙달과 원거리 추적사격기법을 단련하기 위한 것이다. 경호사격은 기민한 행동에 의해 이루어져야 하며 통상 구부려 쏴, 서서 쏴, 무릎 쏴, 쪼그려 쏴, 엎드려 쏴 자세 훈련을 요하고 있다.

(1) 구부려 쏴

(사진 2-53, 54 a, b) 상, 하, 좌, 우, 회전 등 이동표적사격의 훈련자세

(2) 서서 쏴

권총사격의 자세에서 서서 쏴 자세는 가장 기본이 된다. 근접한 거리 또는

급박한 상황에서 신속성, 정확성 있는 사격술로 선제사격 · 방어 사격을 위한 필요에서 비롯한다. 서서 쏴는 총의 부동성과 몸의 평형성 유지가 관건이며, 안정된 자세가 보장되지 않는 한 명중사격을 기대할 수 없다. 서서 쏴 자세는 다음과 같은 자세로 실시하여야 한다.

첫째, 표적을 향해 양발을 어깨넓이 정도 유지하고 거총을 한 팔은 곧게 펴며, 보조 손의 팔은 자연스럽게 약간 힘을 빼고 구부린다는 자세

(사진 2-55) 발을 반~한 족장 뒤로 후퇴하거나 좌측 발을 반~한 족장 앞으로 내디뎌 몸을 $\frac{1}{4}$가량 비껴 선다.

둘째, 오른손잡이는 우측 발을 반~한 족장 뒤로 후퇴하거나 좌측 발을 반~한 족장 앞으로 내디뎌 몸을 $\frac{1}{4}$ 가량 비껴 선다.

셋째, 총은 눈의 높이까지 들어 올렸을 때, 사수의 눈과 총의 조준구·표적의 조준점이 일치되어야 한다.

(사진 2-56) 사수의 눈과 조준구·표적의 조준점이 일치되는 자세

(1) 전진 이동사격

① 구부려 쏴 사격자세에서 앞발을 끌듯이 앞으로 한 족장 이동하고 뒷발을 신속히 앞으로 당겨서 사격자세를 취한다.

② 이동시 발을 끌어주는 이유는 노면의 장애물에 걸려 넘어지는 위험을 방지하기 위함이다.

(사진 2-57) 전면에서 관찰한 반조준 전진 이동자세

(2) 후퇴이동사격

① 뒤로 이동은 앞으로 이동을 반대로 행한다.

② 앞굽이형 사격자세에서 먼저 뒷발을 끌듯이 뒤로 한 족장 이동하고, 앞발을 신속히 뒤로 당겨서 앞굽이형 사격자세.

③ 특히 뒤로 이동시 넘어지는 일이 없도록 몸의 균형을 유지한다.

(사진 2-58) 후면에서 관찰한 반조준 후퇴 이동자세

(3) 좌로 이동사격

① 앞굽이형 사격자세에서 앞발을 끌듯이 좌측으로 반 족장 넓이만큼 이동하고 뒷발을 신속히 좌로 당겨서 앞굽이형 사격자세를 취한다.

② 상황에 따라 이동 폭의 넓이를 증감할 수 있다.

-a- -b-

(사진 2-59, 60 a, b) 뒷발을 신속히 좌로 당겨서 앞굽이형 사격동작을 취한다.

(사진 2-61) 좌로 이동 동작(후면관찰 상태)
(좌측 발을 넓게 옮겨놓고, 우측발이 따라 옮기기 전의 동작)

(4) 우로 이동사격

① 앞굽이형 사격자세에서 먼저 우측 발을 끌듯이 우측으로 반 족장 넓이만큼 이동하고 왼발을 신속히 우로 당겨서 앞굽이형 사격자세를 취한다.

② 우로 이동할 때에도 상황에 따라 이동 폭의 넓이를 증감할 수 있다.

(사진 2-62) 후면관찰 우이동 동작

(5) 좌우추적사격

① 위해 범이 시야 범위 내에서 좌우로 공격할 경우 취하는 자세이다.

② 앞굽이형 자세에서 상체만 좌우측으로 이동하면서 범인과 대치한다.

③ 좌우추적은 클레이 사격의 이동목표물 추적동작 과도 같으며, 사수는 상체만 움직이고 하체는 움직이지 않는다.

(사진 2-63) 좌 · 우 추적은 발을 이동하지 않는다. **(사진 2-2-56)** 좌, 우 추적 동작

(6) 좌로90° 회전사격

① 앞굽이 형 사격자세에서 좌측발을 축으로 몸을 좌로 90°돌린다.

② 상체회전 · 뒷발이동 · 양발회전 등 분리 동작은 한 동작으로 이루어져야 한다.

③ 좌회전 시 좌로 추적 자세처럼 총구와 시선을 먼저 돌린 다음 방향전환을 실시하되 단계별 또는 구분동작으로 되어서는 안 된다.

④ 뒷발은 몸의 균형유지를 위해 지면을 스치면서 앞쪽으로 이동한다.

⑤ 상체의 균형을 유지하고 총구가 흔들림이 없이 표적물을 지향한다.

(사진 2-64) 좌(90°)전향동작(측면에서 관찰한 상태)

(7) 우로90° 회전사격

① 앞굽이형 사격자세에서 좌측 발을 축으로 몸을 뒤쪽 우로 90°돌린다.

② 상체회전·우측발이 동·양발회전 등 분리 동작은 한 동작으로 이루어져야 한다.

③ 우로 회전 시 우로추적 자세처럼 총구와 시선을 먼저 돌린 다음방향 전환을 실시하되 단계별 또는 구분동작으로 되어서는 안 된다.

④ 우측 발은 몸의 균형 유지를 위해, 지면을 스치면서 뒤쪽으로 이동한다.

⑤ 상체의 균형을 유지하고 총구가 흔들림이 없이 표적물을 지향한다.

(사진 2-65) 우로 90°회전 동작(우측면에서 관찰된 상태)

4) 장애물 사격

각기 상이한 어떤 장소에서라도 당황함이 없이 봉착된 장애물을 효과적으로 이용하여 기동사격 능력을 구비하기 위하여, 실제 봉착하기 쉬운 여러 형태의 장애물을 선정 묘사하여, 장애물 극복능력의 효과를 극대화하기 위한 연습이다.

(사진 2-66) 장애물 이용사격 훈련장

(1) 의탁물 이용사격

은폐 및 엄폐물과 신체의 일부를 의탁 및 엄폐물로 사용하여 사격을 실시한다.

(사진 2-67) 의탁물을 이용한 사격훈련장

(사진 2-68) 엄폐물을 이용한 한손사격 훈련장

(2) 전방회전 엎드려쏴

① 근거리(7m이내)는 1/sec,15m 25m거리는 3초 이내 격발한다.

② 권총을 파지한 상태에서 전방회전낙법을 실시하면서 전방 표적물을 지향 사격한다.

③ 낙법 후 7, 15, 25m 엄폐물이용 사격을 실시한다.

(사진 2-69) 장애물 · 전방회전 낙법 사격훈련 동작

(3) 전방회전 앉아쏴

① 권총을 파지한 상태에서 전방회전 낙법을 실시한다.

② 다리를 벌리고 상체를 일으켜 앉는다.

③ 양 겨드랑이를 무릎위에 밀착하고 사격을 실시한다.

④ 전방회전낙법 후 자연스럽게 취해진 앉은 자세에서의 대응사격이다.

(사진 2-70) 전방회전 후 자연지향 앉아쏴 훈련동작[12)]

(4) 측방(좌, 우)회전 엎드려쏴

① 준비 자세에서 가슴을 지면으로 향하게 엎드린 후 양손으로 권총을 파지한다.

② 발을 모으고 몸을 곧게 한 다음 측방으로 구른다.

③ 가슴을 지면으로 향할 때 몸을 정지시킨다.

④ 양발을 엎드려쏴 자세를 취한다.

-a-우로 굴러동작　　-b-좌로 굴러동작　　-c-엎드려쏴동작

(사진 2-71, 72, 73) 몸을 지면에 엎드린 상태에서 좌우로 굴러 대응하는 훈련자세 (저자)

(5) 이동간 사격

① 이동 간 사격은 돌발 상황에 대응하는 사격이다.

② 표적 출현방향은 전후좌우 상하 등 무차별 출현할 수 있다.

③ 7m이내는 무 조준 속사, 7m이상(15m, 25m)은 반 조준속사를 실시한다.

---

12) 경호사격훈련 동작 /저자

-a- 사격 준비동작 -b-손잡이를 잡는 동작 -c-팔을 뻗은 동작

(사진 2-74, 75, 76. a, b, c) 돌발 상황대비 사격 동작

(6) 지향사격

양발은 어깨넓이로 벌리고 권총을 양손으로 파지하여 팔굽을 굽혀 총구를 공중으로 하여 가슴 앞에 위치, 시선은 전방.

(사진 2-77) (One hand. Both hands)무 조준 지향동작

(7) 좌로 180^{0}회전

사격준비 자세에서 좌측후방 저격수에 대응하는 사격이다. 좌측후방 공격범의 대응사격(경호사격)은 최소1/sec 이내이어야 하며, 마치 빙상에서 피겨스케이트 선수가 빙상에서 회전하는 속도와 같이 응사 할 수 있어야 한다.

-a- -b- -c-

(사진 2-78) 정면동작-a **(사진 2-79)** 좌로90°회전동작-b **(사진 2-80)** 좌로 180° 회전동작-c

(8) 우로 180^{0}회전

사격준비 자세에서 우측후방 저격수 공격에 대응하는 사격이다. 우측후방 공격수 대응사격은 최소 1/sec 이내여야 하며, 마치 팽이가 회전하는 속도와 같은 응사 이어야 할 것이다.

-a- -b- -c-

(사진 2-81) 정면자세-a **(사진 2-82)** 우측면90°회전-b **(사진 2-83)** 우로 180° 회전-c

(9) 고층(高層) 저격수 대응사격

건물내, 옥상 등에서의 출현 공격수에 대응하는 사격이다. 이 대응사격은 고도의 훈련이 필요로 한다. 또한, 경호요원이 현장 상황에 따라 장애물에 걸려 넘어졌을 때 엄폐물을 이용하며 응사를 해야 할 경우가 있다.

(사진 2-84, 85) 엄폐물 이용 고층건물 저격수 응사

(10) 보트(boat)선상 훈련사격

(사진 2-86) Rolling Pitching 보트선상 훈련사격

7) 팀 훈련

경호원이 믿음직스러운 사격수가 되기 위한 조건을 터득하게 되면 지금까지의 기술들을 고도화된 팀 훈련과 통합시킬 방법을 찾아야 한다. 팀 훈련의

목적은 실제 상황을 재현해 내는 것인데, 2명에서 6명의 경호원들이 경호대상자와 함께 움직인다. 이 훈련의 횟수는 단지 참여자들의 생각대로 정해지지만 안전을 사전에 약속하는 것 없이 실제로 하는 것처럼 실시해야 한다.
가장 기본이 되는 팀 훈련은 급작스러운 습격과 총격에 대응하는 보호와 대피훈련이다. 경호원들 중에 위해자나 공격의 방향에서 가장 가까운 경호원이 총을 꺼내고 엄호와 위해자의 사격을 맡는다. 동시에 경호대상자로부터 가장 가깝거나 위해자로부터 가장 멀리 있는 경호원은 자신의 몸을 이용하여 경호대상자의 취약 부위를 가려서 신속하게 대피시켜야 한다.[13]

제4절 경호사격훈련(Bodyguard Academy Shooting Training Program)[14]

1 경호원과 총기

많은 경호원들이 모두 총기를 사용하는 것은 아니다. 특히 국가별 체제에 따라서 차이가 있으며 우리나라의 경우에는 일반인들의 경우 총기 소지가 제도적으로 허용되지 않는다. 총기의 소지가 가능한 국가라 할지라도 경호업무의 특성에 따라서 총기훈련을 필요로 하지 않는 경호원들 있다.
특히 연예분야와 관련된 경호업무를 진행하는 경우 혼잡한 상황에서 광적인 팬들이 모이면서 발생하는 위험에 대하여 총기는 도움이 되기보다는 방해가 될 수도 있다. 즉, 총기를 휴대하고 사용한다는 것에 대한 위험과 부담으로 인하여 사격의 능력에 대한 필요성보다는 다른 방법에 의한 훈련과 동물적인 감각에 의존하는 경향도 있다.

13) Leroy Thompson(2003), The Bodyguard Manual, Great Britain : Biddles Limited, pp. 148-156.
14) 미국 및 영국 등 Bodyguard Academy의 경호사격훈련 프로그램을 참고하여 정리하였음.

경호상황에서 위험한 위해기도에 대응할 때 가장 우선시 여겨야 되는 것은 보호와 대피(Cover & Evacuate)이며 위험한 폭력에 대응하는 것은 항상 2차적이라는 점을 간과해서는 안 될 것이다.

오늘날의 폭력적인 사회에서는 경호원과 경호원을 고용한 사람들 모두가 무장된 전문가들로 구성된 경호팀이 위험도가 높은 상황에서 심리적으로 안전감을 느낄 수 있다고 생각한다. 총기의 사격이 마지막 수단으로 받아들여지면서 총기의 휴대가 가능한 국가에서도 총기의 사용허가를 받고 사용방법에 대해서 교육도 받아야 한다.

총기를 소지한다는 것은 직업적으로 삶과 죽음에 대한 결정을 요구하는 다른 활동과 마찬가지로 굉장히 많은 책임감을 수반한다. 즉, 사격에서는 판단의 오류 하나로 죽음이나 심각한 상해를 초래할 수 있기 때문에 실제상황에 대비하여 많은 훈련에 소요되는 시간과 노력을 요구한다.

경호업무에 필요한 어떠한 기술이든 사용되는 방면에서는 각각의 전문성이 있기 마련이다. 예를 들면 25m 범위에서의 사격술은 고위급 인사를 수행하거나, 위해 가능성이 높은 경호대상자의 경호임무 수행 중 발생할 수 있는 근접 대치상황에서는 전혀 효과적이지 않기에 근접경호에 필요한 요구조건을 충족시키는 특수한 훈련이 실시되어야 한다.

국내에서는 대통령 경호실이나 경호경찰 및 경호군인, 기타 특수요원 등이 실시하는 공경호 업무를 제외하고는 권총을 사용할 수 없으나 향후 해외에서 활동해야 하는 경호요원의 경우 관련 국가에서 권총을 휴대하는 여건이 주어 질 수가 있다. 이에 권총을 사용하는 경호사격술의 실전 기술에 앞서 훈련 프로그램은 우선 사격지침과 무기 안전에 있어서 중요한 모든 주제들을 다뤄야 할 것이다.

2 화기관련지침(Firearms policy)

국내·외 공경호 기관 및 보안회사, 경호원을 고용한 회사, 사설 경호원, 이들은 모두 사용, 용도, 보관, 수입(손질) 또는 운반에 대하여 규정한 일정한 양식의 화기 관련 방침이나 지침을 갖고 있다.

대부분의 국가에서 활동하는 민간경호업체 및 보안업체 등의 보안직원과 경호원은 일반 국민들 이상의 법적 집행력이 없다는 것을 염두에 두고 관련 지침을 수립해야 한다. 다음의 내용들은 그 지침들을 명확히 하기 위한 일반적인 기준으로 볼 수 있다.

1) 총기에 관한 사항

대부분의 국가에서는 기관이 승인한 화기만을 소지할 수 있으며 화기들은 언제나 안전하고 깨끗한 상태로 유지되어야 한다. 또한, 법적 문제나 대중의 비판, 징계처분의 문제 등을 피하기 위하여 승인 받은 경호요원만이 사용할 수 있으며, 권총에 대한 지침은 다음의 것들을 포함한다.

- 공인 받은 유형
- 공인받은 탄약과 구경
- 사용 장소와 일시, 사용방법 등에 대한 세부 사용 내용
- 내구성, 보존, 정상 작동 상태
- 사수의 자격과 화기의 점검 빈도
- 총기 휴대 시 유의사항[15]

2) 훈련에 관한 사항

총기의 사용을 승인 받은 경호요원들은 정기적인 실전 훈련에 참가하고 능숙도를 항상 유지해야 한다. 최소한의 기준에 미달한 경호요원들은 화기를 휴대하는 것이 제한되며 보류 또는 해고될 위험성도 있다.

15) 미국의 경우에는 연방 기준에 적합한 직원들만이 유효한 승인을 획득하고 모든 법적 요구사항을 만족시켜야만 총기 휴대가 가능하다. 또한, 승인받은 무기는 권총집에 적당한 탄알과 함께 소지하게 된다. 변경은 사전에 승인을 받아야만 가능하다.

3) 경호원의 총기 사용에 관한 사항

① 경호요원들은 자신들 혹은 타인이 죽을지도 모르는 위험한 상황에 처해 있거나, 심각한 육체적 고통을 입을 상황이 되었을 때, 정당방위 이외에는 누구에게도 사격을 가해서는 안 된다.

② 경호요원들은 도주하는 용의자에게 정당방위의 상황이 아닌 이상 사격을 가하여서는 안 된다.[16)]

③ 움직이는 운송수단, 바퀴 등에 더 이상 못 움직이게 만들려는 의도로 총격을 가하는 행위는 무고한 집단에 위험한 상황을 만들어내기 때문에 급박한 상황이 아니면 금해야 한다.
이는 움직이는 운송수단 내에 있는 사람에게도 마찬가지이다. 단 제어할 수 없는 움직이는 운송 수단의 위험성은 고려해 봐야 한다.

④ 총기는 경호요원이나 다른 사람들을 위협하지 않는 용의자를 겁주거나 위압감을 주기 위해서 사용해서는 안 되며, 공공장소에서 총기를 과시하거나 불필요하게 내보이지 말아야 한다.[17)]

4) 경호원의 판단에 관한 사항

치명적인 공격(Deadly Force)에 관한 모든 지침의 근본은 이 공격이 나 자신, 동료, 경호대상자, 혹은 무고한 제3자의 생명의 방어를 위해서만 사용되어야 한다는 것이다. 지침과 안전수칙 위반은 심각한 비극을 초래할 수 있으므로 이 점에 대해서 전체적으로 완벽하게 이해를 해야 한다.

세상의 모든 문제들이 단순하게 흑과 백으로 정확히 나눠는 것은 아니다. 어떤 문제는 경호원들에게 약간의 어려운 판단을 요구하는 회색의 문제들이 발생할 수 있다.

예를 들면, 위해자가 자신의 손을 위로 들면서 항복을 하려는 상황인데, 그

16) 예를 들면, 생명의 위협이나 심각한 부상의 위협이 있을 때를 말한다.

17) 이는 위협이 되거나 추후 위협이 될 만한 상황에서 화기를 꺼내는 것은 포함하지 않으며, 경호요원들은 항상 총기를 보이는데 있어서 올바른 판단을 내려야 한다.

는 여전히 손에 총을 쥐고 있다. 경호원은 그에게 총을 바닥에 내려놓으라고 명령하지만 위해자가 곧바로 경호원의 명령에 응하지 않는 상황이다. 이러한 상황에서 행동이 반응보다 빠르다는 것을 알고, 만약 위해자가 경호원을 쏘려고 결심하여 확신을 갖고 빠르게 움직여서 그것을 실행에 옮기게 된다면 아마도 위해기도자의 공격이 성공하게 될 것이다.

경호훈련기관들은 만약 위해자가 무기를 곧바로 떨어뜨리지 않을 때, 경호원이 곧바로 사격을 가하라고 교육을 하기도 한다. 상기의 위험한 상황을 예방하기 위한 조치라고 생각할 수 있다.

이와 비슷한 상황의 다른 예를 들면, 위해자가 무기를 집으려고 몸을 굽힐 때이다. 비록 권총이 위해기도자의 손에 들어가지는 않았지만, 위험의 가능성이 매우 높은 상황이다. 위해자가 권총을 집어서 경호대상자나 경호원을 쏘려고 마음을 먹은 순간부터 방아쇠를 당기는 순간까지는 1초도 안 되는 매우 짧은 순간이다. 비록 위해자가 권총을 손에 다 잡지 않았더라도 경호원은 위해자를 쏴야만 할 것이다.

5) 경호원의 사격 후 행동에 관한사항

사격의 지침 중에서 중요한 또 하나는 경호원이 사격 후에 곧바로 취해야 할 행동에 관한 사항으로 다음의 사항을 참고해야 한다.

- 경호대상자의 안전을 확인한다.
- 경찰과 응급의료진에게 연락한다.
- 가능하면 현장에서 증인을 바로 확보한다.
- 곧바로 상관 또는 변호사와 연락한다.
- 경찰에게 간단하고 정직한 진술을 유지하고, 생명에 위협을 느꼈던 상황을 강조한다.
- 문서 보고서에 정직하고 객관적으로 쓴다.
- 보고서에 총격에 관련된 사실은 기재한다.
- 경호원을 보호하는 가장 최선의 방법은 화기관련지침을 미리 숙지하고, 정부와 기관 간에 수립된 지침과 절차에 따라서만 총기를 사용하는 것이다.

제3편

사격술 향상법 및 일반적 트레이닝

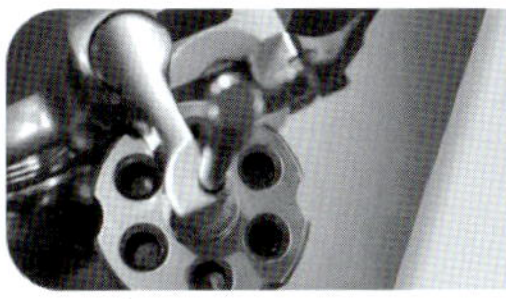

제 1 장 예비 · 체력훈련

제1절 경호사격술 예비훈련

1 목적

권총의 주 용도는 적과의 근접전에서 또는 급박한 상황에서 선제공격 또는 방어하기 위하여 신속하고 정확한 사격을 하는데 있다. 사격술의 기본요소인 자세, 호흡, 조준, 격발 요령과 완사격, 속사격 및 전투사격 요령을 반복 연습하는 훈련을 통하여 신속 정확한 사격술을 숙달 할 수 있게 된다.

어떠한 총기를 막론하고 사격술의 연마는 사격술 예비훈련을 통해서 이루어지며, 신속 정확한 사격 능력은 사격술의 기본원리와 중요성을 인식하고 올바른 동작은 부단히 숙달시킴으로서 이루어질 수 있다.

2 인지의 독립적 운동

격발순간에 인지만의 독립운동이 결코 용이 하지는 않다. 이는 독립운동을 할 수 있는 평소 지속적 훈련 부족으로 볼 수 있는 현상이다. 권총을 파지한 손 전체의 힘과 방아쇠를 당기는 인지가 마치 주먹을 불끈 쥐듯이 움켜잡고 있을 때 총구 떨림이 초래된다. 이러한 손 근육의 움직임을 최소화하는 방법이 바로 인지의 독립적 운동 훈련인 것이다.

권총을 파지하여 격발할 때, 방아쇠를 당기는 것처럼 오른손(왼손)을 아래와 같이 갈퀴 모양으로 만들어 방아쇠를 당기듯이 인지만 움직이게 서서히 오무렸다 폈다 하는 연습을 계속적으로 하고 잘되면 그 다음 단계로 속사할 때처럼 빨리 당겨 다른 손가락은 움직이지 않게 하는 연습을 계속 반복한다.

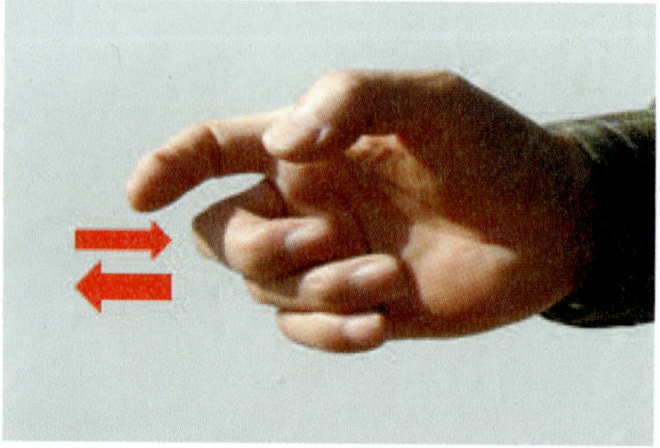

(사진 3-1) 인지를 오무렸다 폈다 하면서 3. 4. 5지를 움직이지 않는 반복훈련

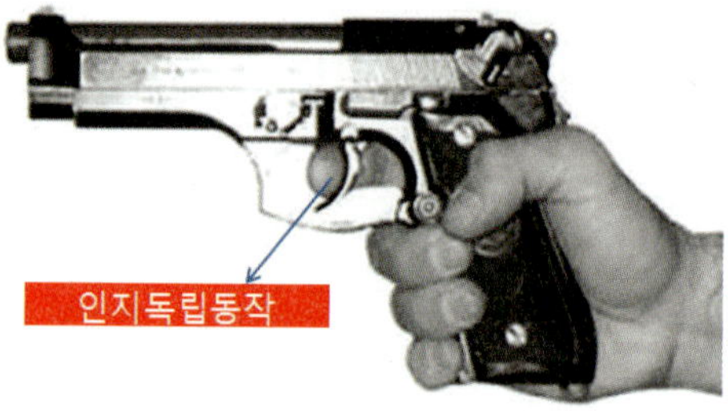

(사진 3-2) 항상 인지의 위치를 확인하는 파지습관을 갖도록 한다.

3 정신집중력 훈련

사격성적이 저조한 그룹의 공통점이 있다. 정조준을 한 상태에서 격발과 동시에 자신도 모르게 눈을 깜빡 거리거나 어디에 맞았는지 궁금하여 바로 총을 밑으로 내리며 표적지를 보는 것이다. 이러한 것은 탄환이 실린더를 빠져나가기 전에 총구가 움직이는 현상을 가져오게 되어 처음부터 눈을 감고 사격을 하는 것과 마찬가지의 결과를 가져온다.

이것은 바로 사격에서 말하는 추적을 하지 않는 현상이다. 정조준을 하면서 격발이 되고, 총의 반동을 받는 순간 1~2초 동안 눈을 뜬 상태에서 조준선 정열의 상태를 지키기 위한 노력이 극히 요구된다. 아래와 같이 사격 시 조준선 정열상태의 표적을 붙여놓고 매일 2~3분 동안 눈을 깜빡이지 않고 보는 집중력 훈련을 한다.

이러한 훈련방법은 격발 시 눈의 깜빡임, 총을 바로 내리는 습관 등을 수정할 수 있는 훈련방법이다.

4 몸의 균형운동

사격을 할 때의 기본은 몸의 흔들림이 최소화된 자세이며, 사격 시 자세 자체의 동요를 없게 하려면 다음과 같은 방법으로 훈련하는 것이 좋다.

- 눈을 감고 차려 자세를 하고 서 있는 상태를 취한다.
- 눈을 감은 채 학 다리 자세를 취하여, 1회 20초, 30초순으로 균형운동을 한다.
- 계속하여 다리를 바꿔가며 반복 균형운동을 하면, 몸의 움직임이 최소화될 수 있는 훈련이다.

제1절 총기이용 사격훈련

1 비사격(非射擊)훈련

사수의 대다수가 격발 시 총구가 움직이는 경우가 많다. 이러한 점을 개선하기 위한 연습방법은 다음과 같은 방법으로 훈련한다.

- 권총의 총열위에 동전을 올려놓고 동전이 떨어지지 않도록 격발연습을 하면 격발할 때 총구의 흔들림이 개선되어 좋은 사격 점수를 획득할 수 있다.

- 사수가 알지 못하게 약실에 실탄을 한발만 장전하고 나머지 빈 약실에는 탄피를 장전하고 실린더를 닫고, 사수에게 총을 주고 옆에서 지켜보면 장전되어 있는 부분에서 격발할 때 실탄이 장전되어 있는 줄 알고 격발하면서 눈을 깜빡거리는지,
- 조준선 정열 보다는 표적지 중앙에만 신경을 써서 의식 격발을 하여 격발과 동시에 총구가 내려가는지 지레짐작하여 반동이 있을 것이라고 예상하고 격발과 동시에 몸을 뒤로 젖히는 지 등을 적극적으로 시정할 수 있다.

2 모형권총 이용훈련

개인에게 지급되는 총기 소지 제도가 우리나라에는 전무하다. 심지어 군·경 특수요원의 경우에도 근무시를 제외하고, 개인 소지는 더더욱 불용되고 있는 실정이다. 총기를 개인이 소지 할 수만 있다면 틈나는 대로 빈총으로 연습을 하고 또 각자가 실탄 사격도 수시로 할 수 있다면 누구든지 사격 마스터를 취득할 수 있을 것이다.

그러나 현실적으로 총기를 개인 소지할 수 없는 실정에서 사격술 훈련의 효과를 극대화하기 위한 좋은 방법 중 하나는, 모형권총으로 사격술을 연습하는 것이다.

사수는 시중에서 플라스틱제품으로 된 슬라이드(Slide)형의 모형 자동권총인(semi-auto pistols) 글락M-19 또는 베레타 92F모델 등을 어렵지 않게 선택구입 할 수 있다.

(사진 3-3) 45구경 1911 A1(미국) 모의권총사격훈련

-a- -b- -c-

(사진 3-4) 총 뽑는 훈련(out holster)

이 모형총의 가늠자와 가늠쇠 그리고 격발시의 방아쇠 압력이 실제 총과 거의 유사하기 때문에, 모형총기이지만 자세, 파지, 조준, 호흡, 격발, 추적 등 사격술에 필요한 모든 훈련에는 많은 도움이 된다.

이와 같은 훈련 방법으로 지속적으로 수많은 반복을 거듭 할수록 그 효과와 성적은 극대화 될 수 있으며, 이러한 기초훈련을 체득화 함으로써 위해범이 발생한 긴급 상황에 직면하였을 때, 반사적으로 정확한 사격동작을 구사할 수 있다.

(사진 3-5) 파지, 호흡, 조준, 격발, 추적, 예언 훈련-실전 훈련과 동일한 방법으로 실시

우리나라 일선 경호. 경찰관들도 이 모의권총을 이용한 사격술 훈련을 지속적으로 실시한 결과 사격성적이 향상된 사례가 있다.[1] 이와 같은 사격술 향상훈련 등 사격술 기초훈련을 스스로 체득화 함으로써 경호상 긴급상황에 직면하였을 때 반사적으로 신속 · 정확한 사격동작을 구사할 수 있는 것이다.

1) 경찰권총사격술 교범, 경찰청(2005)

제2장

사격술 향상 및 일반적 트레이닝

제1절 사격술 향상법

1 목적

사격술이 보다 고도화되어 감에 따라서 육체적인 적응력도 마찬가지로 개발되어야 한다. 이러한 것이 되어있지 않으면 경호사격의 기대성적을 성취할 수가 없다. 즉, 심폐기능, 순환기능, 근육기능, 신경기능의 단련과 컨디션조절 및 이완효과(적극적 휴식) 등 일련의 사격의 과정을 유지하기 위해서는 상당한 육체적인 적응력이 필요하다. 필요한 적응력을 성취하기 위해서는 체력훈련은 필수적이라 볼 수 있다. 체력훈련은 일반적응력과 특별적응력 두 가지로 분류된다.

2 일반적응력

훌륭한 근육감각을 발달시키고 심장 및 폐 기능을 향상시키기 위해서는 자신에게 가장 알맞는 훈련방법을 선택할 필요가 있다. 선택의 범위는 상당히 넓으며 조깅, 도보, 수영, 사이클, 제자리 뛰기 등이 적합하다. 훈련량은 조금씩 쌓아나가야 하며 규칙적으로 이루어져야 한다.

그러나 이 훈련은 다른 종류의 훈련에 보충적인 역할을 한다는 것을 명심해야 하며 각 개인이 자신의 나이와 일반적응력에 알맞은 스케줄을 선택할 수 있도록 광범위한 훈련 프로그램이 포함되어 있다.

1) 정적 근육강화 훈련[Isometrics] 2)

맨몸운동의 효과에 대해서 수축(contraction)을 언급할 수 있다. 흔히 몸을 수축하는데 있어서 정적인 수축을 등척성 수축 (等尺性收縮 : isometric contraction)이라고 하며, 정적(靜的)수축은 움직임 없이 일어나는 근 수축이라고 할 수 있다.

(사진3-6) [대표적인 코어(Core)운동 플랭크(Plank)]

한 가지 예를 들어 움직이지 않는 벽을 밀 경우, 팔을 굽히지 않고 편 상태로 밀게 되면 관절의 움직임이 없어 근육의 길이가 변하지는 않지만 근육 내부에 장력(Tension)이 발생하게 된다.
즉, 근육의 길이가 변하지 않고 힘이 발생하는 걸 정적수축이라고 한다. 정적수축은 관절의 전체 가동범위에서 정해진 한 각도에서만 버티기 때문에 관절의 가동범위 전체에 걸쳐 근력이 향상되지 않고, 특정 각도에서만 근력이 향상되는 특징을 가지고 있다.

(사진 3-7) 벽밀기 동작 -a- -b-

2) 경찰청(2005). 경찰 권총사격술 교범. 신체단련을 통한 사격술 향상법. 세일 문화사

-c-

(사진 3-8) 근육의 길이가 변하지 않고 힘이 발생

(1) 정적운동을 통해 결합조직을 강화해야 하는 이유

우리는 운동을 통해 부상을 당하거나 아니면 평상시 활동을 통해서 갑자기 몸에서 아프거나 찌릿 거리는 통증을 느껴본 적이 있을 것이다. 이러한 부상과 통증은 우리 몸을 구성하는 조직들의 손상 때문이며, 결합조직의 단점은 압박과 자극, 스트레스에 취약하고 손상 시 치유과정이 굉장히 느리다. 근육이 회복하는 속도보다 더 느린 것이 결합조직 이다. 결합조직이 손상되면 어떠한 동작을 제대로 하기도 전에 통증부터 밀려와 아무 것도 할 수 없게 된다. 예를 들어, 물구나무서기를 하려는데 손을 바닥에 놓자마자 어깨나 손목에 통증이 전해져 물구나무서기를 못하게 된다는 것이다.

이것이 바로 정적운동을 통해 결합조직을 강화해야 하는 이유라 할 수 있다.

가. 맨손운동

① 손바닥 밀착운동

- 가슴 앞에 손바닥을 마주 붙이고 구부린 팔은 지면과 수평을 유지한다.
- 단전에 힘을 주어 양손을 마주 힘껏 압착(壓着)한다.

- 단전의 힘이 수장(手章)에 전달될 수 있도록 숨을 멈추고 단전에 힘을 주어 30초간 실시한다.
- 3회 이상 반복한다.

(사진 3-9) 손바닥 밀착운동

② 양 손잡고 수지(手指 : 손가락) 당기기

- 왼손은 살짝 주먹을 쥔 상태로 가슴앞쪽으로 구부리고 오른손도 왼손과 같이하여 양손을 걸어 잡는다.
- 구부린 팔은 지면과 수평이 되게 한다.
- 단전에서부터 힘을 주어 양손을 서로 바깥쪽으로 당긴다.
- 단전의 힘이 손끝으로 전달될 수 있도록 숨을 멈추고 단전에 힘을 주어 30초간 3회 이상 반복 실시한다.

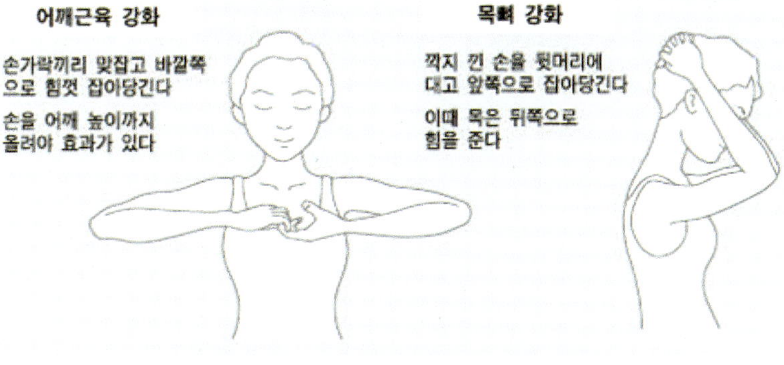

(그림 3-1) 양손 수지당기기

나. 어깨 강화 운동[3)]

어깨는 팔과 몸통을 잇는 핵심 부위다. 자주 사용되니 그만큼 혹사당하기 쉬운 부위이기도 하다. 어깨운동은 다른 부위를 운동할 때보다 더 신경 써야 하는 이유다. 부상 위험을 줄이면서 근력과 유연성을 기를 수 있기 때문에 간단한 도구를 사용하는 어깨운동법을 알아보도록 한다.

① Shoulder Squeeze [숄더 스퀴즈]

(사진 3-10) 숄더 스퀴즈 동작

준비 : 두 손으로 밴드를 잡고 팔꿈치를 90도로 구부려 몸통 옆에 붙인다.

동작 : 팔꿈치를 몸통에 붙인 상태를 유지하면서 견갑골(어깨뼈)을 등 뒤쪽으로 모으듯이 당긴다.

이 상태를 유지하면서 밴드를 좌우로 최대한 늘린다. 밴드 저항을 느끼며 천천히 돌아온다.

8회를 1세트로 하여 3세트 실시한다.

주의 : 동작할 때 갈비뼈가 벌어지지 않도록 주의한다.

다. 팔굽혀펴기 운동

윗몸 일으키기와 함께 맨몸운동의 양대 산맥을 이루고 있다. 윗몸 일으키기는 트레이너나 학자들에 따라 척추에 무리가 갈 수 있다는 등 안전성과 효

3) 출처 : http://health.chosun.com/site/data/html_dir/2015

용성을 의심하는 시선이 많지만, 팔굽혀펴기는 그러하지 않다. 특히 싯 업의 경우 발을 고정시켜야 하기 때문에 팔굽혀펴기가 더 자유롭게 할 수 있는 운동이다.

인간이 도구 없이 할 수 있는 맨몸 운동중 하나이며, 자신의 몸무게를 이겨내야 하기 때문에 꽤나 근력이 붙는다. 이 때문에 정자세로 수행 시 자신의 몸무게의 3분의 2 정도의 무게를 들어 올리는 것과 같다고 한다.

운동효과로만 보면 팔굽혀펴기보다 뛰어난 웨이트 트레이닝은 많이 있다. 하지만 이러한 웨이트 트레이닝들은 특정 근육군에 특화된 운동인 경우가 많은데 팔굽혀펴기는 전신의 코어 근육들을 균형감 있게 단련시켜 주며 현대 웨이트 트레이닝의 취지(전신 근육을 균형있게 발전시킨다.)에 매우 부합한다. 널리 잘 알려져 있어 상대적으로 평가절하 되는 경우가 있으나, 접근성, 운동효과, 안전성 3가지 토끼를 한꺼번에 잡을 수 있는 몇 안 되는 운동이기 때문에 헬스 매니아나 트레이너들 사이에서는 움직이는 체육관이라는 별칭이 있을 정도로 높은 평가를 받는다.

① 팔굽혀펴기 Push ups 유형[4)]

푸시업, 푸쉬업, 팔굽혀펴기는 모든 사람들이 사용 할 수 있는 최고의 운동이다. 대부분 사람들은 팔굽혀펴기 하면 가슴과 삼두근 발달만 연상한다. 하지만 팔굽혀펴기는 등 전체 상부와 하부 스트랭스, 어깨의 고유수용성감각 뿐만 아니라 상체를 안정감있게 유지시키는 데 탁월한 운동이다.

㉮ 날개뼈 Scapula: 견갑골

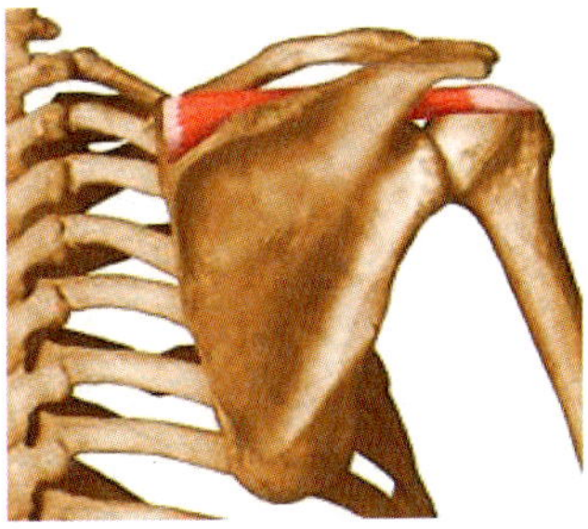

(그림 3-2) 날개뼈, 견갑골

4) 출처: 팔굽혀펴기 효과에 대한 생체역학

우선 팔굽혀펴기 시에 사용하는 날개뼈에 대해서 간략히 알아 보면, 팔굽혀펴기를 할 때 날개뼈는 우리가 완전한 가동범위를 사용할 수 있게 해준다. 미는 운동에서 날개뼈는 후인 하강이 될 수 있는 안정적인 환경이 필요 하다. 그렇지만 벤치에 누워서 벤치 프레스나 덤벨 프레스를 할 경우 이것이 가능하지가 않다. 따라서 벤치프레스만 단독으로 수행 할 경우 날개뼈 건강에 좋지 않기 때문에 팔굽혀펴기도 반드시 운동에 포함시키는 것이 사격술 보조 훈련에 효과적이라 할 수 있다.

㉯ 전거근 Serratus anterior

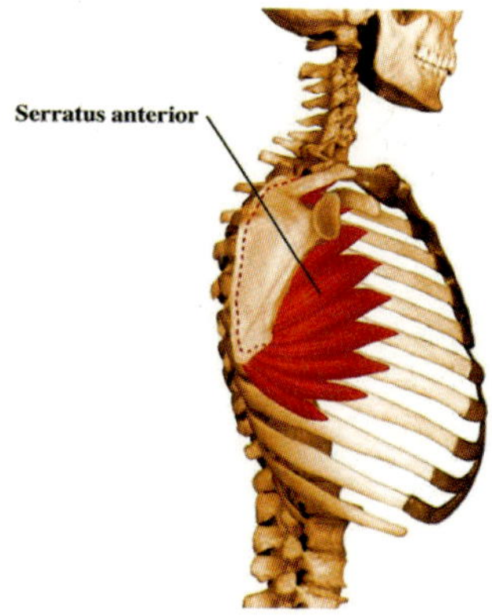

(그림3-3) 전거근 Serratus Anterior

올바른 팔굽혀펴기를 할 때 우리가 얻을 수 있는 가장 좋은 부분이 가슴근육과 같은 큰 근육뿐만 아니라 바로 팔굽혀펴기 상단자세(그림4)에서 전거근을 활성화 시키는 것이다. 전거근 발달이 부족할 경우 극단적으로 날개뼈가 등 뒤로 튀어나올 수 있다. 팔굽혀펴기 상단에서 몸을 가능한 한 땅에서 가장 멀리 밀어 낼 때 전거근 활성화가 최대한 이루어진다. 주의할 점은 팔을 완전히 펴지 않으면 전거근 최대 활성화는 이루어지지 않는다. 그리고 팔을 완전히 펴는 분들도 있지만 등을 느슨하게 할 경우에도 전거근 최대 활성화는 이루어지지 않는다. 또한 등 하부나 상체를 축 처지게 하면 안 된다.

표1.	일반 팔굽혀 펴기에 적용되는 생체역학 자료
상대적 하중	상단자세에서 몸무게의 69%
	하단자세에서 몸무게의 75%
요추 4,5번에 걸리는 압축 하중	1,838 N
주동근 활성 평균 최대수의적수축 *최대수의적수축(maximum voluntary contraction) : 본인이 의식하여 낼 수 있는 가장 큰 힘	대흉근 61%
	상완 삼두근 66%
	전면삼각근 42%
상체 안정화 근육과 협력근 활성 최대수의적수축	광배근 11%
	이두근 4%
	후면 삼각근 17%
	상부 승모근 45%
	중앙 승모근 18%
	하부 승모근 27%
	전거근 56%
코어 근육 활성 최대수의적수축	요근 24%
	외복사근 29%
	내복사근 10%
	복횡근 9%
	대퇴직근 10%
	척추기립근 3%

(표 3-1) 일반 팔굽혀펴기에 적용되는 생체역학 자료[5)]

(사진 3-11) 팔굽혀펴기 근력강화훈련

5) 모든 팔굽혀펴기 효과 종류에 대한 생체역학 - 멸병의 홈트레이닝
- Tistory gymnastic.tistory.com/135
2012. 10. 10. - 표1은 표준 팔굽혀펴기 운동에 대한 문헌에서 발견한 생체역학 자료

② 동작실행의 주의사항

첫째, 팔꿈치와 몸통의 각도를 90도로 벌리지 말고, 45도 정도로 유지해야 한다. 자칫 어깨부상이 올 수 있기 때문이다. 팔을 어깨 높이로 올리면 어깨관절이 불안정한 위치에 오게 된다.

둘째, 바닥을 짚는 손목에 무리가 올 수 있으므로 바닥에 부드러운 수건을 깔고 주먹 바닥에 대고 하거나, 시중에 판매하는 푸시업바를 사용하기를 권한다. 푸시업바 대신 아령을 쥐고 해도 좋다.

셋째, 너무 빠르게 하거나 반동을 이용하지 않도록 한다. 필요한 부분의 근육에 자극을 주기 위해서는 적절한 속도로 푸시업을 수행해야 한다. 빠른 속도로 하는 것이 스피드와 순발력 향상에 도움이 되나 이는 어디까지나 올바른 동작을 유지한다는 전제하에서다. 개인마다 다르겠지만 한 번 할 때 2~3초 정도 하는 것이 적당하다.

제2절 권총사수의 일반적 트레이닝6)

1 인터벌 트레이닝(Intervall Training)

인터벌 트레이닝이란 질, 즉 스피드도 높고 지속능력을 높이는 전신 지구력이 강화향상을 목적으로 하고 있다. 따라서 강도가 높은 부하이므로 운동사이에는 당연히 휴식이 요구되지만 지속 증력을 높인다고 하는 의미에서 가벼운 운동으로 바꾸는 것이다. 이것은 휴식기가 불완전휴식이 되는 의미를 갖는다.

헬싱키 올림픽에서 쟈토백은 마라톤을 포함한 장거리 세 종목에 우승하였는

6) 출처 : 정담미디어(2003) 경호사격 및 권총술: 사격선수에게 적합한 운동

데, 그 원동력은 이 트레이닝 방식에 의한 것으로 스피드 지구력을 포함 전신 지구력의 향상을 위한 트레이닝 방식이 확립되어 있다.
운동 강도와 산소 섭취의 상태는 산소량을 기준으로 나타낼 수 있다. 첫 회의 운동 시에는 운동 강도가 높고 짧은 시간 (30-60초)이기 때문에 충분히 산소가 공급되지 않아 산소부족이 생긴다. 그러나 그 이후 휴식기 에서는 운동을 할 때 높은 산소를 섭취하게 된다. 이는 휴식기 전반은 호흡 순환계를 주로 하는 산소 운반능력이 운동을 할 때와 같던가, 또는 그 이상으로 활동하고 있다는 것을 의미한다.
이 종류의 운동방식은 격렬한 피로감을 동반하지 않고 심박수 및 혈중 젖산 농도의 최고치는 낮은 수준에 머무르며, 또한 총 산소 섭취량은 현저한 감소를 나타내지 않는다. 이것이 인터벌 트레이닝의 이점이다.

2 무산소 파워 트레이닝

1) 목적

무산소 파워 트레이닝이란 산소를 섭취할 여유가 없는 단시간의 격렬한 운동에 필요한 능력이다. 그러므로 10-15초까지 대단히 짧은 시간의 최대 강도 또는 그 것에 가까운 강도로 운동을 실시하고 휴식시간은 너무 짧지 않게 적어도 수분 간 을 취하는 것이 바람직하다.
여기에서 트레이닝 되는 능력은 고 에너지 인산 화합물(아데노 신인산, 크레아틴 인산)이 관여하는 과정에 배경을 가지므로 이 과정의 개선이 목적이 된다.

2) 트레이닝의 중요성

글리코겐이 젖산으로 분해되는 과정을 포함한 무산소 파워의 향상은 위에서 언급한 것보다 약간 운동시간을 길게 하지 않으면 안된다. 즉, 약1분간의 최대능력을 실시하고 휴식시간은 4-5분간을 취한다. 이것을 반복하는 방법 또는 인터벌 트레이닝은 매우 격렬한 운동이므로 4-5회 정도밖에 계속할 수 없을지도 모른다. 무산소 파워 운동은 많은 경기자에게 있어 중요시 되는 능력을 나타내는 것으로 대단히 중요하다.

3) 기구를 이용한 훈련

(1) 추 감아올리기

- 준비물은 40cm 길이의 나무로 된 봉(棒), 1.5m 나이론줄, 1~2kg 모래주머니
- 봉 중심에 구멍을 뚫어 그 구멍에 줄을 묶어 추를 매달아 놓는다.
- 줄이 빠지지 않도록 구멍에 넣은 줄 위에는 매듭을 만들어준다.
- 봉의 구멍을 통과한 줄 끝에는 모래주머니를 매단다.
- 양손으로 봉의 양 끝을 잡고 수평을 유지한다.
- 어깨넓이로 봉을 잡고 팔을 지면과 수평이 되게 앞으로 쭉 펴 손만 움직여 추를 감아 올린 후 반대로 풀어 내리는 동작을 1일 3~4회 이상 반복 훈련한다.

(사진 3-12) 어깨넓이로 봉을 잡고 추를 감아올린다.

(사진 3-13) 반대로 풀어 내린다.

4) 유산소 파워 트레이닝

이 트레이닝방식은 다른 운동과 비교할 때 용이하게 실시할 수 있는 장점이 있다. 즉, 3-5분의 운동을 실시하고 이것과 거의 같은 정도의 시간에 가벼운 운동을 하는 것이며 운동으로 실시하는 강도는 최대에 가까워야 할 필요는 없다. 건강한 사람의 경우에는 주행속도는 최고 속도의 80%까지 감속하여 3-5분간 운동을 계속하면 유산소 과정(산소섭취량)이 수준은 거의 최고 수준을 유지하는 것이 된다.

중요한 것은 휴식시간을 10-20초로 짧게 하는 것이다. 이와 같이 산소섭취량의 수준을 최고로 유지하기 위해서는 운동시간을 길게, 그리고 휴식시간을 짧게 하는 것이 중요하다.

3 정적 근력강화 운동

1) 효과

권총사수에게 적합한 일반 및 특수근력훈련

2) 방법

① 워밍업을 위한 제자리 뛰기

(사진 3-14) 가볍게 제자리 뛰기

② 팔굽혀 펴기

(사진 3-15) 아령을 이용 팔굽혀펴기

③ 누운 자세로부터 팔다리를 곧게 현 상태에서 손발 접촉 및 분리 동작 반복

(사진 3-16) 손발접촉 복배근운동

④ 3-5kg의 중량을 줄에 매달고 양팔을 곧게 현 상태에서 감고 푸는 동작반복

⑤ 엎드린 자세에서 3-5kg의 중량(아령)을 양손으로 잡고 지면에서 10cm 높이를 유지하면서 팔을 굽혔다 펴는 동작반복

⑥ 도이져 밴드(고무줄)를 이용하여 팔을 곧게 편 상태로 유지하고 조준훈련시와 동일한 요령으로 동작반복

(사진 3-17) 총을 든 손목에 고무줄을 걸고 팔을 곧게 편 상태를 유지

(사진 3-18) 조준훈련시와 동일한 요령으로 동작반복

⑦ 도이져 밴드를 이용, 양팔을 가슴 앞으로 모았다가 180도 벌리는 동작반복

(사진 3-19) 양팔을 모으는 동작

(사진3-20) 180° 팔을 펴는 동작

⑧ 굽혀 앉은 자세에서 양팔을 곧게 유지하면서 엎드린 자세로 전환하는 동작

반복 (이때, 앉은 자세 시 '호' 엎드린 자세 시 '흡')

(사진 3-21) 앉은 자세에서 '호'

(사진 3-22) 엎드리면서 '흡'

⑨ 몸전체를 움츠려 팔을 뒤로 젖혀 굽혔다가 가슴을 펴며 일어나는 동작을 반복(이때, 굽힐 때 '호', 펼 때 '흡')

(사진 3-23) 앞으로 굽힐 때 '호'

(사진 3-24) 몸을 펼 때 '흡'

3) 권총사수의 인터벌 트레이닝

(1) 효과

심폐기능, 순환기능, 호흡기능, 하체근육단련

(2) 방법

200m의 거리를 70% 힘으로 뛰어서 맥박이 180회/분에 도달하도록 한다. 몸을 풀면서 출발선으로 복귀한다. 맥박이 100회/분에 이르면 다시 동일한 요령으로 뛴다. 최초에는 5-10회 반복하면 충분하고 어느 정도 단련되면 10-20회까지 실시한다. 계단뛰기, 수영, 사이클 등도 맥박수를 점검하여 동일한 요령으로 실시 가능하다.

4) 사격전 운동(Isometrics Exercises)

(1) 아이소메트릭 트레이닝의 개념

아이소메트릭 트레이닝(isometrics training)은 등척성(隨逐) 근수축(筋收縮)에 의한 정적 근력 트레이닝으로 주로 움직이지 않는 물체를 움직이려고 하는 저항에 의한 것으로 이 운동은 항상 최대의 근력을 발휘하는 것을 조건으로 한다.

정적 근력 트레이닝은 고정되어 있는 물체를 밀거나 잡아당길 때 또는 일정 시 간을 바에 매달려 지속하는 방법에 의해 실시된다. 동적 트레이닝과는 달리 관절각도의 변화를 수반하지 않고 관절과 관절간의 등척성 근 수축을 행하기 때문에 길이는 변하지 않지만 근육은 장력을 발휘하게 된다.

(2) 볼리스틱 스트레칭 Ballistic Stretching

(그림 3-4) 반동을 이용하여 반복적으로 손을 발가락에 닿게하는 스트레칭

볼리스틱 스트레칭은 몸이나 팔다리를 반동을 이용하여 정상 가동범위를 강제로 초과하게 만드는 스트레칭이다.

가만히 서서 허리를 숙이고 반동을 이용하여 반복적으로 손을 발가락에 닿게 하는 스트레칭을 예로 들 수 있다. 이런 형태의 스트레칭은 유용하지도 않고 부상을 입게 할 수 있다. 근육이 늘어난 자세에서 적응하게 해주지도 않고 이완을 하게 해주지도 않는다. 오히려 신장 반사만 반복적으로 일으켜 더 몸이 굳을 수도 있다.[7)]

---

7) 출처:멸병의 홈트레이닝 gymnastic.tistory.com/144 〈신장반사 Stretch Reflex〉
근육이 늘어나면 근방추(muscle spindle,골격근에 붙어 있는 감각 신경의 말단 기관)도 같이 늘어난다. 근방추는 근육이 얼마나 늘어나고 얼마나 빨리 늘어나는지 기록하고 척추로 신호를 내보낸다. 이것이 신장반사를 일으킨다.

5) 권총선수의 아이소 메트릭 훈련(Isometric Exercises)

(1) 효과

- 사격준비를 위한 근육의 워밍업
- 근육의 힘과 강도촉진
- 근육감각을 예민하게 하고 각 근육부위를 조직력 도모
- 정지자세 유지에 필요한 근육기능 촉진
- 에너지 소모가 적으므로 근육피로를 유발하지 않음
- 근육긴장시간은 10초이고 근육이완은 서서히 시킨다.

(2) 아이소메트릭 스트레칭 Isometric Stretching

아이소메트릭 스트레칭은 늘어난 근육을 정적수축 시키는 즉 근육이 늘어난 상태에서 힘을 주지만 움직임이 없는 스트레칭 이다. 아이소메트릭 스트레칭은 정지한-패시브(static-passive) 유연성을 키우기 위한 가장 빠른 방법 중 하나이고 패시브 스트레칭이나 액티브 스트레칭을 단독으로 했을 때보다 훨씬 효과적이다.

아이소메트릭 스트레칭은 또한 긴장된 근육의 스트랭스 발달에도 도움을 주고 스트레칭과 관련된 통증도 감소 시켜준다.

아이소메트릭 스트레칭을 하기 위해 필요한 저항을 이용하는 방법에는 자신의 손을 이용하는 방법, 보조자를 사용하는 방법 또는 벽이나 땅과 같은 도구를 사용하는 방법이 있다.

(사진 3-25) 근육이 늘어난 상태에서 힘을 주지만 움직임이 없는 스트레칭

자신의 손을 이용하는 방법에는 엄지 발가락을 손으로 잡은 상태에서 발가락은 안쪽을 향하게 되는데 계속해서 발가락을 잡은 상태에서 종아리에 힘을 주어 발끝을 뻗으려고 하는 방법이 있다.

주요 참고문헌

국내문헌

사격 · 진압술 중앙경찰학교 2004

경찰 권총사격술 교범 경찰청 2005

경찰관 직무집행법 중앙경찰학교 2004

특수경비· 경호원 교범 (주)재단법인 한국사격진흥회 박문선 2007

경호학 개론 백산 출판사 김두현 2008

경호사격 및 권총술 정담미디어 강민완 2003

한국경호 발달사 백산 출판사 김창호 2006

K-5권총 기계훈련 교범 인천국제공항 특공대 경감 장덕진

특수요원 권총사격술교범 (주)재단법인 한국사격진흥회 · 경호경비 교육원

사격총서 소총 · 권총Ⅱ 을지서적 박종규 1988

군용권총 사격술 (주)재단법인 한국사격진흥회 2008

논문 등

신승철 학위논문 권총사격 시 조준선정열방식의 기록변화

청와대 경호실 문세광[8.15사건] 사례연구 1988

인터넷

www.youtube.com [중앙일보]

https//en.wikipedia.org/wiki/R hm_Gesells chaft

http//tiny.britannica.co.kr

http//kin.naver.com/워버플라이시츠의 「자유 사격」의 가곡

http//w.w.w.Kojison.org/ 대한 시큐리티 연구소

http//blog.naver.com/townend/ 화승총의 각부명칭

http//blog.naver. 군사정보
http//gall.dcinside.com
http//kininage.naver.net
http//w.w.w.gunman.co.kr
http//cafe 190.daum.net
http//kin.naver.com.
http//w.w.w.evoryoung.naver.com
http//live poll.donga.com 뉴스
http//tiny britannica.co.kr 1982.163면
http//cafe.net.yeuncc 중앙포토
http//blog.daum.net/print view 경찰관 권총사격훈련
weekly.chosun.com./site 주간조선
http//news.naver.com. 국민일보 문서공개
http//hounddog.co.kr/technocie/read egi:board
http//blog naver.com/nauryu/ 권총일반 그림쟁이. 류용근
http//blog files 12.naver.net
http//blog naver.com/isy 권총구조에 관한 분해도
http//blog naver.com/gun babee 베이징
멸병의 홈트레이닝 gymnastic.tistory.com/144
스포츠 다음 닷컴 2008.08.9 베이징 올림픽
네이버 지식백과.청와대: 뉴스:한겨레
중앙일보,1994.9. 21면
연합뉴스 그래픽
ency ber/ 두산세계대백과
베이징=연합뉴스 2008.08. 12
한국일보.포토 에세이.co.

기타(외국자료)

629 Mountain Gun Current USPSA National Revolver Championship Titles Smith &Wesson-Jeny Miculek 226

2006 Campionship titles First Ever USPSA Triple Crown Natinal Champion(male or female) Juli Goloski(미국)

저자소개

김황호(Kim Hwang Ho, 金晃昊)

서경대학교 법대 법학과 졸업(법학학사)

서울 시립대학교 사회과학대학원 도시경제학과 졸업(행정학 석사)

한국경호사격협회 회장

남서울 실용전문대학교 경찰행정학과 교수

전) 경기대학교 사회교육원 경영학부 경영학과 교수

전) 대통령경호실 근무